JN303949

ヒュー・コリンズ

イギリス雇用法

イギリス労働法研究会 [訳]

HUGH COLLINS
Employment Law

成文堂

© **Hugh Collins** 2003

*"***Employment Law** *was originally published in English in 2003. This translation is published by arrangement with Oxford University Press."*

原著 *"Employment Law"* は 2003 年に英語で刊行された。
本訳書はオックスフォード大学出版局の了解のもとに刊行するものである。

日本語版への序文

　雇用法は常に発展している。雇用法は、生産の社会的および経済的関係の変化や政治思想の新しい潮流に対応している。雇用法に関する本書は、21世紀の初めにおける（雇用）法を理解しようと試みるものである。短い書は必然的に、対象とする題材を慎重に選ぶものとなる。本書において私が目指すのは、普通の労働者の生活において今日最も重要と思われる雇用法の諸側面について提示することである。重工業が経済の主力をなしていた、かつてのイギリスおよび欧州では、雇用法の焦点は、労働組合、団体交渉、労働条件の法定最低基準にあった。サービス経済が主要なものとなり、女性が労働力の中で等しく役割を果たすようになり、グローバリゼーションと新技術の結果として急速な変化が生じている今日、雇用法によって取り組まれるべき重要な問題は変わってきた。われわれは、個人の権利および利益、労働市場における公正な機会の創出、経済における競争力の保護と改善について、より大きな関心を持っている。本書において私が提示するものの特徴は、「第三の道」的観点と呼ぶことができる枠組みの採用である。本書は、この中道左派の政治的視点の鍵となる諸原則であると私が理解するものに沿って、題材を構成している。それらは、社会的包摂の促進、事業の競争力の促進、広範囲にわたる市民的自由と社会権の確保である。それゆえ、いくつかの点で（本書の）分析は、労働法の主要な目的は労働者と使用者との間の交渉力の不均衡と戦うことであるとする労働法学者の伝統的な見方に挑戦するものである。雇用法は確かに労働者への保護を提供するものではあるが、私の分析は、これらの保護はより一般的で包括的な保護ではなく、上述の鍵となる諸原則によって動機づけられている、ということを示すものである。本書において私は、徐々にこれらの諸原則が欧州連合の全ての加盟国において議論を支配するようになりつつあり、そして私の考えは欧州経済戦略によって推し進められている方向なのである、と主張する。

日本語版への序文

　本書を日本語に翻訳していただいた有田謙司教授とイギリス労働法研究会のメンバーの方々に謝意を表する。本書が、ヨーロッパにおいて出現してきた雇用法についての新しい考え方の方向性について、日本の学者がより良く理解ができる手助けとなれば幸いである。

2007 年 2 月
ヒュー・コリンズ

序　文

　これは小さな書物であるが、著すのには長い時間がかかってしまった。3人の編集者は、辛抱強くこの完成を待っていてくれたが、私は、その間、歴代のイギリスの首相達の実り豊な立法的成果を体系的に整理しようとしていた。あるバリスターは、最近、私が書こうとしていることを話すと、昔ながらのお祝い用のワインとミンチパイを楽しみながら、こう打ち明けた。いつも雇用法は避けるようにしているんだ、なにしろ非常に複雑で過渡的な法分野だからね、と。この法律科目についての、確かにその通りではあるけれども、酔いを醒まさせるような非難は、私の仕事の遅延について多分幾らかの弁解になるが、しかし、それは私に関心を抱かせる知的チャレンジへの魅力をも示すものである。

　本書の課題はこの法律科目の全体像を読者に提示することであるが、その全体像は多層的な法源が現代社会の中心的制度である雇用関係をどのように規制しているのかを説明するものであり、同時に、今までの実績からみて、本書の印刷インクが乾く前に行なわれるであろう次の大規模な立法的介入よりも長い賞味期間を有するような展望を提示しようとするものである。その目的を達成するために、私はしぶしぶではあるが、また一番美味しいものについては例外的に口にしているけれども、イギリス労働法の多くの伝統的な食べ物を避けて、それを雇用法という概念で置き換えた。それは、この分野で進展し徐々に支配的となりつつある欧州共同体の構想において核となるテーマと思われるもの、すなわち社会的包摂、競争力そしてシティズンシップに基礎づけられるものである。

　本書が成るための長い熟慮の期間を通じて、私は、想い起こし説明することができないほど非常に多くの知的な負債を負った。多くの国々からの学生や同僚達は、この主題についての私の理解の助けとなってくれた。特に、別の著作での共著者である K. ユーイング（Keith Ewing）と A. マッコルガン（Aileen McColgan）が、そうである。しかし、彼らは、このような系譜的な

言い方をあまり心地よく思わないかもしれないが、私の師であるM. フリードランド（Mark Freedland）とP. ディビース（Paul Davies）、さらに彼らの師であるウエダーバーン卿（Lord Wedderburn）とオットー・カーン＝フロイント（Otto Kahn-Freund）は、常に私の思考の進展に最も大きな影響を及ぼしたと感じている。そして、いつものように同僚であるN. レーシー（Nichola Lacey）、E. ジャクソン（Emily Jackson）、E. バームズ（Elizabeth Barmes）そしてC. キルパトロック（Claire Kilpatrick）から、慈愛に満ちた影響を受けていることに深く感謝したい。彼女らは、好意的に、けれども批評的に最終草稿に目を通してくれた。最後に、彼女たちが本書を刊行する時期であることを私に理解させてくれたことに、特に感謝したい。

2003年1月1日
ロンドン大学政治経済学院
ヒュー・コリンズ

目　次

日本語版への序文
序　文
第1部　雇用法の目的と規制手法 …………………………………1
第1章　「労働は商品ではない」………………………………2
1　雇用契約 ……………………………………………………5
交渉の余地のないこと（6）　長期契約（9）　不完全性と命令・服従（10）　時間とコミュニティ（13）　分配的正義（14）
2　雇用法の目的の変容 ……………………………………15
契約の自由（16）　労使多元主義（18）
3　欧州モデルの出現 ………………………………………23
社会的包摂（24）　競争力（26）　シティズンシップ（27）　雇用法という考え方（28）

第2章　職場を規制する ………………………………………30
1　法令遵守、応答性、手続的規制 ………………………31
2　契約を規制する …………………………………………37
ルールブック（37）　黙示条項（38）　雇用規制の範囲（41）
3　強行的規制擁護論 ………………………………………48
4　グローバリゼーションと規制レベル …………………51

第2部　社会的包摂 …………………………………………………59
第3章　雇用機会と差別 ………………………………………60
1　差別の立証 ………………………………………………64
2　差別の正当化 ……………………………………………71
差別的な職業的適性（72）

　　　　　　差別是正のための積極的措置（74）
　　　　　　間接差別における均衡（78）　障害に対する便宜（82）
　　3　差別の撲滅 …………………………………………………84

第4章　労働と生活 …………………………………………………88
　　1　生活賃金 ……………………………………………………92
　　　　　　雇用への影響（93）　労使多元主義（94）　法令遵守（97）
　　　　　　複雑性（98）
　　2　平等賃金 ……………………………………………………100
　　3　柔軟な労働時間 ……………………………………………104
　　4　政府の役割 …………………………………………………109

第3部　競争力 ………………………………………………………113
　第5章　協　力 ……………………………………………………114
　　1　相互の信頼 …………………………………………………119
　　2　適応性 ………………………………………………………122
　　3　形式性 ………………………………………………………124
　　4　苦　情 ………………………………………………………125
　　5　人的資源 ……………………………………………………127
　　　　　　訓　練（128）　イノベーション（131）
　　6　柔軟性と公正 ………………………………………………133
　第6章　パートナーシップ ………………………………………135
　　1　団体交渉の促進 ……………………………………………139
　　　　　　組合承認（141）　交渉義務（144）　展　望（145）
　　2　協議のためのさまざまな仕組み …………………………146
　　3　利害関係者組織 ……………………………………………150
　　4　産業民主主義 ………………………………………………153
　第7章　競争と争議行為 …………………………………………156
　　1　労働移動 ……………………………………………………158

    2　国家助成 …………………………………………………161
    3　争議行為 …………………………………………………162
        レーバー・インジャンクション（163）　経済的不法行為（166）
        免　責（168）　二次的争議行為（170）
        手続的規制と投票（172）
    4　競争の契約的制約 ………………………………………174
        忠　実（175）　「競業禁止」条項（177）
第 8 章　懲戒と解雇 ………………………………………………181
    1　契約上の保護 ……………………………………………184
        デフォルトルール（184）　明示条項（189）　強行規定（192）
    2　集団的自律的規制 ………………………………………193
    3　強行的規制 ………………………………………………194
    4　公正の基準 ………………………………………………199
    5　法令遵守の問題 …………………………………………203
第 9 章　経済的保障 ………………………………………………208
    1　契約上の危険配分 ………………………………………212
    2　後払い報酬の保護 ………………………………………214
    3　経済的解雇 ………………………………………………216
        正当性（216）　選別の過程（220）　救済の選択肢（221）
    4　事業譲渡 …………………………………………………226
    5　企業の倒産 ………………………………………………233

第 4 部　シティズンシップ ………………………………………237
第 10 章　職場における市民的自由 ……………………………238
    1　権利についての議論 ……………………………………238
    2　欧州人権規約 ……………………………………………242
    3　プライバシー ……………………………………………247
        監　視（247）　機密の記録（250）　検　査（253）

　　　　　　企業外活動（255）　服務規程（256）
　　4　表現の自由 …………………………………………………258
　　　　　　政治活動（259）　内部告発（261）　ピケッティング（265）
第 11 章　社会権 …………………………………………………268
　　1　健康・安全 …………………………………………………272
　　2　団結権 ………………………………………………………278
　　3　争議権 ………………………………………………………283
　　4　権利とシティズンシップ …………………………………289
第 12 章　賞味期限 ………………………………………………291

解　題
あとがき
訳語一覧
翻訳・執筆担当一覧

第 1 部　雇用法の目的と規制手法

第 1 章　「労働は商品ではない」

　「労働は商品ではない」というスローガンは、何世紀にもわたって影響を及ぼし続けている。急進派、社会主義者、労働組合主義者、そして右派の経済学者がそれを公言してきた。国連の専門機関であり、あらゆる働く者にとっての保護基準を確立することを目的とする国際労働機関（ILO）は、今日に至るまで、このスローガンを合言葉としている。このスローガンは、多くの支持を集めているにもかかわらず、われわれの前に提起されているのはこのスローガンのパラドックスである。このスローガンは、真実のように語られるが、そうでないように見えるのである。

　使用者は労働をその他の商品と同様に購入する。工場所有者は、施設、原材料、機械設備、そして労働を購入し、商品を生産するためにこうした生産要素を結びつけることになる。企業は、工場、機械設備、原材料と全く同じように労働者を所有しているわけではない。労働者は、独立した法人格として、もちろんマルクス（Marx）が呼んだ「経済的必要からの目に見えない強制」に服することになりはするが、職に就くかどうかの自由を持っている。その自由がなかったならば、労働者は、奴隷ということになろう。今日でも、使用者は、時間単位や出来高で労働者の労働を購入するか、雇い入れている。労働者は、その労働力—時間、肉体的・精神的能力、そして技能—を賃金と交換に売っている。商品を取り扱うその他の市場取引と同様に、使用者と被用者とのこの関係の法的表現は、一つの契約類型である。雇用契約は、その他の契約と同様に、法的に強行することができる権利義務を与える。労働は、市場社会やその法のなかでは、事実上、商品と同様に考えられているように思われる。

　しかし、「労働は商品ではない」というスローガンは、雇用関係をその他の市場取引とは異なったものとするその特質に目を向けさせることにもな

る。労働者は人であり、物ではない。人として、労働者は、尊厳を持って取り扱われるに値する。被用者は、他人のために労働することを合意することによって、家畜や奴隷のように取り扱われることには同意していない。被用者は、公正な取り扱いと安全のための合理的な配慮を期待する。さらに、賃金の対価である労働の機会は、被用者にとってその他の市場取引以上の意義を持っている。ほとんどの人々は、雇用を主たる収入の拠りどころとしている。賃金の支払いは、市場社会における富の分配の主要なメカニズムとしての役割を担っている。労働は、日々の生活のみならず、生涯を通じて被用者とその家族を養うために必要な収入をもたらすものでなければならない。労働は、生活の実質的水準を決めることを越えて、人々に生きていることの意味も提供している。一日の大部分を仕事が占めている。人々は、労働を通じて、人格的な達成感を求め、職場での参加を通じて、社会共同体の一員となる。労働は、疲労し、退屈で、危険であるけれども、それがなければ、多くの人々は、社会から排除され、人格的価値を失うことになる。

　ほとんどの人々は、「楽しい人生を過ごす（get a life）」ために、働く必要がある。つまり、いまなお労働は、労働者を、生産手段の他の要素と同様に、商品のように取り扱うことになる経済システムに、ほとんどの人々を縛り付けているのである。産業革命の研究によって明らかにされたのは、市場システムが、「商品化」の論理によって、いかに人間の品位を大きく貶めてきたかである。

　　マッチの製造は1833年に燐をマッチに応用する方法の発見にさかのぼる。……マッチ製造は、不健康さと不快さから極めて評判が悪く、労働者階級の最底辺部分、半ば飢餓状態の寡婦などだけが「ぼろを着た半飢餓状態の教育を受けていない子供達」にその仕事を引き継がせる状態である。ロンドンの警視総監ホワイト氏が（1863年に）尋問した証人のうち、270名は18歳以下、15名は10歳以下、10名はわずか8歳、5名はわずか6歳という状態であった。労働日の労働時間は12時間から14か15時間に及び、深夜労働、不規則な食事時間、そして食事は燐が充満して有害な作業場で採るというものであった。ダンテはこの産業のなか

に地獄編を超える最悪の悲惨さを見ることになったであろう[1]。

分業による労働の集約化（intensive division of labour）は、ピン製造におけるその生産の効率性ゆえに、アダム・スミス（Adam Smith）によって賞賛された[2]が、同時にマッチ製造従事者には、情け容赦なく人間の品位を貶めるとともに搾取となったように思われる。しかし、こうした産業の地獄編から、富、ほとんどの人々にとってのより良い生活水準、そして市民の誇りに満ちた町や共同体が、生まれたのである。20世紀末のイギリスの炭鉱の閉山のときですら、過ぎ去った時代の物質的繁栄や社会的連帯の残響が、鉱夫らのブラスバンドの演奏のように聞こえたのである。労働者は、自分たちを商品のように取り扱いがちな生産システムに応じることを経済的必要から強いられることになるが、そのシステムの中にあっても尊厳と人間性の承認を求め、しばしば発見するのである。

雇用法（employment law）は、「労働は商品ではない」というスローガンに含まれるパラドックスに取り組む。雇用法は、次の2つの主要な目的から、雇用関係を規制する。1つは、雇用関係が、市場取引としてうまく機能することであり、もう1つは、労働の商品化という経済的論理から労働者を保護することである。雇用法は、マッチ製造従事者のような労働者を劣悪な労働条件と搾取から保護することだけを目的としてるわけではないし、それを主たる目的としているわけでもない。むしろ、雇用法の取り扱う問題は、分業を通じての富の生産を促進する一方、市場システムの論理の行き過ぎにより、人間の尊厳を破壊し、社会的不正義を引き起こすことを防ぐように生産関係を方向付けるというより複雑な問題である。雇用法は、工場や事務所の分業による労働の集約化を促進しなければならないうえ、労働者の人間性を尊重せずに労働者を商品としてのみ取り扱う市場システムの傾向性を抑制しなければならない。

 1） Karl Marx, *Capital*, vol.1 (Harmondsworth: Penguin, 1976), p.356, quoting in part from Children's Employment Comission, First Report, 1863 p. liv.
 2） A. Smith, *An Inquiry into the Nature and Causes of The Wealth of Nations* (1776, Harmondsworth: Penguin, 1970 edn), ch. 1.

どのような解決も複雑かつ議論の余地のあるものとなろう。カール・マルクスが信じたのは、経済的・社会的システムの完全な革命こそが納得のいく解決法であるということである。彼は正しかったのかもしれない。しかし、21世紀の初頭の雇用法が表しているのは、市場システムの論理と、個人が尊厳をもって正当に取り扱われるとともに、意味ある人生を設計する機会をもつことを保障するという自由主義的野心とを調整するプラグマティクな試みの展開の200年である。定番の解決や解決法というのは存在しない。実験、そして市場や政治的野心からの新たな要請への適応が、雇用法の内容をたえず変えさせるのである。この法分野は、富の生産と分配のための鍵となるメカニズムを規制し、われわれの生活が有意義で、達成感のあるものとすることに大きな影響を及ぼすことになるので、この対象は、常に論争を引き起こすだろう。

　雇用法は、明らかに法律学の独特の対象として展開してきた。また、雇用法は、別の名称でも研究されている。すなわち、労働法（labour law）、労働関係法（industrial law）、社会法（social law）といったぐあいである。この対象についてのこうした名称の違いは、強調点や範囲の違いを示している。とはいえ、この対象の主たる焦点は、労働が履行される経済的・社会的関係の法的表現である雇用契約関係である。本章は導入部分であり、雇用契約が、市場取引や分業における主要なメカニズムとして効率的に機能するために、法システムによる独自のサポートと規制をなぜ必要とするのかを論じることにする。次に、市場システムの予想される弊害から労働者を保護する政治的野心が、雇用法の展開と構造をどのように形づくってきたかを検討する。

1　雇用契約

　雇用契約は、その他の契約と同様に、両当事者間の合意による関係であり、交換（この場合には、労働と賃金の交換）を伴う。法的に拘束力のある契約の成立に関する標準的ルールが、雇用契約に適用される。契約違反は、損害を受けた当事者に補償的損害賠償（compensatory damages）といった法的救済を請求する権利を与える。この点において、法システムは、雇用関係を

市場取引のその他の契約と同様のものとして考えている。しかし、ここで注目する必要があるのは、一般契約法を雇用関係に関わって生ずる紛争の取り扱いに不向きなものとする雇用契約の特質である。労働法に大きな影響を残した一人であるオットー・カーン＝フロイント（Otto Kahn-Freund）は、この契約関係について次の有名な言葉を残している。

> 雇用関係は、「雇用契約」として知られている欠くべからざる法的思考の虚像をもっていかに覆い隠されようとも、その開始においては、服従（submission）であり、その展開過程においては、従属（subordination）状態にある。労働法の主たる目的は、常に、雇用関係に内在しかつ内在するはずの交渉力の不均衡（inequality of bargaining power）を緩和するための対抗力であるべきであったし、あえて言うならば、今後も常にそうあるべきである。[3]

いま必要なことは、この雇用契約についての考え方を分析することである。「服従」、「従属」そして「交渉力の不均衡」という概念によって意味されていることは何であろうか？

交渉の余地のないこと（TAKE IT OR LEAVE IT）

ほとんどの使用者が労働者よりも豊かであることは疑問の余地がない。使用者は、通常、資本の集合体であり、株主と投資家からなる法人であるのに対して、個々の被用者は、単独で取引する。資本の結合である使用者は、単独の取引者である求職者に契約条項を押しつけるために、市場の力を利用しようとすることができる。使用者は、法的助言や経験などの相手を上回る手段でもって武装して交渉のテーブルにつく。こうした交渉力の不均衡は、もちろん市場社会に特有のものである。こうした事情は、消費者が、スーパー

---

3) P. Davies and M. Freedland, *Kahn-Freund's Labour and the Law*, 3rd edn (London: Stevens, 1983), p. 18.

マーケットやデパートで商品を購入するほとんどの場合にもみられる。では、雇用関係を特別なものとし、独自の法的取り扱いをすることを説明する労働市場の特質は存在するのだろうか？

　アダム・スミスは、労働市場における交渉力の不均衡の独特の原因は、労働者は、概して、収入を得るために直ちに仕事を必要としているのに対して、使用者は、収益の減少のリスクを負うだけで、価格が適切になるまで労働者の雇用を差し控えることができることから生じると主張した。この洞察は、交渉力の不均衡のありうる原因のひとつを説明しているが、いかなる雇用関係にも適用されうるものではないことは明らかである。使用者が差し迫って生産能力を増強する必要があり、そのために労働者を採用しなければならないこともある。労働者が預貯金を持っており、当面の仕事を得る緊急性がないことや、国際的なサッカー選手のように類まれな技能の持ち主であり、失業の危険などないということもあろう。さらに、失業率の高い時期を除けば、使用者はめったに独占的地位にあるわけではなく、労働者はどこかで仕事にありつく選択肢をもつのが通常である。それゆえ、雇用関係が、構造的な交渉力の不均衡ゆえに、独特であり他とは異なるというのは、一般化しすぎているように思われる。

　とはいえ、雇用関係に特有なわけではないものの、使用者の優位な交渉上の立場は、「この条件をのむかのまないか二つに一つだ（take it or leave it）」という仕事の申し込み方を可能にする。そのときどきの事情によって異なってくる賃金水準はひとまず置くとして、その他の雇用条件は、使用者によって定型化された契約（standard form contract）によって決定されることになろう。使用者が経済的に優位な立場から雇用条件を決定する機会をもつことになるのは疑いない。雇用関係の法律家は、－報酬のために－こうしたひどい雇用条件を作成する一端を担っていることになる。最良の雇用機会を求める求職者は、雇用条件が素人にとっても調べがつき、分かりやすいものであったとしても、別の仕事の申し込みの定型化された条件を検討する時間的余裕はないことが多いだろう。求職者は、同様に、労働環境、使用者の一般的行

4）　Smith, above n.2, p. 169.

動基準、一緒に働くことになる同僚の気質、昇進や仕事のやりがい、研修の機会といったその他の問題にも関心をもっていよう。こうした点についての仕事に関する情報を入手するのは困難であるのが通常である。会社は、平等な機会を提供する使用者であり、人に投資する会社であり、すばらしいキャリアアップの可能性を提供する組織であることを売りにしやすい。それ故、ほとんどの人々は、一見すると満足のいく仕事の申込みがあれば、別のもっと良い仕事の申し込みがあるかもしれないという期待からそれを拒否するよりは、受け入れてしまう。そして、何ら提供すべき技能のない寡婦や孤児はどんな仕事にでも就くことになったのである。こうした交渉過程は、「服従」と呼ぶのがふさわしい。

　法規制は、財やサービスを購入する消費者のために、定型化された契約をのむかのまないか二つに一つであるという同様の問題について、二つの主要な方法で対処している。法は、市場の透明性をうながし、そのことで消費者は、製品の質に関する信頼のおける情報を入手し、きちんとした価格の比較をなすことができることになる。また、消費者保護法は、消費者を最悪の過誤から保護するために、製品の安全性と信頼性に強行的条項（mandatory terms）を課している。雇用法は、同様の法的措置を発展させてきた。雇用の分野においてより差し迫った規制が必要とされることは、いうまでもなかろう。なぜなら、不向きな仕事に就くことから生ずる経済的・精神的な失望のリスクは、間違った買物をすることにより生じる失望よりも大きいのが通常であるし、収入を確保する必要性ゆえに、求職者は、納得いくまで仕事を探し、考える時間的余裕はないからである。透明性を高め、最低基準の安全と公正を確保する際に、消費者法と同様に、雇用法は、定型化された契約と情報不足の組み合わせから起こる市場の失敗のリスクを是正することを目的とする。この法的介入の理論的根拠は、突き詰めると、被用者が契約の締結の際に情報を保有していたならば、こうした最低基準に対応した条件を交渉したであろうということである。

長期契約

　庭の落ち葉掃除のために人を雇うような短期の単純作業の場合には、単純な契約で十分である。特定の作業（落ち葉掃除）と一定金額の交換が、前もって合意され、その作業の完成後に支払がなされるのである。臨時労働の一部は、この単純な類型の契約でもって十分に取り扱い可能である。しかし、ほとんどの仕事は、必要とされる仕事であればあるほど、一定期間、おそらく多年にわたって継続することが望まれる。雇用関係は、その他の長期契約と同様に、法による異なった取り扱いを必要とする困難を引き起こしている。

　使用者と被用者の通常の希望と期待は、雇用関係が相当な期間にわたって継続することである。しかしながら、契約がひとたび長期的なものとなれば、当事者がお互いに相手を出し抜こうとすることにより紛争が生じることがある。たとえば、使用者は、労働者に、新しく厄介な作業を指示することがあるし、一方的に賃金の減額や付加給付の切り下げを行うこともある。同様に、労働者は、不快な仕事を避けたり、こそこそと早引きを決め込んだりすることがある。このような予定された履行からの逸脱は、契約違反となるから、原理的には、当事者は、訴訟を提起することができる。実際のところは、使用者も労働者も、その関係を終了させたくないし、長期の契約関係に関連する些事をめぐる訴訟を始めたくない。長期的な雇用関係を維持する両当事者の利益は、ささいな失望やいさかいの不利益よりも重要なのが通常である。雇用関係を完全に破壊するかもしれない契約違反を主張する訴訟を避けるために、契約履行の細かい点についての紛争を解決する別の方法が創設される必要がある。落ち葉掃除の対価を支払われない庭師は、支払いを求める訴訟を提起しうるし、次からの労働を拒否することができる。しかし、長期の雇用関係においては、通常は、いずれの当事者もその関係を終了させたいとは考えていない。

　その他の長期契約におけるのと同様に、紛争の管理と解決は、雇用契約における基本的かつ存続し続ける問題である。一つの解決策は、各々の雇用関

係において何が明示または黙示に期待されているのかを明確化する一層複雑なルールとプロセスの発展のなかにある。こうした方法は、議論と歩み寄りを認める苦情処理手続きのような代替的紛争解決の技法によって支えられる必要がある。雇用法は、関係を規律するプロセスの構築や代替的紛争解決手続を創設することの支援において重要な役割を担う。法の役割を、契約上の権利の主張のために中立的な裁判所を提供することにあると考える多くの契約的関係とは異なり、雇用関係をうまく機能させるために、法は、当事者が通常の法的プロセスの外で紛争を解決するメカニズムと手続きを見出すことができるよう支援することを要請される。この長期の経済的関係を効率的に機能させるために、雇用法は、雇用関係を、過剰に法的権利義務関係として捉えることや時折、「労使関係の法化（juridification of industrial relations)」と呼ばれるものから隔離するする必要がある。[5]

不完全性と命令・服従

使用者が、長期の雇用契約の締結に際して、事業活動が必要とする労働の性質、量、時期を事細かに決めることは、ほぼありえないことである。このことが、商品取引一般とは異なる特質であり、この不確実性が、使用者に、契約は履行されるべき労働を特定せずに不完全のままにしておかれるべきであると主張させるのである。こうして、使用者は、いつでも労働者に最も生産効率のよい場所に行くことを命令する裁量権限を有することになる。この意味において、契約は、意図的に不完全（incomplete by design）にされているのである。この不完全性の問題は、単に当事者が将来生ずるあらゆる事態を予見し得ないという契約一般につきまとうものではない。すなわち、契約の詳細を書面化するコストからの不完全性ではないのである。ここでは、契約は、意図的に未決定のままにされ、使用者は、自己の必要に応じて一定範

---

5) G. Teubner (ed.), *Juridification of Social Spheres* (Berlin: Walter de Gruyter, 1987) ; Lord Wedderburn, R. Lewis, J. Clark (eds), *Labour law and Industrial Relations* (Oxford: Clarendon Press, 1983).

囲の任務を遂行することを労働者に命令する権利を取引しているのである。たとえば、労働者が、道路清掃者として雇われる場合、管理者は、毎日どの道路を清掃すべきか、労働者が使用する道具は何か、どの仕事にプライオリティが与えられるかを決定するのである。契約が意図的に不完全とされているのは、効率的な生産のために、使用者が、予想することのできないその場その場で必要となる労働に変更し・適合させるフレキシビリティを必要としているからである。

　このように雇用契約の理論的枠組みは、その核心において命令・服従の構造（authority structure）を内包している。賃金の支払いと交換に、使用者は、労働者に、最も生産的方法で労働の履行を命令する権利を得ている。被用者は、こうした指示に従うことに合意し、従属関係に入ることになる。この命令・服従の構造は、当該組織の正式なルールや管理者や監督者による日常的な指示を通じて具体化されることになる。この命令・服従の構造に従うことが、意図的に不完全である契約の効率的機能にとっての本質であり、従わない労働者は、制裁を受けることになる。それゆえ、この命令・服従の構造が最もはっきりする瞬間というのは、減給や解雇のような使用者による懲戒権の行使である。しかし、懲戒は、命令・服従の構造に従うことを確実にする唯一の方法というわけではない。

　使用者は、生産システムへの協力（co-operation）を確実にするためのインセンティブも使用する。協力が必要とするのは、惜しみない労働であり、技能や判断力を使うことであり、責任を遂行することである。協力を奨励するために、使用者は、ボーナスといった給与制度、より高い給与が支払われる地位への昇進、幹部候補制度（career ladder）を利用することになる。管理者は、これらの報奨の配分と懲戒に値する行為を探す目的から仕事ぶりを監視している。使用者は、管理者の指揮、命令・服従のヒエラルヒー、権限と責任を分配する組織の内部ルール、監視装置、従業員の行動を取り締まり、懲戒するための技術からなる統治構造を創設している。この構造が、被用者を従属させる命令・服従の体制として登場するのである。

　この懲戒を含む裁量権とインセンティブの複雑なシステムに直面して、被用者は、当然、命令・服従の構造が公正に機能すべきであるという関心を持

つようになる。管理者は、労働者に過酷な命令を出したり、労働者を不公正に懲戒処分に付したり、少数グループをいじめたり、困らせたり、危険な環境で仕事をするよう命じたり、報償を不公平に配分したりすることがある。この命令・服従の構造こそが、単なる市場取引としての雇用と労働者の人間性や尊厳との緊張関係の焦点である。そこで、被用者は、使用者の裁量権行使を監視し、コントロールする制度的枠組みを強く求めることになる。通常の契約法は、その基本アプローチが、当事者間で合意されたとおりに契約を実現する点にあるために、被用者に、たいして救いの手を差しのべることはできない。雇用契約が、労働を命令し、働きぶりを監視する広い裁量権を使用者に与えるならば、通常の契約法上の原則は、概してこの契約上の枠組みを実現することになろう。そのため、雇用法は、経営権限の濫用のおそれをコントロールすることを目的として強行的なルールや手続きを導入する傾向にある。もちろん、権限濫用とみなされる経営権の行使と、過酷だが、必要かつ公正な事業上の決定との間の境界線を、雇用法がどこに引くべきかは、しばしば、激しい議論となっている。

　命令・服従の構造は、効率的な生産の必要性に基づいているという説得力のある主張にもかかわらず、一部の論者は、雇用契約によって構造化されたいかなる人格的従属性（personal subordination）も、労働者の尊厳を否定するゆえに、反対すべきであると主張する。たとえ、経営による一定程度のコントロールと調整の必要性が認められるとしても、法が求められているのは、命令権限を従業員と共有し、そのことをもって従属性の程度を緩和することを目的として、職場における民主主義という必須条件を支えることである。人格的従属に異を唱えることは、職場における市民的自由の法的保護を支援することにも繋がる。国家の裁量権限によってもたらされる危険と、使用者の裁量権限によるそれとの間には、類似点を見いだすことができる。被用者が必要とする保証は、経営権限が決して基本的権利や自由を踏みにじるために使用されてはならないということである。こうした主張が、雇用法の展開に影響を及ぼしたことは確かである。しかし、雇用法は、雇用関係は、公法が市民と国家との間の関係に適用する民主的制度や市民的自由の保護を手本とした法的要請によって規律されるべきであるとの見解を、受け入れて

こなかった。それに代えて、雇用法は、こうした自由主義的価値を職場に適用する独自の解釈を発展させてきたのである。

時間とコミュニティ

　雇用関係を通常の契約法で処理し得ない特別のケースとして取り扱う最後の理由は、雇用が労働者のライフサイクルに占める位置に関わる。雇用契約の履行は、その他の契約とは異なり、通常われわれの生活の相当な部分を占めている。労働している間、われわれは、食事、休憩、睡眠というようなその他の生活に必要な事柄をすることができない。長時間労働は、教育、遊び、文化的経験、家族の面倒をみるというようなその他の生活の基本的または有意な活動をする可能性も奪うことになる。雇用契約は、労働者を商品と異なる取扱いをしなければならない。というのは、労働者は、食事、休憩、子育てのために生産から離れる時間を必要とするからである。雇用関係は、被用者が生活をし、家族を養うための十分な収入を得るために労働をする必要性と、その他の必要性との調整問題と格闘しなければならない。

　労働とその他のライフスタイルの側面との調整問題は、今日の社会の直面する最も厄介な問題の一つであるといえる。個々人が、目の覚めている時間のほとんどを職場で過ごすことを強いられるとするならば、いかに人々が互いの利益を尊重するコミュニティに参加し、協力し合う関係を形成していくことができるのか？子供の最大限の可能性を引き出すための教育の必要性と十分な収入を確保する必要性とをどうしたらうまく調和させることができるのか？仕事を離れて遊んだり、文化的経験を楽しむことを可能とするために労働時間への強行的限界を設定すべきだろうか？　労働の利用可能性を制限することから生ずるおそれのある将来の雇用不安や収入レベルの落ち込みから家族を扶養しようとする両親をどのように保護することができるのか？老齢であるために仕事によって自らを扶養することのできない老齢者が満足のいく生活水準を得ることのできるようにするにはどうしたらよいのか？これらの疑問に対する解答は、疑いなく国家による福祉に向けられることになるが、十分な解答をするには、雇用関係をどのように規制するかにも及ぶこと

になる。雇用契約を規律する法は、自らを扶養し、支えあうコミュニティをつくりあげるための時間を残すために、労働の完全な商品化を阻止しなければならない。

分配的正義

　標準的な雇用関係についての以上の分析が説明しているのは、通常の契約法が雇用関係を規制するための手段としては適切でない理由である。雇用契約関係のこうした特徴は、労働がなぜ商品ではないのかについての理由を明確化するのに役立つことにもなる。なぜなら、そうした特徴が、通常の商品取引のルールを雇用契約関係に適用するには修正せざるを得ないことを説明しているからである。われわれは、雇用関係の特質についてのカーン＝フロイントの簡潔な要約を敷衍してきた。雇用契約は、通常、その開始において、職場の重要な側面についての情報不足の中で、定型化された契約を提示されて、契約を締結するか否かの二者択一を迫られる服従行為である。長期の雇用契約では、当事者は、ともに経済的利益によって結び付けられているが、その関係を脅かすのは、だまし（cheating）や機会主義（opportunism）の可能性であり、利用できるインフォーマルな紛争解決がなければ、契約が効果的に機能することを蝕むことになりかねない。契約は、労働者の履行義務を特定しないものとする必要性から命令・服従の構造を生み出すのが通常である。権限濫用からの保護の提供したり、指揮権を分かち合う技法を発展させることにより、法は、このヒエラルヒーを緩和するものの、被用者の従属が、この命令・服従の構造から生じる。最後に、労働は商品ではないことから、雇用契約は、労働者のワークライフバランスをとる必要性を尊重し、労働時間がその他の人間的・社会的活動を奪わないようしなければならない。雇用法は、標準的な雇用契約の特質をなす４つの独特の組み合わせにうまく対応するために展開してきた。その４つとは、服従、機会主義、従属、そして労働時間の生活への侵食の圧力である。

　ここでの雇用契約の分析は、カーン＝フロイントの見解を敷衍すると同時に、雇用関係が、長期にわたって、経済的に生産性が高く、富を増やす生産

システムを支える方法で機能することができるように、雇用法が、雇用関係についての特別の規制を発展させなければならないことを示唆している。雇用法は、多くの場合、「対抗力」というよりもむしろ効率的な生産関係を保護し、構築していく必須の要素である。使用者は、マッチ産業の絶望的な寡婦と孤児と同様の人々の労働についてのあらゆる必要性を満足させることができるのでなければ、雇用条件に服する用意のない労働者、使用者の機会主義に「ゆっくりやる (going slow)」または「素振りをする (making out)」労働慣行を対抗させる労働者、いかなる権限濫用にも抵抗する労働者、そして労働へのコミットメントに一定の限界を要求する労働者と交渉をしなければならないことになろう。市場社会の複雑な分業は、生産関係を効率的に機能させるために、こうした競合する利益の不安定な調整に依存しているのである。雇用法が必要とされるのは、当事者の長期の経済的関係に対する明示または黙示の期待を安定させ、保護するためである。

　しかし、このような分業を支えるという目的をどのように達成するかは、幅広い分配的正義の問題と密接に関わっている。雇用は、富を分配する、より遠回しにいうと、現代社会における力を分配する主要な制度である。雇用関係がうまく機能するためにどのように規制されるべきかという問題は、社会正義や国家の正統性という根本的問題への広がりのある市場の分配的効果に影響を及ぼす方法の幅広い考察に大きな影響を受けている。

2　雇用法の目的の変容

　市場社会の最も難解な論争の最前線におかれた雇用法は、イデオロギー論争と経済の転換の風に翻弄されてきた。西側諸国の産業化の二世紀を振り返ってみると、法の展開に根本的な影響を及ぼしてきた、雇用関係の安定と規制のための二つの戦略を見つけることができる。これらの戦略を理解することは、その概略だけであっても、雇用法の展開においてなされてきた基本的な選択を識別するのに役立つ。そして、こうした戦略の弱点は、政治的にも経済的にも、21世紀の初頭にわれわれが欧州において目撃することになるかもしれない雇用関係の最善の規制方法に関する新たなコンセンサスの展開

を正しく認識することに役立つことになろう。

契約の自由

上述してきた雇用関係の特別の性質にもかかわらず、自由主義的なパラダイムは、特別の規制システムあるいは雇用法の必要性や長所にいまなお懐疑的である。私法は、雇用を契約関係として位置づけることによって、労働者が強制労働や農奴制から保護されることを保障する。契約自由の原則は、労働者がまさしく商品のごとく取り扱われる可能性を取り除くことになる。なぜならば、契約自由の原則は、労働者に選択権を与えることによって、尊厳、自律ならびに市民の平等を基本的に尊重することを保障するからである。また、この原則は、あらゆる者に、差別や競争での妨害をうけることなく求職活動をすることを認めることによって、ある程度の正義と公正を保障する。さらに、契約自由は、雇用関係の特徴が独特に組み合わさることによって出てくる特別の難しさに対処するために、当事者が自分たちの関係を規制することを認めている。当事者は、自分たちの利益がどこにあるかについての最善の情報をもっている可能性が高く、それゆえパターナリスティックな国家の介入を受けることなく、その競合する利益の妥協点を求めることが認められるべきである。契約自由のこうした条件が法システムによって保障されるならば、雇用関係は、当事者の全体の利益を最大化するという意味において効率的となる可能性が高く、また同時に労働者は、単に生産活動の一要素として取り扱われることから保護されることになろう。

こうした有力な自由主義理論が問題にするのは、雇用関係の特別の規制が、実際に意図された目的を達成しているのかという点である。法規制は、契約自由に干渉することによって、非効率性と硬直性を生み出す危険を持っており、次の3つの望ましくない結果を生み出す可能性がある。第1は、労働市場における摩擦が、雇用の均衡水準を阻害することである。たとえば、法が最低賃金を定めるならば、一部の労働者が、雇用から締め出される危険性がある。硬直性によって起こりうる第2の帰結は、生産性の向上に見合っていない賃上げ要求の圧力により起こるインフレーションである。硬直性の

第 3 の帰結は、規制から利益を受ける一定のグループに有利な富の再分配がなされ、失業者や同等の利益を得ることができない人々を犠牲にしているといわれていることである。当事者に強行的条項を課したり、一方当事者を市場の猛威から守る法規制は、これらの 3 つ全ての好ましくない帰結を導く可能性がある。

　雇用法も含めたあらゆる社会的規制へのさらなる反対論は、国際市場における競争力を喪失するおそれを挙げている。大半の規制は、労働コストを増加させる、あるいは規制の要請を遵守するに際しての追加的な運営費用を負担させることによって、使用者に対して、追加的な生産コストの増加を負担させることになる。規制は、製品の原価を上昇させることによって、国際競争市場における取引の減少や利益の減少を招く可能性があり、投資の大きな減少も招くかもしれない。こうした経済的な考察は、国家は、社会的規制を最小限にすることによって、グローバル経済における競争的優位性を勝ち取ることができると予測する。雇用法の基準の「引下げ競争（race to the bottom）」のインセンティブには、取引諸国の全てによって受け入れられる国際的あるいは全世界共通の労働基準によって立ち向かうことができるだけである。

　後述する雇用法とその労働市場への影響に関する検討において、実際には、こうした単純な経済モデルの予想が必ずしも妥当しないことが明らかになる。しかし、この雇用法の自由主義的パラダイムは、19 世紀に支配的であり、当時のレッセフェール精神に調和し、私法の諸原則のなかに具体化された。時として、ビクトリア時代の立法者が、工場や鉱山におけるあまりにひどい労働条件についての信頼できる報告に衝撃を受け、行動を起こしたことは確かである。

　　　12 歳の少年 J. マレーは供述する。「私は型つくりとろくろ廻しをやります。私が来るのは午前 6 時で、時折 4 時のこともあります。昨晩は徹夜で今朝の 6 時まで働きました。一昨夜から寝床に就いていません。私の他に 8、9 人の少年が昨夜は徹夜で働きました。1 人のほかは、みな今朝もきました。私は 3 シリング 6 ペンスもらいます。徹夜で働いても

それ以上もらえません。私は先週、2晩徹夜で働きました。」[6]

1847年「10時間労働法（Ten Hours Act of 1847）」は、工場で働く女性と児童の労働時間の規制に明らかに失敗していた。こうした報告は、同法の規制を強化する契機となったのである。工場の劣悪な環境に対するこのような立法による歯止めは、実効性をもつというより象徴的なものに終わることが多いが、使用者は、このような最低基準に激しく抵抗した。その主張は、国家は、私的な契約関係に介入する権限を有していないことや規制は、市場競争のなかで使用者にハンデを負わせることになり、ひいては事業閉鎖や失業という事態を招くことになることに基づいていた。とはいえ、19世紀においても、相当数の雇用の規制を見いだせる。これらの規制は、自由主義的パラダイムに多少とも整合するとみなされていた。規制は、自ら交渉できない児童や女性といったグループのためのパターナリスティックな介入として提案することができた。あるいは、規制は、労働市場における詐欺的慣行に対処するものとして正当化することができた。例えば、現物給与禁止法（Truck Act）は、労働者に対する報酬を現金ではなく、使用者の工場でしか通用しないクレジットで支払うことやその他の濫用的行為を禁じている。

このような自由主義的パラダイムは、ふたたび大きな影響力をもちつつある。これが労働市場の規制緩和やフレキシビリティを求める主張の根源にある[7]。これらの関心事は、現在の欧州の雇用政策の中心にもなっている。もっとも、20世紀のほとんどの間、先進工業国の大半において雇用法の発展の舵を取ってきたのは、それとは対極にある原則であった。

労使多元主義

労使多元主義（industrial pluralism）[8]と呼ばれるもう1つのパラダイムの出

---

6) Marx, *Capital*, above n.1, p. 354, drawing on the report of the Children's Employment Commission, First Report, Appendix, 1863.

7) Described in P. Davies and M. Freedland, *Labour Legislation and Public Policy* (Oxford: Clarendon Press, 1993), ch. 10.

第 1 章 「労働は商品ではない」　19

　発点は、自由主義的な枠組みの分配的効果に関わる。市場社会は大きな富の不平等を生み出している。労働の対価は、製品の市場価値や使用者の事業収益によって決定されるのではなく、労働力の需要と供給の関係いかんによる。被用者は、希少価値のある技術を身につけるか、労働力の供給を制限するかして、労働市場での交渉上の立場を向上させることによってのみ、その収入を改善することができる。工業化の開始以来、被用者が試みてきたのは、団結して賃上げ交渉を行ったり、ストライキの脅威を利用して交渉上の地位を改善したりすることを通じて、労働力の供給をコントロールすることであった。このようなストライキ行動は、困難をともなう。使用者は、代わりの労働力を失業者から得るかもしれない。また、家族を養うために賃金が差し迫って必要になるとき、従業員の連帯は、崩れる傾向にある。さらに、高い賃金を支払う合意は、使用者がより強い交渉上の地位を獲得したときには、後になってから破棄されてしまうかもしれない。それでもなお、労働協約の締結へと至る集団行動は、しばしば、労働者にとっては、賃金を向上させる最も効果的な方法である。

　政府はこのような交渉の駆け引きを黙認しているわけではない。それどころか、労働市場の構造・機能・効果は、常に公共の利益（public interest）に深く関係する。賃金が、ほとんどの市民の生活水準を決定することから、政府は、社会的正義の要請に応えなければならない。さらに、社会全体の富は、効率的かつ継続的な生産活動に大きく依存している。政府は、生産を減少させ、投資に水を差すことによって、経済に損失をもたらす可能性があることから、労使紛争が広まることを恐れている。以上の全ての理由から、国家は、労使のあらゆる交渉戦略を傍観せず、寛容でもない。むしろ、政府は、しばしば、法律にかぎらず、警察や軍隊などを含めた利用可能なあらゆる権力を通じて、労働市場で行われる交渉をコントロールしている。

　工業化のはじまった19世紀のイギリスにおいて、団結もしくは組合の結

　8）　A. Fox, *Beyond Contract: Work, Power, and Trust Relations* (London: Faber, 1974), ch. 6 ; H.A. Clegg, 'Pluralism in Industrial Relations' (1975) 13 *British Journal of Industrial Relations* 309 ; K. Stone, 'The Post-War Paradigm in American Labor Law' (1981) 90 Yale LJ 1509.

成は、共謀罪（criminal conspiracy）を構成し、要求を貫徹するための労務不提供といった集団の力を行使する行動は、刑事犯罪に該当した。工場の門の外で他の労働者が仕事をしようとすることを阻止するピケッティングは、不法集会（unlawful assemblies）や暴徒（rioters）とみなされた。団結禁止法（Combination Acts）が廃止された1825年以降でも、労働者による組合結成は、容認されたが、賃上げや労働時間短縮の要求を貫徹するために行われる争議行為は、1875年に至るまで刑事犯罪とされた。治安判事（magistrates）は、工場の所有者でもあることが多く、ストライキをやめさせるために、投獄や移動（transportation）の権限を使用することに躊躇しなかった[9]。しかし、国家は、結局のところ、このような圧政的な体制を維持する手段を欠いていたし、それを行うことは賢明でもなかっただろう。工場のシステムが機械化されて以来、職場紛争が、はるかに大きな階級対立に拡大する恐れがあった。

階級対立が革命につながるという危惧から、使用者は、まず労働者組織やその活動に対する強権的措置を強く求めた。しかし、結局、この脅威を永久に回避することを企図した政治的妥協に必要な条件づくりがなされた。イギリスやその他の西欧諸国において20世紀初頭に形成されたこの妥協は、雇用条件や職場環境の交渉という限られた目的のために集団的組織を結成することを容認するというものであった。1906年労働争議法（Trade Disputes Act）は、イングランドにおいて、使用者と組合の団体交渉という効果的な制度を成立させるうえでの残存する法的障害を取り除いた。労使の集団行動は、この法によって容認されることになったが、国家権力の統制に関する大規模な政治紛争に拡大しないように、厳密に規制され、隔離された[10]。多くの法的論争の末、組合は、政治活動に従事することができるようになった。もっとも、そのような組合の政治活動は、厳格な条件の下で、議会政党（parliamentary democratic parties）に資金提供をすることに限定された[11]。フランス

---

9) Lord Wedderburn, *The Worker and the Law*, 3rd edn (London: Sweet & Maxwell, 1986) pp.512–21.

10) A. Fox, *History and Heritage: The Social Origins of the British Industrial Relations System* (London: Allen & Unwin, 1985).

やドイツでは、基本的な制度設計が1919年の戦争後にようやく行われた。
しかし、あらゆる場合において、ダーレンドルフ（Dahrendorf）が指摘したように、「労使紛争は、政治社会を分裂させる対立から切り離され、相対的に独立して行われている。」

　欧州の大半の法システムにおいて、この政治的妥協は、労働法の新たな規範を導いた。その規範は、労働者が、労働組合などの集団組織を結成する権利、使用者もしくは使用者集団と労働協約を締結する権利、交渉上の地位を支援するためにストライキやその他の争議行為をする権利を定めるものである。アメリカでは、同様に、1935年全国労働関係法（National Labor Relation Act）が次のように宣言した。

　　　被用者は、団結する権利、労働団体を結成・加入・支援する権利、自ら選出した代表者を通じて団体交渉を行う権利、および団体交渉またはその他の相互扶助ないし相互保護のために、その他の団体行動を行う権利を有する。

このような法的枠組みは、富のより公正な分配を創出するのに役立つという理由や、労使紛争が政治革命に拡大することを回避するというより実際的な理由から正当化された。そこで形成される労使関係モデルは、使用者と被用者との間の必然的な利益対立を認識するとともに、両者の主張の正統性を承認することを内包していた。団体交渉の促進は、労使が組織内での権限を分かち合うことの正統性を認めるものであり、その結果、労働組合は、労働者の代表として、企業の運営方法や報酬の分配について発言する資格をもった

---

11) Originally Trade Union Act 1913, now Trade Union and Labour Relations (Consolidation) Act 1992, ss.71-96.

12) A. Jacobs, 'Collective Self-Regulation', in B. Hepple (ed.), *The Making of Labour Law in Europe* (London: Mansell, 1986).

13) R. Dahrendorf, *Class and Class Conflict in Industrial Society* (London: Routledge & Kegan Paul, 1959), p. 277.

14) 29 USC, s. 157.

のである。企業における権限の分かち合いは、「多元主義（pluralist）」と評された。というのも、それは、使用者が自らの利益のために事業活動を行う排他的権限をもつべきであるという考え方を否定するものだからである。労働協約は、交渉もしくは紛争の仲裁のための通例的方法を確立する「手続的条項（procedural agreements）」を含み、「平和協定（peace treaty）」として機能した。[15]

労使多元主義という観点からすれば、団体交渉や集団的手続を社会的紛争を減らすために不可欠な制度として促進することは、パブリックポリシーとなる。1919年から1979年に至るまで、イギリス政府は、程度の差こそあれ、この政策を優先した。この政策は、20世紀における労使関係に最も影響力のあった二つの公式報告書の理由づけとなった。その1つは、1917年のホイットレー委員会（Whitely Committee）である。ホイットレー委員会は、全ての産業部門に適用される労使合同委員会（Joint Industrial Council）を設立すること、および、「苦汗産業（sweated trades）」（すなわち、低賃金、未組織の労働者）における団体交渉を確立する手段として「産業委員会（Trade Boards）」を拡張することを提案した。[16] もう1つは、1968年のドノヴァン委員会（Donovan Commission）である。ドノヴァン委員会は、体系的で秩序ある工場レベルの団体交渉が、「ストライキの多発する（strike-prone）」というよく認知されたイギリスの問題を解決するための最善の解決策であると勧告した。[17] 1975年には、この政策は、最も明確なかたちで法文化された。新しい独立機関である助言斡旋仲裁局（ACAS）は、「労使関係の改善を促進する、特に団体交渉の拡大並びに団体交渉機構の発展や必要に応じた改革を促進する一般的義務を負う」。[18]

このような団体交渉を促進する法やその他の支援施策により、20世紀のほとんどの期間、工業化社会の組合は、大多数の従業員の賃金率を決定する

---

15) Davis and Freedland, above n. 3, pp.154, 162.

16) Interim Report on Joint Standing Industrial Councils, Cd. 8606 (1917).

17) Report of the Royal Commission on Trade Unions and Empolyers' Associations, Cmnd. 3623 (1968).

18) Employment Protection Act 1975, s.1 (2).

のに十分な組織的連帯を得ることができた。大工場や大企業の労働条件は、組合の組織化を促した。というのも、労働者は、1つの場所に集められており、契約が同質性を有していたので、賃金と労働条件に関する利害を共有し、単に仕事を放棄するだけでベルトコンベヤー上の生産を中断できたからである。もっとも、企業経営のその他の側面に影響を及ぼすために組合が集団的組織を利用できる範囲については、議論の余地を残していた。そして、法的制約や労働者連帯（worker solidarity）の弱体化の結果として、先進工業国の団体交渉システムは、賃金、労働時間、仕事の配分といった雇用関係の重要事項に限定され、それ以上に拡張されることはほとんどなかった。

3　欧州モデルの出現

　イギリスや多くの工業化社会における雇用法の歴史は、以上の2つのパラダイムの間での絶えざる鬩ぎ合いであったということができる。自由主義的な枠組みは、効率的かつ競争力のある企業の重要性を強調し、そのために労働市場における契約自由を最大化し、競争の妨害を禁止する法規制による支援を必要とする。対照的に、労使多元主義の枠組みは、公正や労働者の尊厳を根拠として、職場レベルや産業レベルでの労使共同の規制を実現する制度的仕組みの重要性を強調する。いずれのパラダイムにおいても雇用法は必要である。というのも、前述した雇用契約に特有の問題に対処しなければならないのみならず、法は、優先されたパラダイムへの攻撃を防がなければならないからである。契約自由モデルでは、雇用法の主たる目的は、介入と市場の失敗から競争的な労働市場を保護するところにある。他方、労使多元主義モデルでは、雇用法は、団体交渉という労使関係システムの基本的特質を保障する「社会権（social rights）」を制定する。

　この歴史は、現代の雇用法を理解するうえで今も重要であり、そこには歴史的な妥協と実践的な解決が含まれている。しかし同時に、雇用法にこれまでと異なる役割を担わせようとしている欧州の政治思想や社会政策の現代的潮流についても十分に理解しておかなければならない。欧州共同体では、21世紀初頭において、社会的包摂（social inclusion）、競争力（competitiveness)、シティズンシップ（citizenship）という3つのテーマが、雇用法を新たな方向性に導こうとしている。基本条約の欧州雇用法の目的に関する規定には、それらのテーマが以下のように示されている。

　　共同体および加盟国は、…*基本的社会権*に留意し、雇用の促進、生活ならびに労働条件の改善、改善を維持しつつ調和化を可能にするために適切な社会的保護、経営者と労働者の対話、高い雇用率を継続させる観点からの人的資源の開発および*排除*との戦いをその目的とする。
　　この目的のため、共同体および加盟国は、各国の慣習の多様性、とりわけ契約関係の分野におけるそれ、ならびに共同体経済の*競争力*を維持する必要性を考慮した措置を実施するものとする。[19]

社会的包摂

　労働が労働市場を通じて配分されることは、次の3つの重要な結果をもたらす。第1に、使用者は、特定の個人に仕事を割り当てることができ、理由の如何を問わずそれ以外の者を拒否することができる。第2に、労働からの排除が、労働者とその扶養家族にとって、生活費を得る手段を拒否されることを意味する。市場は、社会的責任の観念を欠いている。第3に、労働からの排除は、共同体がもたらす無形の利益を享受する機会を個人から奪う。労働から生じる無形の利益には、友人関係を形成し、共同体で社会的地位を獲得し、共同体への参加をはじめとする有意義な活動に従事する機会が含まれる。現代政治においては、市場社会のそのような結果は、社会的排除（social exclusion）の問題と称して説明されている。働くことができない者は、社会的排除に苦しむことになる。また、そうした者は、最低限度の生活あるいはそれよりも幾分よい生活に必要な有形財を購入する収入を得る最良の手段が絶たれてしまう。代わりに、そうした者は、働く人々が税金から支

---

19) Treaty Establishing the European Community, Art. 136, italics added.

出することに同意した福祉の支援に頼らざるをえない。しかし、たとえ十分な福祉が施されるとしても、失業者は、共同体の無形の利益にあずかり、社会的地位や達成感を得るといった、労働によってもたらされる機会を失う。働けなければ、市場社会における市民同士を結び付ける共同体の細い糸が断ち切られ、時として秩序や社会的結合を破壊してしまうことになるのである。

　社会システムが破壊される潜在的な要因をなくす、あるいは減らすために、雇用法は、その他の政府の施策とともに、社会的排除を減少させる、あるいは最小化させる機能を果たしている。社会的排除の問題に取り組む戦略において最も重要な要素は、課税、社会保障給付（welfare payment）、教育、そして完全雇用の促進を目的としたマクロ経済政策であるが、雇用法も、きわめて重要な補完的役割を果たしている。社会に根深く残っている社会的排除と戦うために、雇用法は、使用者の採用決定や解雇を規制している。それらの規制をどの程度厳格に行うかという点は議論のあるところだが、先進工業国の多くは、現在、採用における様々な差別の形態を非合法化する法を有しているし、労働者の雇用終了に関する使用者の決定を規制している。たとえば、現代では、使用者が性別、人種、組合員であることに基づいて採用決定を行うことは、違法である。また、現代の雇用法は、それほどではないにせよ、正当事由なく雇用関係を終了させる使用者の権限を規制している。さらに、社会的排除のその他の要因にも、規制が行われている。たとえば、使用者には、新しい技術に関する訓練を従業員に対して行うことや、当該被用者の家族に対する責務と両立する労働時間を示した雇用条件を提案することが、求められている。差別、解雇、家族にやさしい（familiy friendly）施策、労働者のエンプロイアビリティーの改善についてのこれらの様々な法は、様々な形で正当化することができるが、なかでも主要な目的の１つは、市場社会における社会的排除という根本的な問題に取り組む手助けとなることである。このように、雇用法は、自由主義的な労働の自由（liberal freedom to work）を保護するというより実現しようとしているのである。さらに、雇用法は、直接的あるいは間接的に、労働市場の規模をコントロールし、特定のグループに対する雇用機会の障害を設けない義務を使用者に課し、仕事を探

す義務を市民に課している。これらの野心的な課題の達成には、公正な雇用機会のための制度構造をなす強力かつ広範な規制が必要である。

競争力

現代の雇用法に深く影響する第2のテーマは、企業と国家経済の競争力を向上させるという政府の意欲的な試みから生じている。グローバル化する経済システムのなかで生き残るために、企業はライバルに対して競争的優位に立たなければならない。このライバルは、時には、賃金がより低く、天然資源がより豊富で、労働力の質が高い他国に拠点を置いている。政府は、企業の競争力を向上させるという野心から、企業のコストを下げ、効率的に労働力を確保するうえでの企業の柔軟性を高めるために、ある程度まで雇用法の規制緩和を行ってきた。しかし、規制緩和は、政治的に人気がないし、企業の競争力を長期間にわたって改善させることもできない。むしろ求められているのは、投資にとって魅力のある経営管理システムである。というのも、このような経営管理システムが、効率的な生産、革新的な製品、さらには、自らの知識を活用して、生産を効率的に行い、品質を保証し、新しいことを行う際の手助けとなる高い技術力をもった協力的な従業員をもたらすからである。雇用法は、そのような競争力のある企業が繁栄するための手助けをする職場の制度的枠組みを提供するために用いられる。

どのようにこの目的を実現するのが最適かということが、雇用法の中心的な課題となっている。競争力の向上には、従業員の相当なフレキシビリティと協力が必要なのは明らかである。しかし、公正な処遇、雇用保障、使用者側と同程度のフレキシビリティといったものがその見返りとして保証されなければ、従業員は義務を負うことを渋るかもしれない。また、法的権利は、それを行使する個人が直面する実際上の困難や生産過程における絶え間ない秩序を乱す紛争を回避する必要性を考慮すると、十分な安心をあたえることはないだろう。よりよいメカニズムは、従業員が当該事業の経営管理に参加し、フレキシビリティや協力を求める決定について発言できる制度に見出すことができる。企業組織の統治での「発言権（voice）」を労働者に与えるこ

うした「パートナーシップ」制度は、団体交渉という伝統的な形態を含むが、さらに、協議委員会（consultation committees）や「労使協議会（works councils）」といった、使用者と被用者の代表が、企業の競争力強化を追求する戦略や保護措置に合意することを可能にする新しい制度に拡大する可能性を秘めている。

シティズンシップ

　雇用に関する最近の議論に広く浸透している第3のテーマは、シティズンシップという言葉によって示される。この考え方は、市民が、民主的な統治システムに参加し、国家権力の濫用から保護される市民的自由をもつ資格を有するという伝統的な自由主義的価値に限られるものではない。現代におけるシティズンシップという概念は、教育、文化、雇用といった社会問題を広く含んでいる。さらに、この概念は、市民が、教育、医療、文化活動、仕事にアクセスする基本的社会権を有することをも主張するものである。もっとも、これらの権利は、福祉的な特典（welfare entitlement）としてとらえられているわけではない。むしろ、社会権も、市民が自己の責任を尊重することに依拠している。雇用を例にとってみると、教育、職業訓練、就職支援などの援助を通じて、政府は労働者の社会権を尊重するけれども、労働者もそのような機会を活用し、真剣に就職先を探す義務を負っている。このように、シティズンシップという概念は、伝統的な市民的自由と結びつくとともに、社会権あるいは個人が幸福を追求することのできる前提条件を国家が提供する必要性を承認する。さらに、この概念は、あらゆる者を税によって支援するという福祉国家の無制約の責務からの脱却を含意している。というのも、シティズンシップは、幸福追求の機会をあたえるだけであって、無責任な行動をする者に対して幸福追求の機会を保障するものではないからである。

　このシティズンシップというテーマにおいて、伝統的な市民的自由が、国家権力から保護されるべきであるのみならず、国家が、職場をはじめとする対国家権力以外の場面において、市民的自由を保障しなければならないという主張の高まりを見いだすことができる。たとえば、従来、プライヴァシー

権は、政府の電話盗聴によって侵害されているかもしれないといわれてきたが、今では、被用者が、使用者による私用電話や電子メールのモニタリングから、国家によって保護されるかどうかが問われている。また、従来、表現の自由という権利は職場に適用されないと考えられていたが、今では、「内部告発者（whistleblower）」が、警察に犯罪や不正を通報したような場合に、表現の自由が、使用者の懲戒権から保護されるべきかどうかが問われている。要するに、権利という公的領域と市民的自由が適用されなかった市場関係という私的領域を鋭く対比させる従来の考え方には、大きな疑問が生じているのである。労働者は、シティズンシップの諸権利を、職場の門前に置いてきているという考え方は、もはや受け入れられない。むしろ、問題は、使用者による市場における力の行使に対して、どの程度市民的自由が保護されるべきかである。

さらに、現代におけるシティズンシップ概念が示唆するのは、権利の範囲が、労働者の基本的権利を含めた社会権にまで拡大されるべきであるということである。組合加入の自由や争議行為への参加の自由といった社会権の一部は、労使多元主義戦略の中にあったものであり、ILOや国際条約において長らく主張されてきた。しかし、現代における社会権の声明は、職場における健康・安全、公正な処遇、公正な賃金といった幅広い事項を含んでいる。たとえば、2000年 EU 基本権憲章（Charter of Fundamental Rights of the European Union 2000）では、社会権は、職業訓練にアクセスする権利、職業選択の自由、差別から保護される権利、企業内での情報提供や協議の権利、公正かつ適正な労働条件を享受する権利、不当な解雇からの保護といった権利を含んでいる。この憲章は、直接的な法的強制力をもたないが、伝統的な市民的自由と拡張された社会権を組み合わせることを通じて、欧州連合における現代版シティズンシップを表現しており、雇用法にとって大いに示唆的である。

雇用法という考え方

雇用法は、それを解説するだけの様式化された構造を欠いている。実際、

雇用法の境界線は不明確であり、その基本原則についても、自由主義と労使多元主義のあいだで長らく議論され、今も論争が続いている。また、雇用法は、その構造について、伝統的な法的分類に依拠することはできない。というのも、雇用法は雇用関係に焦点をあわせているため、その解説は、一般契約法から、複雑な欧州の制度、人権、競争法（competition law）にまでいたる、公法と私法のほとんどあらゆる分野を横断せざるをえないからである。結局、その対象の範囲と内容は、雇用関係の法的規制の主眼をどう考えるかにかかっている。

　本書の骨格は、3つの現代的テーマ—社会的包摂、競争力、シティズンシップを、その構成の基本として採用している。本書は3つの部に分かれ、それぞれの部が、個別のテーマについて検討している。このことは、これらの政策目的が、それぞれ別個の問題に取り組んでいるという誤解を生むかもしれない。しかし、実際には、勿論、これら3つのテーマ全てが、雇用法におけるあらゆる個別の問題に取り組むに際して、政府や法律関係者に対して影響をあたえているのである。とはいえ、テーマを区分することにより、これらの政策目標の特徴、特定の文脈におけるそれらの重点の置かれ方、詳細な法的意義を十分に把握することが可能になるし、これらの新しい目的が雇用法にもたらすジレンマについて慎重に分析することも促される。このような雇用法の考え方が示唆することは、21世紀初頭において、これらの3つのテーマが、労働は商品ではないというスローガンに象徴される難問に対する欧州における独自の対応の核心部分を構成するということである。

第 2 章　職場を規制する

　1998年全国最低賃金法（National Minimum Wage Act 1998）が成立して2年後、イギリスの労働組合の大半が加盟する組織である労働組合会議（TUC）は、約170,000人の労働者が権利として与えられている最低賃金を受け取っていないと推計した。確かに、この人数は多い。そして、TUCは、明らかにこの多人数をもってこの法律が失敗であることの証左であると考えていた。しかし、雇用法の歴史から見ると、このような調査結果は、この法律が失敗などではなく、大成功であることを意味した。この結果を、雇用立法が実効性を欠いていた過去と比べてみよう。例えば、前章で言及した「10時間」法（'Ten Hours' laws）は、全く守られなかった。工場での児童の労働時間や深夜労働を制限するこの立法が存在していたにもかかわらず、12歳のマレー君は、休憩を与えられることなく24時間働いていた。雇用法が前章で説明した政策目的をいかにして体現しているのかを検討するには、雇用関係に対する規制を実施するに際しての困難について考察することが重要である。

　中心的な問題は、最大限の法令遵守（compliance）をいかにして達成するかである。この法令遵守の問題と密接に関わっているのが、契約による取り決めや仕事を行う職場が多様であることに配慮した規制システムを展開する必要性である。これらの問題の考察によって分かることは、権利を与え義務を課する強行的な法規制は、必ずしも有効ではないし、現実の状況に十分に注意を払っているわけでもないことである。厳密な基準を強制することなく自律的規制（self-regulation）を促進するなどの別の規制手法の方が、実際には政策目的をより満足に実現することもある。雇用法は、いくつかの最も新しい規制手法の発信源であったし、これからも斬新な試みを行う場所であり続ける。

1　法令遵守、応答性、手続的規制

　通常は法を守る国民であっても、労働基準に違反するインセンティヴは、多くの場合、無視できないほどに大きなものである。使用者が、労働者に法定最低賃金を下回る賃金しか支払わない場合を考えてみよう。使用者は、当然ながら、最低賃金法を守ることでコストを増大させたくないし、競争相手が、最低賃金法を無視して、製品やサービスの価格を下げることを心配することもある。また、あまり現実的ではないが、被用者は、仮に制定法上の権利を知っていたとしても、解雇などの報復行為が怖いので、使用者による規制違反の問題を提起したがらないだろう。いずれにせよ、使用者は、被用者の主張に対して、次のように答えるだろう。「この低賃金の仕事を望まないならば、辞めてもらってかまわない。お前達の仕事を喜んでする者は他にもいるのだから。」と。経済的利害そして時には窮乏が、構造的な (systematic) 労働基準違反を引き起こしている。要するに、使用者も労働者も共に、多くの場合、雇用法の破壊を進んで黙認しているのである。

　この労働基準の遵守を確実にするという問題は、産業部門、就業形態、労働者の属性の違いに一層配慮した規制を行うことによって、多少なりとも解決することができる。例えば、法定最低賃金についてみると、例外を設けること、産業部門ごとに最低賃金額を変えること、労働者の属性に応じて異なる賃金額を設定すること（例．若年者には低い賃金額を設定する）などが考えられる。しかしながら、このようなヴァリエーションは、複雑化を招き、法令遵守の水準を引き下げる結果となる。というのも、使用者や労働者は、いかなる詳細なルールが自分たちの関係に適用されるのか確信がなくなるからである。[1] そして、規制をより複雑なものとする基準を作るうえでの、論理的な停止点は存在しない。なぜなら、各事業、各雇用関係が、それぞれに特有の特徴を有し、労働基準の調整を必要とするからである。一般的基準は、そ

---

[1]　C. S. Diver, 'The Optimal Precision of Administrative Rules' (1983) 93 Yale LJ 65.

のような改良がなされなければ、無視されるか、誤まって適用されるか、雇用を喪失させたり、無用に事業のコストを大きくする点で逆効果であるかのいずれかだろう。一般的基準があらゆる雇用関係に適用される場合には、その規制目的の達成に不必要なコストや規制によって得られる利益よりもはるかに大きなコストを使用者に負担させるという意味で非効率となるリスクが発生する。要するに、非効率性や実効性の欠如を回避するには、雇用の法規制は、それが適用される状況の多様性に対応し、配慮しなければならないという点で、「応答的（reflexive）」でなければならない。[2]

　雇用法は、その政策目的を遂行するうえで、高水準の基準遵守を確保すると同時に、応答的であるという、以上の二つの問題に取り組まなければならない。理論的には、基準に関する適切な取締活動を行うことによって、法令遵守の問題を解決することができる。工場の危険な労働条件を規制したイギリスの初期の立法では、規制を守らせることを仕事とする監督官が任命された。監督官は、法令遵守の水準を引き上げる。というのも、被用者による（違法の）黙認は、あまり重要ではなくなるし、使用者は、高い摘発率に伴い罰金やその他の制裁のコストを負担せねばならないという高リスクを恐れるだろうからである。しかし、最大限の法令遵守を確保するには、重い罰が確実に脅しとなるように非常に大勢の監督官が必要となる。そのような体制のコストは、政府にとっては、常に高額すぎるように思われてきた。先進工業国のほとんどが、監督官をおき、各種の労働基準を強制しているが、最大限の法令遵守を確保するほどの人員はおいていない。例えば、イギリスでは、今日、約700名の安全監督官をおいている。彼らは、約50万の事業場を巡回しなければならず、結局のところ、検査は、大抵4,5年に一回にすぎない。[3]

　法令遵守を一層確保する別の方法は、被用者個人が労働基準を実施するイ

　2）　R. Rogowski and T. Wilthagen (eds), *Reflexive Labour Law* (Deventer: Kluwer, 1994); I. Ayres, and J. Braithwaite, *Responsive Regulation: Transcending the Deregulation Debate* (Oxford: Oxford University Press, 1992).

　3）　R. Baldwin, *Rules and Government* (Oxford: Oxford University Press, 1995), p. 144.

ンセンティヴを高めることである。被用者個人には、簡素な法的手続を通じて、使用者に対して、法規制違反に対する実質的補償を請求する権利が与えられていることがある。このモデルは、イギリスにも当てはまる。例えば、女性の平等賃金を理由とする請求権、賃金からの不正控除を理由とする請求権、不公正解雇を理由とする請求権である。このモデルによれば、大勢の監督官を置くことによるコストを回避できるけれども、個別の請求を判断する法的過程を運営するコストが必要となる。しかしながら、法が使用者による報復行為に対する保護を用意したとしても、被用者は権利を行使することをためらうだろう。というのも、被用者は、見込まれる補償額よりも、継続雇用、昇進の見込み、労働市場でのエンプロイアビリティに対して及ぶリスクの方が大きいと判断するからである。このような評価は、懲罰的賠償の付与や簡素で費用のかからない手続などの手法、並びに立証の負担を使用者側に課すことによって変えることができるかもしれない。しかし、結局、被用者は、いつまでも使用者との訴訟上の紛争に突入することをためらうだろう。その結果、使用者が法規制を完全に遵守するという気にさせられることはない。

　監督官がその典型である公法モデルも、個人が雇用法上の補償金請求権を行使する私法モデルも、法令遵守の観点からは以上の欠点があるので、雇用法は、新しい解決策を模索せざるを得なかった。その最も特徴的な手法は、交渉を通じた労使による自律的規制を要請する、あるいはそれを誘導する手続的規制を内容とするものである。この手法では、法は、従わなければならない手続や交渉が行われる制度枠組を定めるが、詳細な実体的基準を定めることを控える。そうした手続的規制の一例として、使用者と労働組合との間で行われる団体交渉について、法が、団体交渉が行われる過程や諸条件を定めるものの、協約によって設定される基準について交渉結果の限界を定めていない場合が挙げられる。他にも数々の手続的メカニズムや制度的メカニズムが、同様の目的で用いられることがある。例えば、イギリス、EU、その他多くの国では、立法が、安全衛生委員会を、各職場に設置することを命じている。この委員会は、労使の代表によって構成され、安全・衛生に及ぼすリスクを特定し、それを削減するあるいは排除する対策を決定することを任

務とする。[4]

　このような手続的規制という方法は、応答性と法令遵守の両方の点で利点をもっている。集団的自律的規制は、当事者が各職場にとって実用的で、効率的な基準を定めることを認めている。そして、この基準は、経験を踏まえて簡単に変更することもできる。このような手続は、安全問題といった規制上の課題について従業員のもっている情報やそうした課題の効率的な解決方法に関する従業員の専門知識を活用するのである。[5] また、いったん集団的自律的規制が確立されると、高水準の法令遵守が実現されるであろう。というのも、集団的自律的規制による基準は、全ての関係当事者によって定められたものであるし、合意に関わった当事者、とりわけ組合役員は、法令遵守をより現場に近いところから監視するのに適当だからである。さらに、手続的規制の提唱者は、団体交渉をはじめとするこれらの手続的制度は、他の規制手法を有効に実施するのに不可欠であると主張している。初期保護立法がより実効性のあるものとなったのは、監督官が、集団的組織的な力によって使用者による法令遵守を強く求めることのできる組合役員によって援護された場合であった。[6]

　もちろん、集団的に定められた基準が非常に低くく、立法者の意に沿わない危険性が存在する。最悪の結果から保護するために、立法者は、自律的規制が守らなければならない最低条件を定めることがある。しかし、立法者が最低基準以上のものを定めるならば、手続的規制の潜在的な利点を損ねることになるだろう。以上の高水準の法令遵守と応答性という利点は、究極的には、規制の目的が、使用者によって、単に事業に別のコストを負わせるにす

---

4) EC Directive 89/391 Art. 11 ; Health and Safety at Work Act, etc. 1974, s. 2 (3), (6); Safety Representative and Safety Committee Regulations 1977 SI 1977/500 ; Health and Safety (Consultation with Employees) Regulations 1996 SI 1996/1513.

5) L. S. Bacow, *Bargaining for Job Safety and Health* (Cambridge Mass.: MIT Press, 1980); J. Rees, *Reforming the Workplace: A Study of Self-Regulation in Occupational Safety* (Philadelphia: University of Pennsylvania Press, 1988).

6) P. Davies and M. Freedland, *Kahn-Freund's Labour and the Law*, 3rd edn (London: Stevens, 1983), p. 19.

ぎないと見なされるのではなく、企業組織の目的の一つにもなると見なされることにかかっている。企業組織は、安全衛生委員会といった特別な手続を法的に要請されることによって修正しつつも、自らの手続に従って雇用法の目的に近い決定を行うのである。[7]

　雇用法は、従来より手続的規制を用いることによって、とりわけ団体交渉を自律的規制の手段として奨励することによって、独自の特徴を発展させてきた。集団的自律的規制の研究は、労働法研究の中心となっている。というのも、集団的自律的規制は、他の規制手法に比べると、実効性と応答性の点で優れているからである。[8]とはいえ、雇用法の目的を実現する規制手法としての手続的規制や団体交渉には内在的限界があることを認識することが重要である。団体交渉によって扱われる問題の範囲、獲得される基準、組合が協約の遵守を確保できる程度は、究極的には、当該問題に関する労働組合の交渉力にかかっている。高水準の失業率、弱い組織、ストライキを通じて要求を貫徹しようとしない労働者の態度は、組合の交渉力を弱め、団体交渉を通じた自律的規制の影響力を減殺することにつながる。団体交渉の第二の限界は、組合は、民主的枠組みの中で運営されるのが通常であり、その政策は、組合員の多数意思に従わなければならないという点である。このような統治形態では、少数者や組合活動に積極的に参加していない集団の利益に対して十分な注意が払われないというリスクがある。労働組合は、彼らの利益に対してリップサービスをすることはあるものの、多数派の要望を念頭に置き、特定の従業員層（例．女性）の主張のために産業に対する影響力を行使することを控えることがある。[9]第三の限界は、使用者を手続的規制（例．団体交渉を目的とした組合承認の要請）に従わせる際に法が直面する困難である。と

---

7) G. Teubner, *Law as an Autopoietic System* (Oxford: Blackwell, 1993), ch. 5.

8) K. Klare, 'Countervailing Workers' Power as a Regulatory Strategy', in H. Collins, P. Davies, and R. Rideout, *Legal Regulation of the Employment Relation* (London: Kluwer Law International, 2000), p. 63.

9) J. Conaghan, 'Feminism and Labour Law: Contesting the Terrain', in A. Morris and T. O'Donnel, *Feminist Perspectives on Employment Law* (London: Cavendish, 1999), pp. 13, 23.

りわけ、法が、形の上では手続を行うが、実際には真剣に交渉を行わない使用者を見分けるのは、難しい。第四に、そしてこれが恐らく最も重要なことであるが、労働者には、不可侵の権利とみなしてよい利益が存在するということである。例えば、人種や性別を理由に差別を受けない権利である。そのような権利を集団的自律的規制の過程において取引や制限の対象とすることは、市民としての労働者にとってのそうした権利の基本的重要性を否定するものとみなすことができよう。[10]

　規制手法としての団体交渉には、以上のような弱点や批判があるけれども、前述したこれを採用する理由には、多くの点で、依然として説得力がある。少なくとも、手続的規制の補完的性格は、刑事制裁や民事上の補償金請求が背後に控えた強行的一般的基準を直接適用するよりも、立法目的を達成するうえで好ましいメカニズムである。もちろん、雇用法は、これらの分かりやすい選択肢以外にも数々の規制手法を用いることができる。[11]最近では次の試みが行われている。

－使用者が従業員持株制度（employee share ownership schemes）を含んだ報酬体系を採用するインセンティブとなるような優遇税制措置（tax breaks）

－法的な拘束力はないが、一般的基準を遵守する方法に関するより明確な指針を定める行為準則（Codes of Practice）やその他の「ソフトロー（soft law）」

－特定の範疇の労働者（例．若年で経験の浅い者）の雇用を促進するために使用者に与えられる補助金

－様々な代替的紛争解決制度の模索

それぞれの試みにおいて、雇用法は、法令遵守の向上を確保すると同時に特定の事業や労働者集団の必要性に配慮するという問題に取り組んでいる。

　10）　H. Collins, 'Against Abstentionism in Labour Law', in J. Eekelaar and J. Bell (eds), *Oxford Essays in Jurisprudence Third Series* (Oxford: Clarendon Press, 1987), p. 79.

　11）　A. Ogus, 'New Techniques for Social Regulation: Decentralisation and Diversity', in Collins, Davies, and Rideout, above n. 8, p. 83.

2　契約を規制する

　雇用法の大部分は、雇用関係の中核に位置する基本的な法制度である雇用契約に、直接的にあるいは間接的に介入することによって機能している。前章では、雇用契約の特徴やその特徴が絡み合っているという独自性に言及した。法規制は、分業を目的とするこの契約メカニズムの特別な特徴に対応しなければならない。雇用契約は、法的には、契約関係の一種類と考えられているので、契約の自由を優先するという私法制度の一般的な推定が及ぶ。法的分析の出発点が、当事者には契約内容形成の自由があるという点にあることに変わりはない。雇用法は、強行的な基準を課することによって、あるいは合意内容の多様性をもたらす手続を導入することによって、この自由に介入する。ここでは、雇用を規制するためにこのように契約の枠組みを用いたことによる三つの重要な帰結に焦点を当てる必要がある。

ルールブック（RULE-BOOKS）

　雇用契約以外の契約関係での標準的な法分析は、明示の合意条項を、当事者の法的な権利義務を定めるメカニズムとして非常に重視している。使用者が定型化された契約（standard form contract）を強制して明示条項（empress terms）を定める可能性を考えると、このような法分析は、直ちに、明示の合意条項を定める使用者の力を優先することにつながる。しかし、逆説的なことだが、契約の枠組みによる最も重要な帰結は、当該契約の明示条項を挿入することを控える使用者の力にある。使用者は、従業員を指揮監督する権限を視野に入れて意図的に不完全な契約を選ぶことによって、労働者に対してわずかな契約上の権利を付与しつつ、契約に基づいてあらゆる自己の利益を保全する広い権限を獲得することができる。このような指揮命令・服従の手法を目に見えるように具体化したものが、「ワークス・ルールズ（works rules）」や「スタッフ・ハンドブックス（staff handbooks）」である。

　使用者は、ルールや手続を公表する。被用者は、雇用契約の明示条項や

黙示条項（implied terms）により、それらに従わなければならない。使用者は、新しい命令を出すことによって、これらの組織の内部ルールを変更することができる。なぜなら、使用者は、通常、こうした規則集（code）を契約の明示条項の一部とすることを避けているからである。例えば、使用者が懲戒手続を定める場合を考えてみよう。これにより、労働者側は、公正に取り扱われることを期待するかもしれない。しかし、ハンドブック（handbook）に記載されるこうした懲戒手続が、当該契約の明示条項に組み込まれていないならば、使用者がこの手続を無視したとしても、そのような逸脱は契約違反とはならないのである。確かに、裁判所は、当事者の明白な意思を根拠に、ハンドブックの一部の内容（例. 懲戒手続や医療補助（health benefits））が当該雇用契約の条項として明白に組み込まれていた、あるいは付属的な契約（a separate collateral contract）であると判断することがある。しかし、裁判所は、ルールブックを、従業員を指揮監督する経営側の一般的権限に基づいて出されるお決まりの命令一式にすぎないとみなすことのほうが多い。要するに、普通は、労働者がこうしたルールを信頼することによって得られる期待を、契約上の権利として直接的に保護することはできないのである。また、労働者は、こうしたルールを、契約上の義務を網羅的に記載したものとして信頼することもできない。というのも、こうしたルールが、当該契約の明示条項が要請するフレキシビリティの範囲内にある経営側の合理的な命令に従うという契約上のより一般的な義務を制限することはできないからである。[12]

黙 示 条 項

　当該雇用関係によって生じる法的義務は、契約の明示条項によって取り込まれる以外にも、黙示条項、あるいは大陸法諸国では私法の一般原則によって、定められる。コモンローでは、黙示条項は、契約当事者の暗黙の理解や期待を表していることを根拠にして正当化されている。現実には、黙示条項

　12）　第 5 章参照。

は、当事者によって引き受けられるべき義務に関する裁判官の認識を表すことになる。19世紀には、裁判官が、地位に基づいた義務（status obligation）という従前の法的伝統に依拠して、命令・服従の関係（authority relation）を契約に差し込んだ。使用者と労働者の間の経済関係は、主人と使用人の間の契約の場合と同じ用語で説明された。そして、裁判所は、この契約の中に法的義務を読み込んで、命令・服従の関係を維持したのである[13]。その主要な構成要素は、黙示の服従義務や忠誠義務であった。労働者には、使用者によるあらゆる適法な命令に従う黙示の義務がある。また、労働者には、主人に忠実に仕える黙示の義務もある。労働者は、命じられたことを行わなければならない。また、たとえ明示の指示がなくとも、労働者は、使用者の事業を害する行為をしてはならない。これらの黙示条項に反することは、契約違反となる。それゆえ、裁判官によって展開されたコモンローは、このような場合には、使用者に対して、即時解雇（summary or immediate dismissal）という自力救済の行使を認めた。

　黙示条項（あるいはそれに相当する私法の補完的一般原則）は、今なお、裁判所が労働を目的とする契約を規制するために利用できる最も有効な手段である。当事者の暗黙の期待に関する裁判官の認識がゆるやかに変化していき、さらなる黙示条項や補完ルールの展開をみた。三つの重要な展開が注目される。第1に、裁判所は、使用者が、従業員の安全に配慮する義務を負っていることを承認してきた。コモンローでは、この黙示の義務は、他人の身体の安全に相当な注意を払う不法行為法上の義務（tortious or delictual duty）に対応する。第2に、裁判所は、黙示条項や補完ルールを通じて、命令を出したり、生産を組織化したりする使用者の権限の行使のあり方について規制を行った。裁判官は、命令・服従の関係を維持しているが、権限の行使に限界を設けて、経営者による恣意的なあるいは横暴な振るまいを阻止することがある。法制度は、このような限界を様々な形で表現する。例えば、不誠実な行動をしない義務や法的権利を濫用しない義務である。イギリスでは、こ

---

13)　A. Fox, *Beyond Contract: Work, Power and Trust Relations* (London: Faber, 1974), Chapter 4.

のような機能を担う主な黙示条項は、当事者間の相互信頼（mutual trust and confidence）を破壊すると評価されるような行動をしない義務である。例えば、使用者が、特定の労働者に対して継続的に嫌がらせやいじめを行う場合、あるいは不当に非難を行ったり人を罵倒する場合には、この黙示条項に違反したことになる。裁判所が重要なデフォルトルール（default rule）を展開してきた第3の領域は、雇用関係を終了させる使用者の権限に関わるものである。この権限の規制は重要である。というのも、解雇の暗黙の脅威は、経営側の命令をより強固なものとし、被用者側の不要な振る舞いをやめさせるのに最も有効な制裁措置を使用者に与えるからである。ほとんどの西側先進諸国の法制度において、解雇権は不誠実に行使されるべきではない、あるいは解雇権は濫用されるべきではないという趣旨の補完ルールが展開されてきた。コモンローは、この点では、例外的である。というのも、裁判所は、通常、使用者が相当な解雇予告を行うという手続的要件を課してきただけであり、契約を不誠実に終了させることを控える黙示の義務という考え方を拒絶してきたからである。

黙示条項と大陸法系の私法の一般原則は、共に、以上のような一般的な義務を雇用契約に挿入する手法を有している。しかし、そこには、一つの決定的な違いが存在する。大陸法系の私法の一般原則は、補完的であるか、強行的であるかのどちらかである。これに対し、黙示条項は、デフォルトルールであり、契約の明示条項によっていつでも排除することができると考えられている。黙示条項は、制定法の定めがある場合を除き、契約の明示条項に優先する強行ルールではない。とはいえ、裁判所は、デフォルトルールとの衝突を回避するために明示条項を狭く解釈することがある。例えば、*Johnstone v. Bloomsbury Health Authority* 事件を見てみよう。この事件では、契約は、若手の勤務医に、標準として1週40時間働くことを義務づけていただけではなく、48時間の時間外労働を命じる権利を使用者に認めていた。

---

14) *Mahmoud v. Bank of Credit and Commerce International SA* [*1998*] AC 20, HL; 第5章参照。

15) 第8章参照。

16) [1992] QB 333, CA.

この被用者は、次のような主張をした。超過労働時間により健康を損なうことが予想されるので、時間外労働命令は、使用者による労働者の健康を損なわないように相当な配慮をするという黙示条項の違反である、と。裁判所は、この黙示条項違反を認めたが、大きな困難に直面した。それは、使用者は、労働者に対して時間外労働を命じるという契約に明示的に定められた権限を行使するにも拘わらず、黙示条項に違反しているという点の説明である。ブラウン＝ウィルキンソン判事（Browne-Wilkinson VC）は、見事な解決法を披露した。同判事は、この契約が48時間の時間外労働を行うという確定的な（absolute）義務を定めていたならば、黙示条項違反はなかったことを認めた。しかし、この事件では、使用者は、48時間を上限とする時間外労働を命じる裁量を有していたが、この裁量は、健康被害が予想される場合には、長時間労働を命じることによって被用者を害さないという使用者の一般的義務によって暗黙のうちに制限されていた、というのである。

　黙示条項は、職場の慣行（custom）や慣習（convention）を当該雇用関係の法的構成に挿入する機能も果たしている。職場の慣行は、「相当で、確信があり、よく知られている」ならば、黙示条項となることがある。使用者は、慣習の多くを、任意的に定めるルールブックにまとめている。しかし、慣行は、実際に継続して遵守されてきたならば、黙示条項として独立の法的効力をもちうる。労働者が勝ち取った多くの特典（例えば、決められた業務慣例や休暇）は、明示の契約上の権利というよりも慣行の問題として遵守されていることがあるが、慣行上の黙示条項として法的効力をもつことがある。いったん、慣行上の黙示条項を構成すると確定されると、当該職場の慣習は、雇用契約に基づいた使用者の黙示の裁量的権限に対する制限となる。

雇用規制の範囲

　まず、職場関係の法的分析に契約という枠組みを用いることの最後に残された帰結を強調しなければならない。契約の自由により、使用者には、様々な種類の契約関係を通じて労働力を調達することが認められている。使用者は、監督者の指揮命令に従って労務を遂行し、時間単位や週単位で賃金を支

払うという内容の契約で労働者を雇うこともできるし、任務を遂行し、完遂した仕事ごとに報酬を支払うという内容の契約で労働者を雇うこともできる。これらの労働者は、実際には全く同じ仕事をしていることがあるが、契約の枠組みは異なっている。そして、このことは、当事者にとって重大な帰結をもたらす。例えば、労働力の需要がなくなった場合について考えてみよう。時間に対して賃金を支払うという定めならば、仕事がなくても賃金は支払われる。これに対して、出来高払いの場合には、任務を完遂しない限り賃金は支払われない。労務提供を目的とする契約を通じて、あらゆる関連するリスクを多種多様な方法で配分することができるのである。もちろん、使用者は、普通、自分から見て最も効率的な結果をもたらしそうな契約形式を選択するだろう。このような契約の自由と効率性との調和を考えれば、法はそのような使用者の選択を制約することに非常に消極的であることが予想される。

　労働関係の形態が多様であることから、法的規制を試みる上で二つの問題が生じる。第1に、一般的な法規制は、契約による取り決めが多様であることに対応しなければならない。これは、雇用法において応答性が要請される中心的な一場面である。例えば、労働1時間当たりの最低賃金額を定める最低賃金法について考えてみよう。この法律は、時間給の被用者には簡単に適用できる。しかし、報酬が出来高払の場合や委託販売手数料の形をとる場合には、この法律はどのように適用されるのだろうか？　また、労働時間に関係なく定額給を受け取るサラリーマンの場合はどうだろうか？　レストランのウェイターがオーナーから受け取る賃金の他に店内でチップを受け取る場合はどうだろうか？　同様のことは、強行法規である不公正解雇法についてもいえる。不公正解雇法は、期間の定めのない雇用契約には容易に適用できる。しかし、不公正解雇法は、有期契約の更新拒絶の状態をどのように分析するのか？　サービスを提供するために選ばれた専門家を交代させる場合はどうだろうか？　臨時労働者（casual worker）に次の仕事の申込みをしない場合はどうだろうか？　これらの例において生じたことは全て、一般契約法の観点からすると仕事の申込をしないことに当たることを考えると、果たして解雇は存在していたのだろうか？　以上のことが、契約上の定めが多様で

あることから生じる実際上の問題であり、それが、規制を複雑にさせるのである。

　第2の問題は、雇用規制の範囲にかかわるものである。労務提供を目的とする契約が制定法などの規制の適用対象となるかどうかを判断するためには、その規制において、適用対象となる契約類型が定められなければならない。例えば、最低賃金の支払いを義務づける立法では、サービスに対して支払われる報酬（fees）やその他の支払いに対置されるものとしての賃金（wage）に関わる契約類型が明らかにされなければならない。不当に解雇されない権利を労働者に与える立法についても同じように、その適用範囲が定められなければならない。労務提供を目的とする契約が多種多様であることやその差異は微妙なものであることを鑑みると、規制範囲、いわゆる「労働法の人的範囲」を定めることは、多くの場合、困難である。問題は、適用範囲となる契約類型を、当該規制の政策目的の観点から決定すること、それから、そうした決定を実現するうえで、規制範囲を画定する明確な法的ルールを用いることである。例えば、衣類やぬいぐるみといった製品を作ることに従事する在宅勤務者（homeworker）に対して利用される前貸制（the 'putting out' system）を見てみよう。委託元企業が、材料を在宅勤務者に支給する。在宅勤務者は、友人や家族の助けを借りながら製品を作り、納品時に出来高払いの報酬を受け取る。雇用法がこの関係に適用されるべきか？　われわれは、最低賃金法を適用すべきか？　最低賃金法を適用するとしても、委託元企業は、仕事に対する総括金額を支払うのであり、労働者の数やかかった時間を把握していないしその関心もないのに、どうやって実現するのか？　委託元企業が、在宅勤務者に仕事を委託するのをやめた場合、解雇制限法が適用されるべきであろうか？　在宅勤務者に対する差別の疑いがあるならば、この関係に差別禁止法の保護が適用されるべきであろうか？　われわれは、恐らく、以上の問題に対する共通した答えを見いだすことはできないだろう。それゆえ、雇用法の範囲が、問題に応じて異なることもある。例えば、イギリス法では、在宅勤務者は、差別から保護され、最低賃金の保障を受けるが、前貸制の不当な打ち切りに対する保護は与えられない可能性が高い。[17]

　20世紀の最後の4半期になって、以上の二つの問題の実務上の重要性が、

著しく高まった（より正確にいえば、再浮上した）。20世紀の前半にはほとんどを占めていた期間の定めのないフルタイムの雇用契約は、今や、イギリスの労働力の約半数にしか妥当しない。一時的労働（temporary work）、臨時労働（casual work）、派遣労働、有期雇用、請負労働が増えてきた。また、この国の労働力の約4分の1が、週労働時間が30時間未満のパートタイム労働である。さらに、賃金制度が成果や業績と様々な形で連動する傾向が強くなっているようである。以上のような契約関係の新しい分布図の一番はずれの位置では、被用者が自営業者となり、定額で定められた仕事を完遂するサービスを販売している。例えば、イギリスの牛乳販売店は、以前は、トラック（牛乳配達車）を運転する牛乳配達人を雇用し、顧客の玄関口で牛乳を売っていた。しかし、今では、配達人は、特定地域で牛乳を販売するためにフランチャイズ契約を結ばなければならない。また、配達人は、配達車を借りるか、購入するかしなければならない。配達人は、牛乳を販売店から購入し、顧客への再販売による売買差益を収入としている。販売店からすると、この新たな取り決めは、厳しい競争市場で売上高を向上させるインセンティブを配達人に与えるともに、配達人の業績を評価するコストを削減する。また、販売店ではなく配達人の方が、顧客の代金不払いのリスクや支払猶予期間のコストを負担する。従前の制度化した取り決めによるヒエラルヒーは、契約によるつながりに取って代わられ、事業リスクの多くが配達人側に移されているのである[20]。これらのリスクにもかかわらず、自営業は、労働者にとって大いに魅力がある。というのも、自営業になれば、監督や規律の厳しさ

---

17) しかし、*Nethermere (St. Neots) Ltd v. Gardiner* [1984] ICR 612, CA. では、不公正解雇の主張が認められた。

18) S. Deakin, 'Legal Origins of Wage Labour: The Evolution of the Contract of Employment from Industrialisation to the Welfare State', in L. Clarke, P. de Gijsel, and J. Janssen (eds), *The Dynamics of Wage Relations in the New Europe* (Dordrecht: Kluwer, 2000).

19) N. Millward, A. Bryson, and J. Forth, *All Change at Work?* (London: Routledge, 2000), chs 2 and 6.

20) J. O. Davidson, 'What do Franchisors Do? Control and Commercialisation in Milk Distribution' (1984) 8 *Work, Employment & Society* 23.

が減るし、より多くの収入を得る可能性があるからである。法的な観点から見て重要なことは、被用者から自営業フランチャイジーへの転換が、使用者側からすると最適の置換であり、一層効率的な取り決めであるということではなく、配達人が、自営業者となることによって大半の雇用上の権利を剝奪されてしまったことである。当該労働者は、牛乳を配達し、代金を徴収するという同じ仕事をしている。しかし、この新たなフランチャイズの取り決めは、製品需要の落ち込み、顧客の代金不払、病気による就労不能といった様々なリスクを労働者側に移すのみならず、労働者をほとんど全ての雇用法の適用範囲から除外するのである。

　このような結果が生じるのは、雇用法が、事業者間の契約には決して適用されないという想定から出発しているからである。このような境界線は、理論的には理にかなっているが、サービスを提供する事業者が一人の自営的就労者であるときには問題となる。特に、この自営的就労者は、例えば牛乳配達人の場合のように、事実上他の事業者に経済的に依存しているならば、雇用の特徴と同じ特徴を当該契約関係において備えている可能性がある。このような契約は、定型化された形をとり、より大きな事業者に権限や裁量を与え、長期間の定めであるがゆえに非公式的な紛争解決方法を必要とし、私生活と労働時間との間のバランスに関して被用者と同一の問題が生じることがある。にもかかわらず、雇用規制は、通常はその適用範囲から事業者間の契約を排除する。その結果、例えば、フランチャイジーとなった牛乳配達人は、ほとんどすべての雇用法上の法的権利を失った。例えば、最低賃金や最長労働時間に関する強行的基準、不当な解雇からの保護、代替的紛争解決メカニズムの利用である。このような結果から生じるのは、使用者は、労働力の獲得を目的とする多様な契約形式の中から、どのような契約上の定めによれば雇用法の法的義務（legal incidents）を回避できるのかということに基づいて、効率的な代役となる契約形式を選択しているのではないかという疑念である。

　多くの雇用法制度の極めて不十分な点の一つは、経済的不安定のリスクを労働者側に配分することが、雇用法上の権利の保護からその労働者を排除することにもつながりやすいという点である。仕事がある場合にだけ連絡がと

られる臨時労働者は、雇用法上の権利を主張するのに必要な雇用期間 (period of service) を充たさないことがあるし、被用者ではなく自営業者とみなされることさえある。例えば、*O'Kelly v. Trusthouse Forte* 事件では、ウェイターが、ホテルの宴会場の仕事で雇われ、しばしば一週に何夜も働いていた。しかし、ホテル側は常時仕事を与えるという約束はしなかったし、ウェイター側も常時仕事を引き受けるという約束をしていなかった。ウェイターが、労働組合の代表を引き受けようとした際に、使用者は、仕事が割り振られる人を記載したリストからこのウェイターを抹消した。しかし、ウェイターは、この組合差別を理由とする法的主張を使用者に対して行うことができなかった。イギリスでは、組合に加入する権利あるいは団結の自由の保護は、被用者に限られている。このウェイターは、仕事がない場合のリスクを負担していたがゆえに、被用者ではなく自営業者であると判断された。それゆえ、このウェイターの組合差別の主張は、失敗に終わった。[21]

　他人から労働力を調達することを目的とする場合に、一定の限定された範囲の契約を利用することを使用者に対して強制することは問題外であり、雇用規制は、それぞれの法の適用範囲を特定の契約類型に限定しなければならない。おおよそのパターンは次のようなものである。安全衛生の規制は、職場のあらゆる者に適用される。差別禁止法は、自分の労務を提供しようとする者に適用される。仕事の過程において生じるその他の権利（例．最低賃金の権利や解雇からの保護）は、雇用契約や場合によっては雇用契約に類似する契約にも、個人による労務の提供を定めるがゆえに適用される。[22]しかし、このような雇用規制の適用範囲の大まかなパターンは、一貫して守られているわけではないし、いずれにせよ限界事例では、破綻し、不十分な結果となりがちである。例えば、女性が、ある地域において新聞を配達する契約を新聞社と結ぶことができなかった事件を見てみよう。性差別を根拠とする女性の主張は、差別規制の適用範囲外であるとされて、最初のハードルを超える

---

21) [1984] QB 90, CA.

22) A. Supiot, *Beyond Employment* (Oxford: Oxford University Press 2001), chs 1 and 2 ; P. Davies and M. Freedland, 'Employees, Workers and the autonomy of labour law', in Collins, Davies, and Rideout, above n. 8, p. 267.

ことができなかった。というのも、代理店契約（distributorship）の主要目的は、この女性が自分でサービスを行うことではなく、他人が仕事を行うのをこの女性が管理することにあったからである。このような判断の結果、新聞社の経営者が代理店契約の申込みを女性にはしようとしなかったというこの女性の疑念は、代理店契約が事業者間契約とみなされ、差別禁止法の適用対象とはならないがゆえに審理されなかったのである。単に新聞配達サービスのマネジャーになるのではなく、代理店契約に関連したリスクを引き受けることは、雇用の過程で生じる法的権利を剥奪するだけではなく、より基本的な市民的権利や差別禁止法による社会的包摂（social inclusion）を否定することを伴っていたのである。

　派遣会社によって仕事を与えられる一時的労働者の典型的な境遇は、これまで述べてきた雇用法が機能すべき範囲に契約という枠組を用いることの問題点を凝縮したものである。イギリスでは労働力の約2パーセントが、派遣会社を通じて仕事を見つけている。派遣会社が出す定型化された契約には、通常、当該労働者は自営の事業主であり、派遣会社にも派遣先にも雇用されていないという契約条項が存在するにもかかわらず、当該一時的労働者は、被用者と同じように派遣会社や派遣先に対して服従義務や忠実義務を負わねばならないとする契約条項も存在する。このような契約による取り決めの明白な効果は、ほとんどの雇用法上の権利が一時的労働者には適用されないということである。すなわち、最低賃金保護、労働時間の上限規制、解雇からの保護はなく、恐らく福利厚生上の諸手当（social welfare benefits）の多くも与えられないのである。このような一時的派遣労働者は、仕事を紹介される何の保障もないだけではなく、仕事を割り当てられた場合でも、契約は、当該労働者が被用者と同様に厳格な服従義務や忠誠義務を負うように確保しつつ、できるだけ雇用保護立法を排除しようとするのである。こうした規制の回避が意図的なものであることは明白なので、裁判所は、当該契約形式が事業者間のそれであることを無視し、実質的に見て、当該契約は、少なくともある部分では、雇用法が適用される契約類型であると主張することがある。[24]

---

23) *Mirror Group Newspaper v. Gunning* [1986] ICR 145, CA.

もう一つの方法として、雇用規制それ自体が、一時的派遣労働者のような一定の関係を、契約形式にかかわらず適用範囲にあると見なすことがある。それぞれの権利が、それぞれに適用範囲となる労務提供を目的とする契約類型を定めた場合に結果として生じる規制の複雑化の問題は、次のような方法をとった場合に頂点に達する。すなわち、保護の対象ではないけれども保護を受けるべきであると考える労働者グループに対して、雇用法上の権利を付与する権限を政府に実際に認めるという方法である。[25] 実際には、雇用法の適用範囲は、特定の法的権利を特定の労働者グループに与えることの長所についてのケースバイケースで、裁量的な、政治的評価に基づいて、画定されることになっている。労務提供を目的とする契約をする際の契約の自由が、雇用法の厳密な適用範囲を画定するための法的基準の一貫性や明確性を損なっているのである。

3 強行的規制擁護論

われわれは、手続的規制が、ある場合には、その実効性や応答性の点で雇用関係の規制手法として優れていることがあることに注目してきた。だが、実体的基準を強制する立法に賛成する主張が依然として存在する。例えば、低賃金に関していえば、労働者が団体交渉を通じてより大きな利益を得る可能性があるにもかかわらず、工業社会におけるほとんどの政府は、最低賃金法を制定し、労働者の交渉力がどんなに弱いものであっても下回ってはならない下限を設定してきた。もっとも、強行的規制を利用することは、このような最低基準を設定する役割ですら、経済的観点によって裏付けられた批判を受けてきた。その主な論拠は、強行的規制は、一般的に実効性がないばかりか、その保護しようとした者に結局悪影響を及ぼすことになるという意味で逆効果となりやすいという点である。例えば、最低賃金法について見てみよう。確かに、一部の労働者に役立つ可能性があることは認められる。しか

---

24) *McMeechan v. Secretary of State for Employment* [1997] ICR 549, CA.

25) Employment Relation Act 1999, S. 21.

し、最低の賃金しか支払われていない者は不利益を受けることが予想される。というのも、使用者は、見込まれる労働コストの増大に対応するために、これらの労働者を解雇するからである。一部の経済学者は、低賃金労働者が、より高い賃金を受け取るどころか、失業の苦境により貧困にあえぐことになると予想している。このような強行的規制に反対する論拠は一般化され、使用者にコストを負担させるどんな規制にも適用されている。そして、あらゆる雇用法が、そうした規制に含まれると一般に考えられる。

確かに、このような強行的労働基準の経済的分析が示唆する規制緩和論（deregulatory strategy）は、雇用法に対する政府のアプローチに大きな影響を及ぼしてきた。例えば、イギリスでは、法律は、導入前に、規制影響評価（regulatory impact assessment）を受け、使用者が負担する純コスト（net costs）やそうしたコストが労働者に対して及ぼしうる負の影響が測定される。しかし、規制緩和を擁護するために用いられる経済モデルは、強行的な雇用法の実際の影響を説明したり予測したりするにはあまりにも単純すぎることも、たびたび論証されてきたところである。最低賃金法は、実際には、雇用水準の最終的な上昇をもたらす可能性がある。というのも、無職の就労者が、比較的高い賃金に引きつけられて再び労働市場に戻り、欠員を埋めることになるからである。[26] 不公正解雇法にも同様のことがいえる。不公正解雇法は、失業に影響するのではなく、単に使用者に一層慎重な採用手続を行わせるだけかもしれない。少なくとも、強行的規制の影響に関する単純な経済的予測が常に正しいわけでなく、雇用法が好ましくない副作用なくその意図した分配効果のほとんどを実現することもあることが、実証研究によって証明されている。

さらに重要なことは、強行的な雇用法が、実際には労働コストを削減したり、長い目で見れば企業の競争力を向上させたりするのに役立つことを予測する主張がしばしばなされていることである。コストの削減が、法ルールによって実現されることがある。例えば、契約条項の標準的なパッケージを定めることによって、契約を締結する際にかかる取引コストを削減する法ルー

---

26) 後述 93-94 頁参照。

ルが考えられる。同様に、法律によって設けられた制度が、よりコストがかからず混乱の少ない紛争解決の手法を提供することもある。競争力の向上が、規制によって間接的に実現されることもある。使用者は、強行的な労働基準に従うために、設備投資やより徹底した従業員の教育訓練をする必要があるだろう。しかし、長い目で見れば、このことが、生産効率を向上させることもある。つまり、単位原価を引き下げたり、品質を向上させたり、しばしば生き残りの鍵となる企業の特徴を伸ばしたり、競争市場における収益性を上げたりするのである。[27] また、経営陣の権限濫用やそれ以外のリスクに対する確かな保護手段を被用者に与える強行的ルールが、従業員の協力（co-operation）を促進することに寄与し、生産効率の向上をもたらすことがあるとする主張もなされている。[28] 例えば、組織再編に関する情報の事前開示、新技術の導入に伴う必要な教育訓練の実施、経営上の理由により仕事を失う労働者に対する十分な補償、といったことが法によって使用者に義務づけられているならば、従業員は、企業の競争力を向上させる変更を進んで受入れるかもしないし、それどころかそうした変更を自ら提案するかもしれない。確かに、使用者は、以上の全てを自らのイニシアティブで行うことができるし、使用者の多くは、競争力を向上させるために実際にそうしている。このような強行的規制に賛成する主張は、法的保護手段によって従業員に特別な安心感が与えられることや、ライバル企業が同様の経費を負担しないことによって少なくとも短期的には価格を下げるかもしれないという使用者の懸念が弱められることに依拠しているのである。

以前に労働基準の強行的規制が多種多様な労働関係を含んだあらゆる産業

---

27) W. Sengenberger, 'Labour Standards: An Institutional Framework for Restructuring and Development', in W. Sengenberger and D. Cambell (eds), *Creating Economic Opportunities: The Role of Labour Standards in Industrial Restructuring* (Geneva: International Institute for Labour Studies, 1994), p. 3 ; S. Deakin and F. Willkinson, 'Labour Law and Economic Theory: A Reappraisal' in Collins, Davies, Rideout, above n. 8, 29.

28) H. Collins, 'Regulating the Employment Relation for Competitiveness' (2001) 30 *Industrial Law Journal* 15.

部門に適用される場合には、その画一性（'one size fits all' quality）により問題が生じることに言及した。このような強行的規制の不都合な点は、基準を契約により修正することを認めることによって回避することが考えられる。労働者は、立法上の権利を、自らがより重要であると考える別の利益の代償として、放棄したり変更したりすることに同意することがある。この場合のすぐに分かる危険は、使用者が、定型化された雇用契約を用いるだけで、特段の話し合いや補償を行うことなく、労働者の立法上の権利を排除することである。例えば、労働者が週48時間以上働くことに同意をすることを認めている労働時間に関するEC指令を巡って、実際にこのようなことが生じている。雇用法は、一般に、制定法上の権利を排除する契約上の合意を無効とすることによって、この危険に対応している。しかし、集団的自律的規制によって権利の変更を交渉することを認めるという選択肢も存在する。そのようなプロセスは、使用者の優越的な交渉力が労働基準を骨抜きにするために用いられる危険がずっと少ないし、集団的交渉により規制を当該企業の特別な環境や被用者のニーズにあわせることを可能にする。結局のところ、応答性と法令遵守のバランスが最もよくとれているのは、強行的規制と集団的手続によるルールの個別的部分的適用除外（derogation）の組み合わせなのかもしれない。

4　グローバリゼーションと規制レベル

　世界中での瞬時の通信、高速輸送、コンピューター端末のわずかなキーを押すだけでできる巨額資本の電子送金、これらが結びついて、グローバル化現象が生じている。地域や国家の経済的繁栄は、従来よりもはるかにずっと世界の経済情勢に左右されている。しばしば小国と同規模の資産をも保有する多国籍企業は、事業のために、世界中の業務を指揮し、投資対象や生産量を容易かつ思い通りに切り替える制度枠組を構築している。こうしたグローバル化現象は、ますます国内レベルの雇用法や労働市場規制を脅かすようになっている。政府は、保護的な色彩の強い労働法が原因となって、企業が、労働基準の規制が緩く、労働コストのそれほどかからない別の地域に投資す

るようになることを懸念している。国家が最も緩い労働基準を提案することによって投資を誘致しようと互いに競う労働条件引き下げ競争（race to the bottom）を始める危険がある。西側先進工業国は、無意味な雇用法しかない一部のアジア諸国がいかに大きな投資を呼び込んでいるかを目の当たりにし、規制緩和が国家経済のために必要であるという教訓を得ている。

　雇用法や労働基準にとってのこのような規制緩和競争（regulatory competition）の脅威は、誇張されている面もある。というのも、それは、あらゆる事業部門に一様に影響を及ぼすわけではないからである。例えば、安価で規制を受けないインドの労働力を用いて、イギリスの表通りのレストランでハンバーガーを売ることはできない。しかし、現代の通信技術によって、使用者は、驚くべき範囲の仕事を輸出することができるようになっている。例えば、コールセンターのようなサービス産業の成長分野である。政府は、新たな雇用法を検討する際には、厳しい労働基準が投資や雇用水準に及ぼす潜在的リスクを痛切に認識している。考えられる対応の一つは、欧州共同体などのある経済ブロックを対象とする国際雇用ルールを創設することである[29]。経済ブロックの中では、統一ルールによって、規制緩和競争が全く許されず、規制が緩いことを理由にある加盟国から別の加盟国へと資本が逃避する危険が除去される。

　しかしながら、欧州共同体は、当初、このような統一的最低労働基準の企図を退けた。なぜなら、原加盟国は、労働条件引き下げ競争のリスクは取るに足りないものであると考えていたし、各国に多様性を認めることが、単一市場の恩恵をヨーロッパ全域に広めるのに役立つと期待されていたからである[30]。しかしながら、半世紀の間に、欧州共同体は、次第に指令を通じて介入するようになっている。この指令は、雇用法の基準を定めることによって資本の移動に影響を及ぼす。例えば、工場閉鎖、大量解雇、営業譲渡の前に

---

29) S. Deakin and F. Wilkinson, 'Rights vs Efficiency? The Economic Case for Transnational Labour Standards' (1994) 23 *Industrial Law Journal* 289.

30) S. Deakin, 'Labour Law as Market Regulation: the Economic Foundations of European Society Policy' in P. Davies *et al.* (eds), *European Community Labour Law: Principles and Perspectives* (Oxford: Oxford University Press, 1996), p. 63.

労働者に情報を提供し協議することを要請する一般ルールが挙げられる。EC 雇用法の範囲は、別のよく知られた問題に対応するためにも拡大してきている。その問題とは、ある加盟国の安価で規制を受けない労働力を利用して、他の加盟国の相対的に賃金が高く、保護されている被用者から仕事を奪う「ソーシャル・ダンピング」である。最近になってやっと、加盟国は、健康・安全問題、労働条件、差別禁止といった雇用法一般の分野の法を制定する権限を EC に認めた。とはいえ、賃金、団体交渉、争議行為、個別的解雇など雇用法の重要問題の多くは、依然として加盟国の主権に属しており、それゆえ、ヨーロッパでは規制緩和競争の問題にさらされている。[31] これらの点について EC の権限を制限するのは、問題が、社会的包摂、競争力 (competitiveness)、シティズンシップ (citizenship) という優先順位の高いテーマに無関係だからというわけではない。むしろ、これらのトピックは、各加盟国において築かれる微妙な政治的妥協に関わるものであり、EC は、各加盟国に対して、国内の労使関係制度の自律性を尊重することによって、応答的な姿勢を取る必要があるのである。

当然のことながら、個々の法案について加盟国全ての同意あるいは多数の同意を確保することは、しばしば非常に困難である。政府は、別の政策目的を重要視することもあるし、競争力などの目的を共有していたとしても、その最適の実現方法について反対の意見をもっていることもある。このような意見の大きな隔たりを縮めるために、EC は、雇用政策と社会的包摂に関して「開かれた政策協調手法 (Open Method of Coordination)」を導入してきた。最良の実践 (best practice)、指標 (benchmarks)、目標 (targets) といった基準を設定するために、加盟国は、定期的な報告や意見交換を通じて、競争力や社会的包摂に関する自国と他国の政策や達成状況を調査することを奨励されている。[32] おそらく各国の比較一覧表 (league tables) が作成されることだろう。このような意見交換は、共同体レベルでの雇用法の制定に直接的につ

---

31) EC 設立条約 137 条 (Treaty Establishing the European Community, Art. 137) は、雇用法に関する EC の主な権限を定める。

32) Treaty Establishing the European Community, Art. 125-30 ; S. Ball, 'The European Employment Strategy: The Will but not the Way?' (2001) 30 ILJ 353.

ながるわけではないが、加盟国が、優先順位や政策を推進するうえでの最適の手法について意見を一致させることを可能にするし、その次には、共通の労働基準に関する合意を容易にするであろう。

しばしば合意や調和（harmonization）のより大きな障害となるのが、各国の雇用法の背景の相違である。EC指令は、通常、詳細なルールではなく抽象的原則を定めているとはいえ、各国の法制度は、現行の法枠組の中に新しい構想（initiative）を受け入れる方法を見つけなければならない。ある国では意味をなす抽象的原則でも、別の国ではルールや制度に組み込むことが困難であるという例は多い。例えば、いくつかのEC指令は、使用者に対して、特定の問題について従業員の代表に情報を提供し、協議することを義務づけている。この原則は、被用者への情報提供や協議を行うために、従業員の代表を構成員に含んだ労使協議会（Works Council）を創設することをすでに使用者に義務づけている国では意味をなす。しかし、イギリスでは、承認組合がない場合には、協議を行う代表や制度が存在しないことがある。それゆえ、このような情報・協議の原則をあらゆる職場に有効な方法で受容するのは困難である。

加盟国間の合意形成の障害を克服するために、ECは、労働法の精巧な規制に似ている、社会的規制を定める新たな手法を展開させてきた。EC設立条約は、使用者の代表と労働組合の指導者がいわゆる「社会的対話（Social Dialogue）」を通じて労働基準について交渉することを認めている。[33] この両当事者が、このような国際的な集団的自律的規制の形式を通じて協定を締結すれば、次に、共同体が、協定の基準を拘束力のある指令として制定することができる。社会的対話を通じて意見の一致をみることが必ずしも可能なわけではないとはいえ、すでにこの手続を通じて、親休暇（parental leave）、パートタイム労働、有期雇用に関する指令が生まれている。社会的対話に代表される手続的アプローチは、雇用法の新たな規制手法の一例である。そして、このようなアプローチは、応答性戦術（reflexive strategy）が、超国家的レベルでは、利益集団の参加と合意を通して得られる正統性によって裏打ち

---

33) Treaty Establishing the European Community, Art 139.

された実行可能な労働基準を実現させるためにどれほど有効であるかを示している。[34)]

　全世界レベルでは、適当な統治制度がないので、以上の規制緩和競争を経済ブロックの中で制御する手法を用いることはできない。国際連合は、専門機関である国際労働機関（ILO）を通じて、労働基準を国際条約という形式で公表している。国家は、こうした基準に批准するかどうかを選択できる。そして、国家が批准すれば、ILOは、基準違反に関する報告書を出して、条約の履行を監視する。しかし、条約は、訴訟手続において根拠とすることができる労働者の法的権利を創設するものではない。それから、政府は、批判的な報告書を無視するか、はっきりと当該条約を「廃棄（denounce）する」か、当該条約から脱退することがある。イギリスは、約80の条約に批准しているが、これは、ILOが公表した条約の半数以下にすぎない。イギリス法は、すでに批准している条約ですら従っていないことがある。例えば、労働組合員や組合活動に関わる結社の自由についての条約である。

　しかしながら、世界の国々はそれぞれ異なる経済発展の段階にあり、経済的文化的背景も様々であることを考えると、世界共通の労働基準を作ることができるかどうかは相当に疑わしい。厄介な一例として、ILOが撲滅しようとしてきた児童労働について考えてみよう。小規模農業に対する依存度が高い多くの開発途上国では、家族全員が畑で作業して、ようやく最低生活水準が維持できている。そのような状況で児童労働を撤廃するならば、厳しい経済的苦難を招くだろうし、実行不可能であり、共同体の文化を破壊することになるようにも思われる。これに対して、西側先進諸国では、児童労働の禁止は、少なくとも就学時間や夜間については、可能であるし望ましいように思われる。そして、現実にECレベルでは、この原則が法制化されている。[35)]

　国際レベルで一般的な強行的基準について合意することは、不可能だろう

---

　34)　A. Lo Faro, *Regulating Social Europe* (Oxford: Hart, 2000)；C. Barnard, 'The Social Partners and the Governance Agenda' (2002) *European LJ* 80.

　35)　EC Directive 94/23 on the protection of young people at work.

し、応答性の要請を充たさないがゆえに、恐らく多くの場合望ましくもないだろう。そうはいっても、われわれは、規制緩和競争の波及効果の脅威もあるとはいえ、外国の開発途上国の労働者の窮状に対し心から憂慮するのであり、この憂慮には、他の多くの方法によって対応することが考えられる[36]。経済ブロック、あるいは世界貿易機関（WTO）でさえも、加盟国の労働基準の域外での効果を確保しようとすることがある。他に考えられるのは、製品に公正な労働基準に従って生産した商品であることを示すラベルを貼ることである。これにより、消費者は、その購買力を用いて、公正な労働基準を守る使用者に味方することが可能となる[37]。さらに他に考えられるのは、西側諸国に本社を置いている多国籍企業を、生産工場を世界のどこにおいていようとも最低基準を守るように誘導することである[38]。以上の手段は、最悪の搾取形態を阻止するのには役立つかもしれない。しかし、こうした基準に従っているかどうかを実効的に監視し、不正行為を摘発することは、困難である。特に、当該地域に労働組合組織がない場合はそうである。

　以上のグローバリゼーションと様々な規制レベルによって提起される問題の大まかな検討は、本章で考察した中心的問題を異なる文脈で繰り返したものにすぎない。単に法案を成立させたり、崇高な国際宣言を採択するだけでは、雇用関係の実際上の運用に強い影響を及ぼすことはできそうにない。そのような労働基準は、恐らく、軽視されたり、契約上のテクニックによって回避されたり、当該生産関係には無関係であると片づけられてしまうだろう。国際、EC、国内の各レベルでの禁止にもかかわらず、イギリスの工場では、今日でも、児童が深夜に働いていることがある。なぜなら、使用者は、損益計算書の最終行を常に気にして、効率的に規制に違反する戦略を採用しがちだからである。高水準の雇用法の遵守を実現するには、応答性戦術

---

　36)　K. Stone, 'Labour and the Global Economy: Four Approaches to Transnational Labor Regulation' (1995) 16 *Michigan Journal of International Law* 987.

　37)　R. B. Freeman, 'A hard-headed look at labour standards' in W. Sengenberger and D. Campbell (eds), *International Labour Standards and Economic Interdependence* (Geneva: International Institute for Labour Studies, ILO, 1994), p. 79.

　38)　B. Hepple, 'New Approaches to International Regulation' (1997) 26 ILJ 353.

を利用した規制手法や交渉過程を通じて労働者・使用者双方の経済的利益を調整しようとする規制手法が必要である。最低賃金法などの平明な最低基準を設定する強行法規は、法令遵守の適正水準を実現することができる。さらに、強行法規は、より高水準の法令遵守と応答的な基準を実現しやすい集団的自律的規制へと導く穏やかな交渉の制度枠組を設けることができる。しかしながら、このような基本的な枠組みを越えて高水準の法令遵守を実現するためには、雇用法は、使用者としての役目を果たす企業や政府に対して、雇用法の目的をその組織の手続や目的の中に具体化するように、命令するというよりそっと押して誘導する様々な戦術を試みる必要がある。

第 2 部　社会的包摂

第3章　雇用機会と差別

　1966年にイギリスの控訴院は、競馬クラブ（Jockey Club）に有資格の調教師（licensed horse trainer）になることを事実上禁止されたというある女性からの訴えを審理した。その免許は、「厩務員長（head lad）」である男性被用者によって保持すべきものとされていた。デニング卿（Lord Denning MR）は、原告はこの禁止に対する暫定的差止命令（interim injunction）を得ることができると判示した。その理由は、競馬クラブが女性を排除する不文律を適用することで、恣意的かつ不規則に営業制限（restraint of trade）に関するパブリックポリシーに反していたため、というものであった。デニング卿は続けて、「調教師は、騎手やオートレーサー（speedwayrider）のように、女性に不向きな職業とは考えられない…男性と同様に女性も働くことのできる職業なのであり、女性がこの職業から排除されるべき理由は見あたらない」と指摘した。

　法理論的な観点からすると、この判決は過激なものであった。競馬クラブが免許の申請を拒否したことは原告と契約を締結することを拒否したことと考えられ、これはまさに契約の自由という基本的権利を行使したにすぎない。この市民的自由を乗り越えるために、デニング卿は個人の「働く権利（right to work）」を強調したが、明確な先例を引用することはできなかった。デニング卿が依拠したのは、17世紀初頭のクック判事（Chief Justice Coke）の時期の、熟練工ギルドの力を弱めるために営業活動の自由（freedom to pursue an occupation）という概念が使われた *Ipswich Tarylor's* 事件という古い先例であった。労働市場において差別を受けた女性が援用できる明確な法

1）　*Nagle v. Fielden* [1966] 2 QB 633, CA.
2）　(1614) II Co Rep 53.

的根拠、すなわち雇用における差別を禁止する一般法はイギリスには存在しておらず、1年前にアメリカの公民権法（Civil Rights Act 1964）を模倣した、だがこれに見劣りする初の基本的な人種差別の禁止が立法化されていたにすぎなかった。調教師は騎手やオートレーサーとは異なり、女性に向く職業であることのみを理由に訴えを認めることを主張することでデニング卿が無意識に明らかにしたように、当時はいまだ性に関するステレオタイプが法的議論を支配していた時期だったのである。

　しかしながら、わずか四半世紀の間に、欧州は差別禁止法の包括的な枠組みを発展させた。改正ローマ条約（the revised Treaty of the European Community）は、その12条および13条の原則に関する冒頭の宣言（opening statement）において、欧州理事会（the Council of Ministers）に国籍（nationality）、性、人種もしくは民族的出身（racial or ethnic origin）、宗教もしくは信条（religion or belief）、障害（disability）、年齢または性的指向（sexual orientation）を理由とする差別と戦うための立法を行う権限を付与している。雇用における差別禁止法の目的は、労働者がこれらの特性の一つを有することのみを理由に就職を妨害されないことや、雇用条件に関するその他の不利益を受けないことを保障することである。依然使用者は、ある職に最適な応募者を選ぶことができるし、複数の被用者に異なる賃金を支払うこともできる。その意味で使用者は、応募者や被用者について能力や資格、経験というようなものを基準にして差を設けることができる。わずかな例外を除き、差別禁止法の目的は、上記の特性の一つを有していることを理由に、労働市場において人々に故意に不利益を与え、あるいは意図せずに正当化できない不利益な効果を生じさせるルールや取扱いを使用者が適用することを禁止することである。今日、女性が差別的に排除されたことを法的に訴えることについて、ほとんどすべての種類の職に関して、たとえその職が調教師や騎手、レーシングドライバー、さらには「厩務員長」であっても法的な困難はないであろう。

　使用者の採用および雇用に関する取扱いに対するこの詳細な規制を正当化する根拠は、現代の雇用法を主導する3つのテーマすべての構成要素に結びついている。反差別法（anti-discrimination law）は、すべての市民に対して

法の下の平等取扱いを要請する政府の憲法上の基本的原則を明確に反映している。しかし、職場におけるシティズンシップという考えを発展させるにあたっては、この憲法上の基本的原則は、拡張され、修正される。差別禁止法 (discrimination law) が要求する平等取扱いは、政府に対して適用されるだけでなく、労働市場における民間の使用者の決定にも適用される。もっとも、その適用領域は、列挙された一定の特性を理由とする差別に限定される。これらの特性が列挙されたのは、これらのグループが労働市場において不利益を受け、分離されてきた歴史を有するからである。差別禁止法は、競争という経済的な目的にも資する。ある者を実際の業務遂行能力に関係なく、その特性を理由に労働あるいは特定の職業から排除することは、長期的に見て生産性と企業利益に損害を与えるだけである。なぜならこのような取扱いは、適切な知識や技術を持った最良の被用者を使用者から奪うことになるからである。

差別禁止法に対するこれらの正当化理由は、なぜ不平等な取扱いが原則的に不当であり、かつ実際に非効率的であるかを明らかにするが、第三のテーマである社会的包摂 (social inclusion) は、使用者が職場における多様性を積極的に受け入れるべきであることを雇用法が強調する必要がある理由を説明する。反差別法は、社会的結束 (social cohesion) の構築を促進する。民族的多様性やさまざまな政治的、文化的アイデンティティを有する国においては、これらの差異が尊重されなければならない一方で、これらが市民社会からの社会的な分離や疎外の原因になることを許してはならない。社会的結束を生み出す鍵となる要素は、いかなる者であっても、あるグループの一員であるという理由だけで、職や今よりも良い職に就くことを妨げられないように保障することである。差別禁止法は社会的包摂という目的を追求する。なぜなら、これは使用者に対して、さまざまな文化から構成される多様な社会に存在するすべてのグループの雇用への不要な障害を取り除き、すべてのグループの雇用の機会を促進させることを要求するからである。雇用へアクセ

3） J. Gardner, 'Liberals and Unlawful Discrimination' (1989) 9 *Oxford Journal of Legal Studies 1*.

スすることで、社会に参加する機会がより充実し、社会に統合されるのである[4]。

　もちろん、雇用における差別禁止法を制定することは、保護されるグループを社会に包摂することを保障するものではない。差別的な傾向や取扱いは、社会の制度や慣習に深く根付いている。われわれ全員が、特定のグループに対して偏見やえこひいきを持っていることは間違いない。差別禁止法は、これらの文化的偏見を一夜にして改めることはできないが、特定のグループを不当に排除する、あるいは不利益な効果を与えるルールや手続、取扱いの必要性について使用者に再検討を求めることができる。使用者は、被用者は確実な出勤を期待できる者であること、という要件を判断基準として適法に利用することができるであろう。しかしながら、この基準がある人種的少数派や既婚女性のようなグループは信頼できないという使用者の推測と結びついている場合には、この信頼性の基準は、実際にはあるグループに属することを理由とする異なる取扱いをもたらすことになろう。法は、使用者に各求職者をその能力について信頼性のような基準に基づいて審査し、採用にあたってあるグループに対するステレオタイプを引き合いに出すさらなる基準（proxy）を利用しないよう求める。同様に、法は、ある資格を有することが職務を十分に遂行するために絶対的に必要であるか否かを問うことができる。医者として勤務するために医療に関する資格を求める場合のように、あるケースにおいてはそれは必要であろう。しかしながら、英語に関する中等教育検定試験（GCSE: General Certificate of Secondary Education、通常16歳で受験する義務教育終了時の検定試験［括弧内訳者注］）のような資格は、英語能力を証明するその他の資格も同様の役割を果たすため必要ではないかもしれないし、中等教育検定試験の資格を要求することは、実際には、人種、民族、国籍に関する少数派を不当に排除するかもしれない。差別禁止法は、使用者にこのようなルールの必要性を再検討させ、不必要であれば、使用者に

---

4) I. M. Young, *Justice and the Politics of Difference* (Princeton: Princeton University Press, 1990) ; H. Collins, 'Discrimination, Equality, and Social Inclusion' (2003) 66 *Modern LR* 16.

そのようなあるグループの雇用の機会に対する障害を取り除くことを強制しようとするのである。

差別に対する法規制は、パッチワーク的な方法で発展してきた。各々の保護されるグループが制度に加えられたときに、個別の立法が制定された。例えばイギリスにおいて、1975年性差別禁止法（Sex Discrimination Act 1975）は、女性、男性、既婚者、および後の改正によって加えられた性転換手術（gender reassignment）を受けた者に対する差別に関する法律であり、1976年人種関係法（Race Relations Act 1976）は、皮膚の色、人種、国籍、民族を理由とする差別を適用対象とする。その他の保護されるグループに対する差別の禁止に関する立法および規則がほかにも存在しており、イギリス法は、広範かつ詳細なローマ条約の規定や指令を満たす必要があるために非常に複雑化した状態にある。これらの法の構造が常に一致するとはいえないとしても、以下の3つの主要な問題は常に考慮されなければならない。すなわち、第一に、禁止された理由の一つに基づく雇用に関する不法な差別をどのように立証するか、第二に、もし差別に該当するとすれば、いかなる理由に基づいて使用者はその差別を正当化することができるか、第三に、差別を根絶するためにいかなる法的救済が利用可能か、である。

1　差別の立証

馬の調教師の事例で見たように、以前は使用者の明示のルールや発言に基づいて差別を立証できることがたびたびあった。一定の職は男性のために留保され、同性愛者（gay）は軍隊から排除され、求人広告は年齢の上限を設けていた。労働市場における差別禁止法は、この禁止された理由に基づくあからさまな差別の大半を解消する効果を今や有している。にもかかわらず、より巧妙な形態で、故意の、隠された、あるいは無意識の差別が残存している。しばしば原告が直面する主要な問題は、立証の問題である。審判所への差別の申立を成功させるには、申立人は、その事件に故意または意図的でない差別が存在することを立証しなければならない。

差別を立証する一つの方法は、使用者のルールが、保護されるグループの

一つに対する他と異なる不利益な取扱いを必然的に伴うことを証明することである。例えば、使用者が妊娠した女性を雇うことを拒否したとすれば、採用を拒否された妊娠した女性は差別を証明することができる。なぜなら、その女性の性が「なければ (but for)」、異なる取扱いや不利益な取扱いを受けなかったであろうことを証明できるからである。このルールは直接的に性を基準としてはいないが、女性のみが妊娠するのであるから、男女間に異なる取扱いを必ず生じさせる。この立証方法によれば、例えば、公的年金が女性60歳、男性65歳で支給されるときに、公的年金の支給年齢で退職 (compulsory retirement) とする使用者のルールは性差別となろう。[5]

この差別立証方法の限界が *Grant v. South-West Trains Ltd.* 事件において示された。[6] 使用者は、被用者にそのパートナーに対する旅行特典を提供していたが、このパートナーは、配偶者、または2年以上親密な関係にある異性の者と定義されていた。ある女性被用者が、自身の同性愛者 (lesbian) のパートナーに特典を受ける資格が認められないことを理由に、性差別の訴えを提起した。性的指向を理由とする差別は当時禁止されておらず、より明確な訴えの根拠を利用することはできなかった。この事件での主張は、仮に申立人が男性であって、パートナーが申立人のパートナーと同じ女性であったとすれば、そのパートナーは特典を得られたであろうから、本件のルールは性差別を意味するというものであった。しかし欧州司法裁判所はこの訴えを退け、このルールは同性の者と同居する男女の労働者に平等に適用されるのであるから、性差別を意味しないと論じた。裁判所は明確な立法上の根拠無くして性的指向を禁止される差別理由として採用することについて間違いなく消極的であり、使用者は性を理由とする差別をはっきりと意図していなかった。だが、このルールの下で、仮に被用者の性が異なっていたならばパートナーは特典を受けられたであろう、という論理的な問題点は残る。これに対する解答は、申立人の性だけでなく性的指向も問題であったこと、すなわ

---

5) *Marshall v. Southampton and South West Hampshire Area Health Authority* C-152/84 [1986] ECR 723, [1986] QB 401, ECJ.

6) C-249/96 [1998] ECR I-3739, [1998] ICR 449, ECJ.

ち、特典を受けるには性と性的指向の両方を他方の性や性的指向に置き換える必要があったことにあると思われる。この差別立証方法は、被用者の性という一つの要素のみを他方の性に置き換えることが、使用者のルールの適用結果を修正する決め手となることを必要とするのである。

　使用者による差別的な明示のルールや要件が存在しない場合、申立人は、情況証拠を通じて差別の立証を試みることができる。例えば、ある使用者の求職に多くの少数派人種が応募したにもかかわらず、一人も、あるいはごくわずかしか採用されなかった場合、証明は可能であろう。裁判所や審判所は、このような統計的証拠から、少数派グループが採用される比率が少ないという認識可能な取扱いの傾向を推定することを認めている。不平等な取扱いが推定されると、これに反論するために、使用者はこの取扱いの傾向について十分な説明を提示するよう求められることになる。*King v. The Great Britain-China Centre* 事件[7]は、いかにしてこのような隠されたあるいは無意識の差別に関する訴えが立証されうるのかを例証している。この事件は、求職者が採用候補者とされなかったことについて使用者による人種差別を訴えた事件である。この主張事実を立証する第一のステップは、申立人が制定法上の手続を利用して、その決定に関する説明やこれに加えて必要と思われるあらゆる統計的情報を要求する質問状（questionnaire）を使用者に送付することである。使用者が責任逃れの回答や不明確な回答をした場合、審判所はこの事実のみから差別を推定することができる。質問状は、価値のある統計的証拠をももたらす。この事件では、30名の応募者のうち5名が中国系の民族の者（ethnic Chinese）であったが、面接を受けた8名の最終候補者にはこれらの誰も残っていなかったことが証明され、センターは今まで中国系の民族の者を一度も雇ったことがなかったことが明らかになった。申立人は、自身の適性が業務内容に応じて求められる要件を満たしていたことも立証することができた。この証拠から、審判所は、使用者がその決定に平等取扱い原則違反が存在しないことについて、適切かつ十分な説明を提出することができない限り、差別を推定することができた。このような十分な説明が無い

7）　[1992] ICR 516, CA.

場合、この事件のように申立人の訴えは成立することになる。この差別を推定する方法は不可欠である。なぜなら、この事件でネイル控訴院判事（Neil LJ）が述べたように、「このような差別を自分自身が行っていることを認める心の準備がある使用者はほとんどいないだろう。いくつかのケースでは、差別は悪意によるものではなく、『向いていないだろう』という推測に基づいているにすぎない」からである。

にもかかわらず、情況証拠から差別を推定するこの方法は、多くの障害を克服しなければならない。使用者は、応募者の民族性（ethnicity）に関する統計的証拠を収集していないかもしれない。使用者は、他の応募者がより適格だったという主張のような、決定を合理化する非難しがたい理由を提出することもできる。申立人がこの主張を覆すには、後付けの合理化理由が決定の真の理由ではないことを説明するために、他の応募者の適格性に関する詳細な証拠——これも利用することができないかもしれないが——を必要とするのである。公営企業以外ではこのような統計を記録する法的義務はないし、審判所も使用者に関連する統計を遡及的に作成する費用を負担することを強制しようとはしてこなかった。しかし、機会均等の実施状況をモニタリングすることは行為準則（Codes of Practice）において推奨されており、この行為準則に従わないことは、審判所が差別の推定をするか否かを検討するときに考慮に入れる要素である。明示されている機会均等政策に従わない使用者は、隠されたあるいは無意識の差別が決定の根底に存在するという推定に反論することがより困難となろう。

差別を証明する第三の方法は、欧州では「間接差別（indirect discrimination）」として、アメリカでは「差別的効果（disparate impact）」として知られている。ここで問題にされるのは、表面的には平等取扱い原則を尊重しているが、保護されるグループを不釣り合いに（disproportionately）排除する効果を有するルールや取扱いである。例えば、看守職に設けられた身長・体重要件は、応募者に平等に適用されるかもしれないが、男性と比較して女性を

---

8) The Race Relations (Amendment) Act 2000, s.2 (1), amending the Race Relations Act 1976, ss.71, 71A–71E.

不釣り合いに排除する効果を有するであろう。すべての求職者に平等に適用される同じラインの仕事で過去に働いていた経験という基準は、従来その仕事や専門職から排除されていたグループを不釣り合いに排除する効果を有することになろう。特定のイギリスの資格を要求することも、同じように、外国からの移民を不釣り合いに排除する効果を有するであろう。間接差別に関する法は、意図や予見の有無を問わず、平等取扱いが排除というパターンを存続させる効果をどの程度有するかを検討するのである。

　間接差別の概念が提示する困難は、表面的には中立的なルールや取扱いのすべてが、一つあるいは複数のグループに対して多少の不利益を与えることである。少し後で指摘するように、使用者は間接差別の訴えに反論するために正当性の抗弁を提出することができる。しかし法も、間接差別を立証するための条件（threshold）の設定を試み、その結果、中立的なルールのささいなあるいは偶発的な差別的結果を差別を証明する基礎とすることを否定している。欧州司法裁判所が提示した問いは、利益を受けるグループと比較して、当該基準または要件を満たすことができる不利益を受けるグループの「割合がかなりの程度少ない（considerably smaller proportion）」か否か、である。6フィートの身長要件が男性と比較して女性を不釣り合いに排除するというようないくつかの事例では、裁判所を納得させるのに一般常識で十分かもしれない。しかし、使用者がルールの差別的効果を否定し、一般に支持されている社会的パターンに関する見解に疑問を提起した場合、裁判所は統計的証拠の審査を容易には避けることはできない。これらの統計は、特定のグループに対する不釣り合いな結果を立証することと、差別的結果の重大性という条件が満たされていることを説明することの両方にとり重要な意味をもつ。

　法的基準は、どの統計が適切であるかや、統計的重大性を測る正確な基準を明示するものではない。採用条件が問題となる典型的事例では、適切な統計は、次の2つの比率（ratios）あるいは割合（proportion）に関するものとなる。第一の比率は、労働市場において、すべての採用条件を満たすことができる優位な立場にあるグループに対する不利な立場にあるグループの割合によって表される。第二の比率は、争われている採用条件が削除された場合

の労働市場における2つのグループの割合を吟味するものである。例えば、争われている要件が女性を不釣り合いに排除する可能性のあるフルタイム労働を要求する要件であった場合、第一の比率は、その職について設けられているすべての要件を満たすことができる男性に対する女性の割合から構成され、第二の比率は、争われているフルタイム労働の要件以外の要件を満たす男性に対する女性の割合から構成される。これら2つの比率あるいは割合の差が、採用条件の間接差別的な影響を証明するのである。不利な立場にあるグループに属する被用者にとって昇進することや剰員解雇の際に職を維持することをより困難にする取扱いのような、職場における使用者の取扱いが間接差別的な効果を有することを原告が主張する場合も、統計の基礎となる労働者の集団が被用者に限定されることを除いて、類似の統計的比較が適用されるべきである。

　これらの統計的比較の正確さは、常に受け入れられるわけではない。一方の立場では、特にアメリカにおいて、比較の基礎を応募者に限定せずに、労働市場において応募への適格性を有する者全体を基礎として採用ルールの間接差別を証明することが公正であるか否かについて議論している。この見解は、法の目的は平等取扱いにあり、人々が実際に職に応募しない限り、使用者は均一の基準の下ではその人々を不平等に取り扱ったとみなされるべきではないことを強調する。この主張は、採用される見込みが無いと信じていたら一般に職に応募しようとはしないだろうという批判に弱い。反対の立場では、統計的比較が必ずしも不利益を受けるパターンに対応するとは限らないことを理由に、その正確さを争う。例えば、経済的理由あるいは剰員を理由とする解雇の対象者を勤続期間を基準に選出する場合、全員が女性であるようなある特定の職場においては、この先任権ルールは女性に不釣り合いな差別的効果を及ぼさない可能性がある。ところが、労働者を全体として見た場合、女性の方が特定の使用者の下での勤続期間が平均して短いことは、女性がしばしば出産後に有償労働から一時的に離れることから明らかである。法が労働市場における結果の平等の達成に大きな貢献をすることを期待するこの立場の反差別法の支持者にとっては、不釣り合いな不利益を生じさせうるあらゆる取扱いを、たとえ特定の事件においてその不釣り合いが証明されな

かったとしても、根絶することが不可欠である。このように、統計的比較のための適切な労働者集団に関する議論は、反差別法は労働市場における単なる平等取扱いを要求するのか、あるいはよりよい職をより平等に配分することを達成するというより大きい野心を熱望するのかという見解の相違をあらわにする。社会的包摂の観点から見た場合、雇用機会への不必要な多くの障害を可能な限り取り除くことが重要である。職あるいはよりよい職の平等あるいは均衡的配分は法が目的とするものではないが、結果の不平等を示す証拠は、雇用機会へのこのような障害が存在することのシグナルとなりうるのである。

　適切な統計が承認され、利用可能であったとしても、裁判所は、表面的には中立的なルールあるいは取扱いを充足することができる不利益を受けているグループの割合が「かなりの程度少ない」かという要件を判断するために、さらにこれらを解釈しなければならない。この解釈の問題は、イギリスの雇用法と EC の性差別禁止法とを調和させる試みの中で検討された。1985年にイギリスは、被用者が不公正解雇法の保護を受けるにあたり、特定の使用者との 2 年の継続雇用という申立資格期間を課した。この資格期間が実際には女性に対する差別ではないか議論された。なぜなら、女性は家庭責任を果たすために有償労働から一時的に離れることが多いため、その結果、特定の職への 2 年間の継続勤務という要件を満たす女性の割合は、男性よりもかなりの程度少ないことになるからである。統計を適切に解釈する方法を決定するため、欧州司法裁判所に付託がなされた。欧州司法裁判所は、適切な方法とは、その要件を満たす男性被用者集団とそうでない者とを比較した割合を検討し、これと同じ検討を女性に対しても行い、そして両者の割合を比較することである、と判示した。1991 年において、約 74.5 ％の男性が有資格であったのに対し、女性は 67.4 ％であった。欧州司法裁判所は、統計は十分な差別的効果を証明していないように思われることを示唆した。しかしながら、事実を最終的に判断するためにイギリスの裁判所に事件が戻されると、貴族院の多数がこの点に関する女性の主張を支持した。多数意見は、前

---

9) C.Barnard and B. Hepple, 'Substantive Equality' (2000) 59 *Cambridge LJ* 562.

述の割合を示した数値の間での割合を考慮することで、不均衡をより大きく見えるようにしたのである。すなわち、男性と女性の間に有資格者の比率について9％の格差があることが主張されたのである。この格差は、10人の有資格の男性に対し、9人の女性しか資格を満たさないという割合としても表すことができる。この格差は、中立的なルールを満たすことができる女性の割合がかなりの程度少ないという要件を十分に満たすものであった。

これらの統計的証明が複雑であることを考慮して、近年、裁判所は、ルールの差別的効果を比較的根拠に乏しい証拠に基づいて証明することを認める傾向にある。ロンドン地下鉄（London Underground）が鉄道運転手のシフトを変更した事件では、2000名の男性運転手全員が新しいシフトを受け入れたが、21名の女性運転手のうち1名が家庭責任を理由に退職を余儀なくされたと判示された。控訴院は、要件が満たされていると判断した審判所の決定を覆えそうとはしなかった。審判所は、仕事の必要性と育児のそれのバランスをとることに困難を経験するひとり親の大半が女性であるという周知の事実を考慮して統計を考察する権限を有していたのである。このような判断は、間接差別を立証する際の障害を減少させるが、消滅させるものではない。にもかかわらず、今日の多くの間接差別の訴えにおいては、使用者が中立的なルールを正当化することができるかがより決定的な問題となっている。

2　差別の正当化

前記の立証方法の一つによって差別が証明された場合、使用者はその取扱い上の判断やルールの正当化を試みようとするかもしれない。法は差別を正当化する理由を慎重に制限している。基本となる原則は、均衡テスト（test of proportionality）である。平等取扱い原則に違反することが許されるのは、

---

10) *R v.Secretary of State for Employment, ex p Seymour Smith* [1995] ICR 889, Div Ct, CA, C-167/97 [1999] ICR 447, ECJ, [2000] ICR 244, HL.

11) *London Underground Ltd v. Edwards (No.2)* [1998] IRLR 364, CA.

その手段が重要な目的を有し、その目的の達成と合理的な関連性を有し、差別を回避する代わりの手段が利用可能でない場合のみである。この原則の正確な法的表現は、差別が立証される方法に応じて変化する。使用者は、明示あるいは黙示に差別的であるルールを、人種や性などの特性が真正かつ均衡的な職業的適性（genuine and proportionate occupational qualification）であることや、使用者が差別是正のための積極的措置を釣り合いのとれた許容される方法で実施していることを理由に正当化しうる。人種や性について中立的なルールあるいは取扱いが差別的な効果を有することが統計的証拠によって証明されている場合、使用者は、そのルールあるいは取扱いが業務上必要であり、均衡テストを満たすことを証明することで、これを正当化することができる。

差別的な職業的適性

　特定のグループは一定の仕事をすることができないという主張には疑問を持つべきである。このような主張の多くは、そのグループを総体として中傷するステレオタイプに暗に依拠している。女性は騎手やオートレーサーになることができないというような主張が実際に審理された場合、これが誤りであることはほぼ確実に判明する。EC 法の下では、このような差別的な職業的適性は、適法な目的のために必要であると確信されていたとしても、均衡原則（principle of proportionality）の下で審理される。外国人に対する差別は、政府の行政機関については許されている。この例外が外国人の愛国心が疑わしいことを理由に正当化されるとすれば、均衡原則は、この排除が行政機関全体、あるいは国防問題が生じうる職のみに適用されるべきかを問題とする。同様に、女性を最前線の軍隊に配属することを禁止することは、グループとしての女性が例外なく優秀な戦闘員たり得ない、あるいは軍事行動を混乱させることを想定している。欧州司法裁判所は、イギリス政府に最前線での戦闘を要求される軍の職への女性の就業禁止を維持することを許し、政府が国家の安全保障に必要と考える手段を採用することについて裁量の余地を有することを認めた。[12] しかしながら、ドイツにおいて女性が軍の兵役に就

第3章 雇用機会と差別　73

くことを一律に禁止したことは、国防という目的を達成するために不必要であることを理由に、不釣り合いな排除であると判示された。[13]

　使用者が差別的な職業的適性を顧客の好みを理由に擁護することも多い。この議論は、ある特定の役割を演じるために男優や女優が必要とされる場合のように、異なる性や人種の者ではその職を十分に遂行することができない場合には受け入れられることが多いかもしれない。しかし、この議論をそれ以上に容認すると、使用者が顧客の偏見に乗じることを認めることになろう。顧客が魅力的な女性に応対されることを望むと信じて、使用者がそのような受付係を募集した場合、このような例外を認めることは、差別禁止法が消滅を目指す有害なステレオタイプを強固にする効果を有することになろう。イギリスにおいて適法性が認められる基準は、被用者が個人に対してその福祉を増進するために個人的なサービスを提供する場合であり、そのサービスが特定のグループの一員によって提供されることが最も効果的であるときというものである。[14] この例外の範囲は、地方自治体が多文化的コミュニティーに対応する目的で、サービスを受ける者に合わせて職を特定の民族的少数派に限定したこととの関連において検討されてきた。アフリカ系カリブ人（Afro-Caribbean）の文化と反人種差別主義・反性差別主義の児童保護（childcare）の重要性を理解する「アフリカ系カリブ人の労働者」を募集したある保育所が、この例外に該当するとされた。しかし、これは、子どもに対して方言による読み書きのサービスを提供することが、同じ民族的出自の者によってより効果的に行われることを審判所が認めたことにのみ基づいている。[15] 使用者は、文化的相違に対する感受性を高めるために人種あるいは民族的出自を理由に差別することが一般的にできるわけではなく、個々の職について、当該業務が特定の人種的あるいは民族的グループの一員によってよ

---

　12) C-273/97 *Sirdar v. The Army Board and Secretary of State for Defence* [1999] ECR I-7403, [2000] IRLR 47, ECJ.
　13) C-285/98 *Kreil v. Germany* [2000] ECR I-0069, ECJ.
　14) Sex Discrimination Act 1975, s.7(2)(e); Race Relations Act 1976, s.5(2)(d).
　15) *Tottenham Green Under Fives' Centre v. Marshall (No.2)* [1991] ICR 320, EAT.

り効果的に提供されるかが検討されなければならないのである。[16]

　性差別禁止立法も、プライバシーや品位を守るための差別を認める。このような例外の必要性については、改めて疑問を持つべきである。ほとんどの場合、使用者には、その職から一方の性を完全に排除することなく、少ないコストでプライバシーや品位を守る規定を作る方法がある。あらゆる場面において、プライバシーや品位を侵害する危険が不快か否かは、応募者の選択に委ねられるべきである。ある女性は、宇宙飛行士になるチャンスに、たとえこの職がまさに限られたスペースで男性とともに連続して1週間生活し、睡眠することを要求するものであるとしても、飛びつくかもしれない。

差別是正のための積極的措置

　差別禁止法は、人種や性などのグループをその個性に応じて排除する基準を使用者が利用することを禁止するため、不利益を受けているグループを優遇することを目的とする措置も禁止する。したがって、募集において女性や人種的少数派を優遇しようとする使用者は、白人男性によってこの採用条件が不法な差別として訴えられる危険を負うことになる。差別是正のための積極的措置に対するこうした制約は、憲法上の平等取扱い原則を尊重することと、より包摂的な社会を促進する反差別立法の社会政策的な目的との緊張を示している。この緊張をいかに解決するかは、差別禁止法における最も困難な課題の一つである。ある特定の場面では差別は当事者のために良心的に行われている、という主張は慎重に吟味される必要がある。なぜなら、厳格な機会均等からの逸脱は、どれも不利益を受ける者に対する不公正が疑われるからである。これに関連してアメリカの裁判所は、グループの個性を表面的に引き合いに出すあらゆるルールは、「厳格な審査（strict scrutiny）」を受けなければならない「疑わしい分類（suspect classification）」である、と適切に指摘している。

　差別是正のための積極的措置の中には、使用者にグループ間の差異を調整

---

　16)　*Lambeth London Borough Council v. CRE* [1990] ICR 768, CA.

することを認めたり、要求したりするものがある。例えば女性の場合、使用者は、男性には対応するものが無い妊娠に関して特別扱いすることを法的に要求されている。同様に使用者は、障害を有する労働者が就職することができるように、契約の内容や労働条件について合理的な調整を行う法的義務を負う。類似の事例を類似に扱うという要件を満たすことは多少理解しやすい方法であるとしても、このような場面における平等取扱いが、労働市場において女性や障害をもつ労働者の不利な立場を弱めるというよりむしろ強めるであろうことは明白である。このような理由から、差別禁止法は、妊娠や障害の事案におけるグループ間の差異に配慮する特別な取扱いを要求するために、平等取扱いから逸脱するのである。

より争いがあるのは、使用者は過去の差別の効果を解消することをめざす採用条件や取扱いを利用することを許される、あるいは要求されるべきかという問題である。[17] 使用者が過去に女性あるいは人種的少数派を排除した結果、これらの者がその適性や労働市場における入手可能性に比して職やよりよい職を不釣り合いにわずかしか得ていない場合、使用者は過去の差別の影響をなくす観点から、募集について割当制（quotas）や達成目標の設定（targets）を導入することを許される、あるいは要求されるべきであろうか。このようなアファーマティブアクション（affirmative action）の手法に含まれる問題は、不利益を受けるグループの一員、典型的には白人男性が、達成目標の設定あるいは割当制による機会均等の否定について直ちに訴えることができることである。

EU法は、加盟国に均衡テストの下で平等取扱い原則から逸脱することを認める。採用の際に不利益を受けることを防止したり、これを埋め合わせたりするための特定の措置は、その目的に対して必要かつ釣り合いがとれている場合には許される。[18] この例外により、使用者が募集について達成目標や割当制を設定することが認められるだろうか。欧州司法裁判所は、均衡原則を

---

17) R. Dworkin, *A Matter of Principle* (Oxford: Oxford University Press, 1986), Pt V.

18) Treaty Establishing the EC, Art.141(4); Directive 2000/43, Art.5; Directive 2000/78, Art.7.

適用して、アファーマティブアクションの措置を「タイブレイク (tie-breakers)」の場合を除いて認めなかった。ある職について同程度の適性を有する候補者が2人いる場合、過去の差別的取扱いを埋め合わせるために、使用者は被用者集団や特定の職業分類において不釣り合いに割合が少ない (underrepresented) 女性や人種的少数派のようなグループを優遇することができる。例えば、欧州司法裁判所は、ある地位に就いている女性の割合が半数以下であって、当該女性がその地位に耐える能力と適性を男性と同様に有しており、男性候補者を有利に扱う特別な理由が存在しない場合に、当該地位への昇進について男性よりも女性を優先させるというドイツの公務員規程を是認した[19]。対照的に、欧州司法裁判所は、女性の割合が少ない職において女性が十分な適性を有する場合に女性を優遇し、適性の差が非常に大きく、女性を優遇することが「任用における客観性の要件に対する違反を生じさせるであろう場合」のみ男性がその職を得ることができるとする、スウェーデンのポジティブアクション (positive action) の規程を是認しなかった[20]。欧州司法裁判所は、「タイブレイク」である採用や昇進に関するルールの利用を、個人の能力 (merit) に応じた平等取扱い原則から一見して必ずしも外れているとはいえない場合に認める。その理由は、女性が当該職に関する選出基準の下で男性同様の成績を取ったとしても、ジェンダーに関するステレオタイプによって実際には男性が不釣り合いに選出される傾向があることが認識されている点にある。しかし、特定のグループに有利な条件を与えることを認めるより積極的なアファーマティブアクションの措置は、均衡原則に反するとみなされるであろう。

　アメリカ法は、より強力なアファーマティブアクションの措置を認めるが、認められているのは採用数や採用割合を固定する割当制ではなく、達成目標の設定のみである。過去の直接差別が立証された場合、裁判所は、使用者はバランスを是正するために少数派のグループの採用について達成目標の設定をしなければならない、という救済を命じることができる。使用者も、

---

19) C-409/95 *Marschall v. Land Nordrhein-Westfalen* [1997] ECR I-6363, ECJ.
20) C-407/98 *Abrahamsson & Anderson v. Fogelqvist* [2000] ECR I-5530, ECJ.

過去の差別がなければ到達していたであろう水準まで特定のグループの割合を高めるために、採用についてアファーマティブアクションを利用することができる。しかし、いずれにおいても裁判所は、採用数や採用割合を固定する割当制を、達成目標に到達するために設定された機会均等の手続に反するものとして認めようとはしていない。[21]

　イギリス法は、差別是正のための積極的措置を明示的には認めていない。政府は直接差別の法が要請する平等取扱い原則と抵触することに消極的であるようにみえる。イギリス法がアファーマティブアクションに最も接近するのは、北アイルランドにおいて平等委員会（Equality Commission）が、特定の宗教の信者に対して過去に機会均等を拒絶したことを是正するための措置――採用数や割合を固定した割当制は含まれないものの――の採用を使用者に命じうる場合である。イギリスにおけるポジティブアクションの必要性を示す決定的なテストケースは、人種的少数派の割合が極端に少ない警察業務である。政府は公共部門における人種的少数派の採用目標を率先して設定しているにもかかわらず、行政当局が依然としてこの目標に到達せず、目標までの格差を狭めようとすらしないことは、より強力な形式の差別是正のための積極的措置の必要性という課題を提起する。警察の場合には、このことはより強く当てはまる。なぜなら、警察についてはその仕事が地域住民の信頼を得るものであることが重要であり、この信頼は、部分的にはその仕事がその地域を代表して行われているというもっともらしさにかかっているからである。しかしながら、多様性を反映するという特別な配慮のために、より厳格なポジティブアクションの要件が必要とされるいくつかの公営企業の領域を別にすれば、社会的包摂の目的は厳格な割当制やこれに類似するものを必要としない。その目標は、雇用機会への障害を除去することであり、異なるグループにあるパターンで職を配分することを強制することではないのである。

　21）　*Regents of University of California v. Bakke*, 438 US 265, 98 S Ct 2733 (1987); *Adarand Constructors, Inc v. Pena* 115 S Ct 2097 (1995).

間接差別における均衡

　中立的なルールが特定のグループに対して差別的な効果を有することを証明することによって間接差別の立証がなされた場合、使用者はそのルールや取扱いの正当化を試みることができる。まず使用者は、その要件が「事業の真の必要性（a real need on the part of the undertaking）」に役立つことを説明しなければならない。[22] このような必要性には、職務を十分に遂行するために被用者は特定の資格や特定の種類の職業経験を有するものとする採用条件が含まれることになろう。次に使用者は、その業務上の必要性が間接差別的な効果を持たない別の要件では満たされないことを説明しなければならない。例えば、使用者がある特定の資格を要求した際に、他の同等の資格でも業務上の必要性を達成するために十分でありかつ差別的効果を回避しうる場合には、使用者は「必要性」の要件というこの第二の判断要素を充足することができないことになろう。この二方面からの（dual-pronged）正当性テストは、アメリカでは「業務上の必要性（business necessity）」テストとして、欧州では「均衡」の要件として知られる。

　使用者の正当性の抗弁は、雇用法の政策運営に求められる２つの要望が正面から衝突する法的場面である。社会的包摂は、不利益を受けているグループの統合を促進するために、人為的そして不必要な障害を消滅させることを要求する。しかし、事業の競争を促進する政策は、もっとも優れた労働者を採用することを含めて、使用者が効果的な決定を行うことを決して妨害しないことを強調する。これらの政策目標を調和させる作業は、裁判所の正当性の抗弁の解釈と特定の場面に対するこの抗弁の適用に委ねられている。そこで形成される法が有する効果は、裁判所が使用者に対して、要件の必要性および間接差別的な効果を回避しうる適切な代わりの手段を利用できないことについて、どの程度の証明を要求するかに大きく依存する。

　22）　Case C-170/84 *Bilka-Kaufhaus GmbH v. Weber von Hartz* [1986] ECR 1607, ECJ.

使用者が間接差別的な効果を有する雇用に関する基準を正当化する一つの方法は、公式の資格といったようなその基準を満たすことが被用者がその職を十分かつ効果的に遂行するために必要であると主張することである。裁判所は、要件あるいは資格が職の十分かつ効果的な遂行に確かに関連するか否かを判断するために、この主張を検討しなければならない。一定の教育レベルに到達したことを示す公的な教育に関する資格は、これを有していない労働者や代わりの資格を有する労働者も同様に職を適切に遂行できるであろうから、必ずしも職と関連しているわけではないであろう。同様に、体格および体力要件は、いくつかの職では必要であろうが、女性を不釣り合いに排除するであろうから、裁判所は職を遂行するためにこれらの適性が実際に必要であるかを検討する必要がある。裁判所は、職に設けられた形式的要件を厳格に審査しないことについて、しばしば批判を受けている。ある事件において、大学が学生向けのキャリアアドバイザーの職を27歳から35歳までの卒業生に限定した。この要件が女性に対して間接差別的であると推定されたため、大学はこの要件について、キャリアアドバイザーの年齢は学生のそれからあまり離れすぎていないことが望ましいという正当化理由を提出した。この事件で年齢は、若者と効果的にコミュニケーションをする能力を測る基準として利用された。裁判所は、年齢が学生と面談する能力を示す信頼できる指標であるという証拠を使用者に要求することなくこの正当化を認めた。私の経験から言えば、このような証拠は採用できなかったと思われる。学生との効果的なコミュニケーションは、年齢ではなくて態度が問題なのである。

使用者が差別的な効果を有する基準を正当化しうるもう一つの方法は、その基準が経営効率や調和のとれたより生産的な労働環境、熟練労働力の確保のようなその他の業務上の利益に役立つと主張することである。このような主張は、基準が「当該職務と職業上の関連性（job related for the position）を有し、業務上の必要性に合致」しなければならないアメリカの判断基準の下では、正当化理由として不十分であろう。しかしながら、ECの均衡テスト

---

23) *University of Manchester v. Jones* [1993] ICR 474, CA.
24) Civil Rights Act 1991, s.105.

は、このような比較的幅広い正当化理由が望ましくないステレオタイプを再びもたらしたり、伝統や便宜に基づいて使用者の取扱いを簡単に是認したりする危険を伴うにもかかわらず、これを利用する可能性を認めている。例えば、ある学校が、すべての職員に60歳の定年を適用し、例外的に管理員や庭師について65歳を定年とした。教員および事務職員の大半は女性であったが、管理員および庭師はすべて男性であった。この年齢制限は女性に対して間接差別的であると判断されたが、使用者は、定年年齢を高くすることは管理員および庭師の募集や確保が困難であるために必要であるとの理由に基づいてこのルールを正当化することに成功した[25]。裁判所は、全職員に65歳の定年を設定するといった他のルールが差別的な効果を回避し、その一方で使用者に多大な負担を課さずに労働力を確保する必要性を適切に満たすことができたかを問うという、均衡テストの第二の側面に注意を払わなかったようにみえる。この点でイギリスの裁判所は、国内法を適用するときにECの均衡原則に必ずしも厳密に従ってはいない。しばしば指摘されるのは、正当化は「条件の差別的効果と、その条件を適用する当事者の合理的な必要性との客観的なバランスを必要とする」ということである[26]。この公式が見逃しているのは、使用者の必要性をその他の条件やいくつかの例外を設けることで満たすことができるかを吟味することである。

　欧州の均衡テストにおいては、間接差別的な効果を持つ使用者の基準が、社会的排除（social exclusion）をなくす働きを有することを理由に正当化される可能性が認められていることを知っておくことは重要である。例えば、使用者が育児施設を女性被用者のみに用意していた事件において、欧州司法裁判所は、自分で子どもの世話をする男性被用者を排除したという理由で、使用者のルールは均衡テストを満たしていないと結論づけた[27]。使用者の措置は、ひとり親が直面する社会的排除の問題により正確に向けられるべきであ

---

　25)　*Bullock v. Alice Ottley School* [1993] ICR 138, CA.

　26)　Balcolme LJ, *Hampson v. Department of Education and Science* [1989] ICR 179, CA.

　27)　C-476/99 *Lommers v. Minster Van Landbow, Natuurbeheer en Visserij* [2002] IRLR 430, ECJ.

ったのである。その施設が性別に関係なくあらゆるひとり親に利用可能とされていたら、間違いなくひとり親の大部分を占める女性被用者を優遇するという差別的な効果が生じることになるが、これは社会的包摂という適法な目的を追求するものとして、均衡テストの下で正当化されたであろう。

　ECの均衡テストも、加盟国の法がECの差別禁止法の原則に合致しないことを理由に訴えられた場合に、加盟国に別の種類の正当性の抗弁の利用を認める。被用者が不公正解雇を訴える資格を得るために2年の継続勤務を要するものとした法的要件が争われた比較的初期に検討された事件において、イギリス政府は、その要件が間接差別的ではないという点については敗訴したものの、最終的には正当性の抗弁の点で勝利を収めた。政府は、法の目的が、雇用を終了させるときに不公正解雇を理由とする補償金を支払う義務を負担しかねないことによって使用者があまり職員を採用しなくなるという結果を導くことを防ぎ、これによって失業水準を低下させることにあると主張した。不公正解雇法が有するこの「失業を抑止する効果（unemployment effect）」に関する証拠は、非常に乏しいものであった。ある調査において、雇用保護法は一般に採用政策を抑制しうることを指摘していた使用者がわずかに存在していただけである。にもかかわらず貴族院がこの正当化理由を採用したのは、この法が適法な社会政策上の目的（失業の解消）を反映しており、選択された方法がこの目的を達成するために適切であると政府が考えたことが合理的であったからである。差別的な効果を有する立法に関する正当化理由についてのこの緩やかな審査は、民主的に選出された政府による政策の有効性を問題にすることを認識して裁判所が消極的姿勢をとったためであると説明することができる。しかし、ECの管轄下にあるこれらの領域において、条約や指令に従って行動することを約している点で、加盟国政府は主権を放棄していることを忘れるべきではない。加盟国がECの原則の遵守を達成する方法についての評価に幅があることは認めることができるが、原則についての国内の解釈がその原則の否定となる地点は常に存在するに違いない。欧州司法裁判所と同様に国内裁判所も、この点について一線を画す義務を負うのである。

障害に対する便宜

　障害者差別に関する法は、一見して構造の点でその他の差別禁止法と異なる。障害者は、通常の日常的活動を行う能力について実質的かつ長期にわたる不利な影響を有する身体的あるいは精神的な損傷（impairment）を有する者と定義される[28]。偏見が原因となって非常に不釣り合いな数の障害者が就職できていないことはありがちであるため、障害者の平等取扱いは重要である。だが、平等取扱いは多くの場面において排除という結果につながろう。身体障害者はある種の手作業を行うことができないかもしれないし、職場に入ったり、そこで移動したりすることができないかもしれない。目が見えない人は、普通のコンピュータを使う仕事や事務作業を行うことができないかもしれない。このような事例において使用者が要求する手先の器用さやスムーズに移動する能力、コンピュータの画面を読みとる能力のようなものは、業務の遂行と明確に関連しており、必要であるようにみえる。このような要件を平等に適用することは障害者に対して間接差別的な効果を有するであろうが、使用者は、差別禁止法において適用される標準の正当性のテストを通常満たすことができるであろう。それゆえ、社会的排除に取り組むために、障害者差別禁止法は異なる基準を採用するのである。

　イギリス法は、職に関連して応募者や被用者を競争させるにあたり、障害者をその他の者と比較して実質的に不利な状態に置く判断基準や就業条件について合理的な調整を行う義務を使用者に課している[29]。使用者は、この義務を果たすために施設をより利用しやすくしたり、他の労働者にいくつかの義務を再配分したり、特別な器具を入手したり、適切な代替的業務を提供したり、特定の安全措置を導入したりするよう要求されることになろう。この義務は、使用者に合理的な措置を講じるよう要求するのみであって、実現不可能であったり、安全でなかったり、非常に高価であったり、効率的な生産を

---

28) Disability Discrimination Act 1997, s.1.
29) Disability Discrimination Act 1997, s.6.

台無しにしたりする措置は要求されていない。たとえ使用者が障害者の必要に便宜を図る合理的な措置を講じなかったとしても、その使用者はなお実質的かつ具体的な理由（substantial and material reason）に基づいてこの不作為を正当化することができる。とりわけ使用者は、合理的な措置を講じたとしても、例えば申立人は、必要とされる能力および効率性の点で職を遂行することができる水準まで到達しなかったであろうことを理由に、障害者を排除する決定が正当化されたであろうことを証明することができる。これと対比可能なアメリカの合理的な便宜の概念においては、使用者は、合理的な便宜を講じた後に申立人がその職の本質的職務を遂行することができない場合には、障害者を区別して扱うことができるものとされている。その後にもう一度、裁判所は、社会的包摂という政策と、これに反する事業の効率性と競争力の促進という政策とのバランスをとることを求められるのである。

　障害者差別禁止法は正当性の抗弁を明確に規定する点で他の差別禁止法と異なるが、この差異は一見したほど大きくない。障害者に対して合理的な調整を行う義務は、間接性差別および間接人種差別の正当性判断において使用者のルールの必要性を検討することと対応する。先に指摘したロンドン地下鉄による新しいシフトの導入が問題となった事件において、女性のひとり親が間接差別を立証することができたのは、新しい労働時間帯が女性に対して不釣り合いに不利益を与えることを審判所が認めたからであった。[30] 使用者は新しいシフトが事業の必要性に合致すると主張したが、この正当性の抗弁は、使用者がひとり親のための例外をシフトに作ることでは申立人の必要性に便宜を図ることができないことを証明できなかったとの理由で、最終的には認められなかった。実際は、使用者はこのような例外措置をもともと提案していたのだが、組合との協議に従って後にこれを撤回していた。この判決は、使用者が採用したルールに対する代わりの手段を慎重に検討することが、そのルールが均衡テストを満たさないことをどのようにして明らかにするかを表明している。使用者は間接差別的な効果を有することが予想されるルールを実行する前にそれに代わる手段を検討しなければならないという条

---

30)　*London Underground Ltd v. Edwards* [1997] IRLR 157, EAT.

件は、雇用に関する取扱いや契約条項によって不利益を受けているグループに対して合理的な調整を行う義務に事実上等しくなるのである。

　障害者差別において利用されている合理的な調整を行う義務を使用者に課すというアプローチが、社会的に排除されたすべてのグループに対して適用されるべきかは議論のあるところだろう。不利益を受けているグループの種々の必要性は、尊重かつ考慮されるべきである。例えば、女性のみが妊娠するのであるから、女性に異なる取扱いを受ける権利を付与することによってこの違いを考慮すべきである。同様に、障害を有する労働者は職を遂行できるようにするために特別な援助を必要とするかもしれず、使用者に異なる取扱いを要請する特別な必要性があることを認識すべきである。類似の原則は、年齢差別禁止法が発効した際に、高齢の労働者に対しても適用されることになろう。社会的包摂を達成するには、やりがいのある雇用機会への障害を克服するために、相違や不平等といった要素が必要とされるのである。

3　差別の撲滅

　雇用における差別を禁止するこれらの巧妙な法が有効であるかどうかについては、疑問を持たなければならない。立法は、その主たる実施手段を個人の権利侵害によって生じた損失の補償を求める個々の民事訴訟に依存しており、これまでに指摘した戦略は一般的に言って非常に無力である。禁止された差別理由に基づいて採用を拒否された者や雇用において不利益を被った者は、補償金、差別が行われたことの宣言、そして申し立てられた差別的効果を減少あるいは除去することを使用者に命じる勧告を求める訴えを審判所に申し立てることができる。イギリスの雇用法においては希なことに、補償金はその額に上限はなく、経済的損失と同様に精神的侵害に対しても裁定されうる。補償金は直接差別および間接差別のいずれについても裁定されるが、後者については補償金を裁定することが「公正かつ衡平（just and equitable）」である場合のみ、審判所はこれをすることが認められている。使用者に対して通常相応の額の補償金を求める訴えを提起する被用者に依存する実施戦略は、使用者の言動に対して最低限の影響力しか持たないことが予想される。

差別問題が根深く、しばしば無意識のものであり、疑問を提起されていない慣習の産物であるとすれば、高い水準の法遵守を導く効果的な実施戦略として、その他の手段が必要となることは明白である。

　このより効果的な実施戦略の必要性に応えて、イギリスには、各差別禁止法に立法目的を促進する役割を担う独立的行政機関 (independent public agency) が存在する。これらの委員会は、使用者に行為準則を示し、政府に必要な改革について勧告を行い、差別問題に関する調査を行う。委員会は、個人で使用者に訴訟を提起することを望む被用者にアドバイスや援助をすることもできる。新たな道を拓いた (path-breaking) ある憲法的決定において、性差別禁止に取り組む機会均等委員会 (Equal Opportunities Commission) は、フルタイムの被用者とパートタイムのそれを区別する国内法である不公正解雇法の条文の有効性について EC 法の下で先行的に争う (pre-emptive challenge) ために必要な公法上の訴え (public law claim) における「当事者適格 (standing)」を得ることに成功した[31]。より議論されている委員会の権限は、特定の使用者に対して公的な調査を行うことである。このような権限は、使用者によるすべてのルールや取扱いが隠された差別を意味するか否か、正当化することができない間接差別をもたらしているか否かを調査する観点から、それらを吟味するために利用される。しかし民間の使用者を徹底的に調査するこの権限は、立法および裁判所において抵抗を受けてきた。実際上、委員会が有効に調査を行うことができるのは、委員会が不法な差別的行為が行われたことを確信し、差別を申し立てられた者にその申立に対する反論を陳述する優先的な機会を与えた場合に限られる[32]。これらの条件は、公的な調査の手続きを個人と使用者にとって時間と費用のかかる予防措置を伴う実際には実行不可能な訴追手続きへと転じてしまうのである。

　ここでの問題は、労働法の随所に見られるように、既存の取扱いを公開で調査したり評価したりすることに対して使用者に抵抗をさせかねない刑罰に

---

31) *EOC v. Secretary of State for Employment* [1995] I AC 1, HL.
32) Race Relations Act 1976, ss.49, 50 ; *R v. Commission for Racial Equality ex p Prestige Group plc* [1984] ICR 472, HL.

よるおどしを利用することなく、最良の取扱いを採用するように使用者を誘導する手続を工夫することである。北アイルランドでは、このようなモデルに非常に近似するものが規定されている。すなわち、立法によってすべての使用者に宗教的信条に関する従業員の構成割合を監視させ、平等委員会（Equality Commission）が機会均等を促進するために行われるべき行動を検討するために調査を開始することができるのである[33]。必要な行動を確認した場合、委員会は、あらゆる状況において合理的かつ適切であるような行動を使用者が任意に実行するように最大限の努力をしなければならない。この制度は、差別禁止命令違反に対する懲罰的な法的制裁をもたらす可能性のある訴追モデルに近い方策を定めるものである。

　独立的行政機関による実施戦略は差別禁止法の実効性を高めるであろうが、この方法は、職場において独特かつ一般的により効果的な規制方法として既に指摘した当事者が参加する自律的規制（participatory self-regulation）の方法を導入しようとするものではない。当事者が参加して雇用に関する取扱いを決定するという主張は、差別の場面においては特に説得力を有する。なぜなら、このような過程自体が多様性や包摂性を尊重することを促進し、同時に少数派のグループがその特別な必要性を主張し、明確にすることを容易にするであろうからである[34]。例えば、労働条件に関与する機会が与えられたとすれば、女性は、仕事とひとり立ちしていない子どもの世話を両立させることに対して、使用者には思いつかなかったかもしれない方法による援助を要求するであろう。当事者が参加する自律的規制にはこのような潜在的な利益があるにもかかわらず、立法は、例えば職場に機会均等委員会を設置することを要求するなどの方法で、この手法を導入することをいまだ支持していない[35]。この種の改革は、企業が市民としての義務を尊重している程度を審査する仕組みとおそらくより一般的に関連しており、反論はあり得るが、不

　　33）　The Fair Employment and Treatment (Northern Ireland) Order 1998, SI 1998/3162 (N.I.21).
　　34）　S. Fredman, 'Equality: A New Generation?' (2001) 30 *Industrial LJ* 145, 164.
　　35）　B. Hepple, M. Coussey, and T. Choudhury, Equality: *A New Framework* (Oxford: Hart, 2000).

郵便はがき

| 1 | 6 | 2 | 0 | 0 | 4 | 1 |

恐れ入りますが郵便切手をおはり下さい

（受取人）
東京都新宿区
早稲田鶴巻町五一四番地

株式会社 **成 文 堂** 企画調査係 行

お名前＿＿＿＿＿＿＿＿＿＿＿＿＿＿＿（男・女）＿＿＿歳

ご住所(〒　　－　　)＿＿＿＿＿＿＿＿＿＿＿＿＿＿＿＿＿

＿＿＿＿＿＿＿＿＿＿＿＿＿＿＿＿＿☎＿＿＿＿＿＿＿＿＿

ご職業・勤務先または学校(学年)名＿＿＿＿＿＿＿＿＿＿

お買い求めの書店名＿＿＿＿＿＿＿＿＿＿＿＿＿＿＿＿＿

〔読者カード〕　　　　　　　　　　　　　　　　　　　　　　　　　(2007・9)

近江幸治著　**民法講義Ⅳ 債権総論〔第3版〕**

　小社の出版物をご講読賜り、誠に有り難うございます。恐れ入りますが、ご意見を戴ければ幸いでございます。

お買い求めの目的（○をお付け下さい）
1．教科書　　2．研究資料　　3．教養のため　　4．司法試験受験
5．司法書士試験受験　　6．その他（　　　　　　　　　　　　　）

本書についてのご意見・著者への要望等をお聞かせ下さい

今後小社から刊行を望まれる著者・テーマ等をお寄せ下さい

法な差別を根絶することなく抑制するにすぎない現在の規制の枠組みよりも、かなり高い程度の効果をあげるであろう。

第4章　労働と生活

　階級闘争のシンボルである赤旗をイギリスで最初に掲げたのは、おそらくラダイト（Luddites）であろう。ラダイトとは、19世紀初頭の、熟練織工の秘密組織を指す呼び名である。彼らは、暴力をもって2つのことに抵抗した。まずは、政府がチューダー期のパターナリスティックな社会立法を放棄したことにである。そして、もうひとつの対象が、仕事と生計を脅かす、自動織機を備えた工場の出現であった。

　　4月20日、ミドルトンで大規模な騒動がもちあがり、ダニエル・バートンの自動織機工場が数千人に襲撃された。工場は一斉の投石によって攻撃され、これにマスケット銃による応酬がなされた結果、3人が死亡し、負傷者は多数にのぼった。翌朝には暴徒はさらに強大になり、昼には次のような集団と合流した――総勢100人から200人の集団で、ある者はマスケット銃、ある者はつるはしで武装し、隊列を組んで村を行進し、ならず者と結託していた。この武装集団の先頭には、赤旗を旗印にした有名なラッド将軍（*General Ludd*）を模した藁人形が掲げられていた。
　　この工場は堅固であったため、暴徒は工場所有者の自宅を焼き払った。彼らは次に軍隊と衝突し、7人が死亡し、多数の者が負傷した[1]。

1812年にダニエル・バートンの自動織機工場でラダイトに向けられた銃声は、労働の新たな社会的分業の到来を告げるものであった[2]。産業化された生

 1） E. P. Thompson, *The Making of the English Working Class* (Harmondsworth: Penguin, 1968), pp.620-1, quoting from the the *Leeds Mercury*, report from Middleton, 25 April 1812.
 2） N.J. Smelser, *Social Change in the Industrial Revolution* (Chicago: University of

産方式にとっては、機械化のメリットを享受するための、工場の導入が不可欠であった。すなわち、有償労働とその他の活動を時間的にも空間的にも厳格に区別することが、経済システムによってはじめて要求されたのである。それまでの、農業や手工業の生産方式においては、仕事と家事とは厳格に区分されていなかった。そして、女性や子どもを含む全ての家族が、家事をおこなうと同時に農業や家内工業に参加していた。また、仕事のリズムは主に、季節や家内分業によって定まっていた。家父長制によって家庭内の仕事が調整され、村の中の社会的地位によって農業生産調整の権力構造が決められていた。そこへの工場の出現は、労働の有償化や一日の中の労働時間の区分化をもたらすとともに、それまでの共同体における地位の権能とは無関係の、所有者や経営者、親方らの権力構造を構造的に生みだすことになった。したがって、邪悪な工場に対するラダイトの怒りは、仕事のリズムと場所を決定する自律性を失ったことや、工場所有者らの新たな権力構造への抵抗感から引き起こされたものだったといえよう。

　工場の門前に立ったとき、ラダイトは同時に産業化の新たな地平に対峙していたのである。彼らに立ちはだかったのは、職場と家庭との物理的区別であった。この新たな空間的境界は、同時に、時間の分化をも意味した。一日は、仕事の時間と、それ以外の時間に分断された。家内労働とは異なり、労働時間には家事や社交、休憩などを挟むことができなくなった。こうして、工場の労働時間からは柔軟性が失われた。[3] 労働者が遅刻すれば、門扉は閉じられ、労働と所得から排除されてしまう。労働時間の総量を決定する主体は企業の所有者となり、労働時間は提示される労働条件のひとつにすぎなくなった。工場の人工的な照明の下では、労働時間は夜間にまで延長され、仕事以外のことにあてる時間は奪われ、労働者の健康は深刻に蝕まれた。熟練工はもはや仕事のペースを自分で決定することはできなくなり、分業によって調整された生産を、標準化された強度でおこなわなければならなくなった。

Chicago Press, 1959).

　3) E. P. Thompson, 'Time, Work-Discipline, and Industrial Capitalism' (1967) 38 *Past and Present* 56.

工場所有者は職場における付き合いを禁じたため、談笑する者や持ち場を離れる者は即座に解雇された。

　このような時間的かつ空間的な職場の分離は、家庭内における新たな分業をも意味していた。職場で労働に従事する者は、買物や掃除、洗濯、育児といった家事に従事することができなくなった。その結果、産業化された社会では、非常に強力な性別分業がみられるようになった。男性は職場に賃金を稼ぎにいき、女性は家庭に残って家事を担当し、しばしばパートタイムの臨時雇用に従事した。このような図式は決して普遍的でなかったにもかかわらず、道徳的な影響力をもった。女性の居場所は家庭であって、その仕事は家事と育児である、と。1950年代の終わりには、女性は結婚によって退職し、家事に専念することが期待されていた。そして、家事は無償労働であり、市場社会からは価値を与えられなかった。このことが、女性は同等ではなく二級市民であるというイデオロギーの一因となったのである。

　今でこそ、ラダイトが激しく争った職場の分離という状態は当然視されている。しかし、仕事と生活のバランスを確立するという社会的問題は、依然として重要な課題である。われわれは、職場における有償労働と、家庭における無償労働や余暇活動との満足いく区別を模索することになる。現代では、子どものいる共働きの家庭に問題が集中している。共働きの親たちは、どのように有償労働と育児を調整すればよいのだろうか？　このことに加えて、使用者が仕事の時間とペースを決定するという古くからの問題は、今なお全労働者にとっての問題であり、労働者は主に経済的な理由から、強度のペースでの長時間労働に甘んじなければならないと感じている。さらに、労働者は次第に、家庭内の仕事や責任を果たすのと同様に、有償労働から解放されて余暇や地域活動を楽しみたいと望むようになってきている。一体どうすれば、十分な報酬を得られる良い仕事に従事しながら、養育責任を果たし、家事責任を公平に分担し、かつ余暇や地域活動の時間を確保することができるのだろうか？　この問いに対する現実的な回答を探す試みは、すでに雇用法の中心的課題のひとつであるし、これからもそうあり続けるであろう。

　この問題に雇用法が取り組む方法については、以下のような単純な経済モ

デルがヒントとなる。まず、職場における有償労働は、被用者に所得をもたらす。そこで、被用者が職場における労働時間を増やせば、時間外手当や昇進によって、より多くの報酬を得ることができる。しかし、所得の増加は、無報酬の家事や余暇活動にあてる時間の減少と比較衡量されなければならない。すなわち、被用者は、有償労働と無償労働とのバランスをとらなければならないのである。この判断を下す際に鍵となる変数が、長時間労働によって得られる付加的所得である。もし仕事によって高収入を得ることができれば、付加的所得によって家事を代行する者を雇用したり、サービスを購入したりすることができる。たとえば、高所得の両親は、子どもの養育や調理済みの食事の購入に所得をあてる余裕がある。これに対して、低賃金労働者は、家族を貧困に陥らせるおそれがあるにもかかわらず、労働時間を減らすか退職することによって、家事に時間をさくことになるだろう。このようなモデルは、労働者がその選択によって労働時間を決定できると仮定している。しかし、この仮定は多くの場合誤りだとわかる。なぜなら、使用者は標準的なパッケージとして仕事を提示し、それは通常少なくとも週に40時間の労働を要求するものであるからである。また、使用者がそれ以上の長時間労働を求めることも少なくない。労働時間に柔軟性がないことは、労働者を仕事から、特に好条件の仕事から、事実上排除することにつながる。そして、低賃金と硬直的な労働時間のために、家事責任などを果たすには雇用機会を断念せざるを得ないと考える労働者は、しばしば社会的に排除されることになる。

　この経済モデルは単純ではあるが、雇用法が有償労働とその他の活動とのよりよいバランスを達成し、社会的排除を防止するための一定の方法を示している。最も重要なターゲットとなるのは低賃金問題である。もし十分な賃金が得られれば、労働者は就労によって生活水準を改善し、労働と家事責任のよりよいバランスを確保できるであろう。また、労働時間も、総量と柔軟性の双方の点で、ワークライフバランスのための重要な立法のターゲットである。これらの労働条件規制と同時に、国家は、子どもの養育や高齢者の扶養のための公的サービスを供給することによって、労働者がよりよいバランスをとるための援助をすることができる。社会保障と福祉システムの充実

は、多くの人々にとって有償労働への従事が有意義であるか否かを決定づける重要な要素であり、また、適した仕事が見つけられない場合の貧困のレベルを決定づける要素としても重要である。本章では労働条件の規制に焦点を当てるが、有償労働とそれ以外の生活との満足いくバランスを達成するために重要な社会福祉施策についても、いくつか補足的に触れることにしたい。

1　生活賃金

　産業化された国の多くは、低賃金問題に対処するために、強行的な最低賃金立法を導入している。この法制度は、成人労働者の時間あたりの最低賃金を定めるものであるが、一定の労働者について適用除外を設けたり、若年者に対して低い額を定めたりすることもしばしばある。また、国家は、全国規模の最低賃金を定めるのと同時に、福祉システムを通じて所得を増加させることや、無料または安価な公的サービスを提供することによっても、有償労働から得られる利益を高めることができる。そのような福祉システムとしては、「在職給付（in work benefits）」や「勤労所得税額控除（earned income tax credits）（負の所得税（negative income tax））」など、家族を扶養している低賃金労働者に対して、資産調査に基づいて付加的所得を提供することがあげられる。有償労働への就労を可能にする公的サービスとしては、保育園や無料の教育システムなどの育児サービスや、仕事の機会への応募を可能にする技術訓練などがある。これらの施策は、一体となって生活賃金を保障する。この場合の生活賃金とは、仕事から得られる所得が、有償労働とその他の生活との満足いくバランスを確保するのに十分であることを意味する。また、全国最低賃金立法の効果はそれだけではなく、競争力にもプラスである。なぜなら使用者は、より高い賃金を払うために、生産の効率性を高めるような組織化を迫られるからである。

　イギリスの 1998 年全国最低賃金法（National Minimum Wage Act 1998）の成立は、この国が早期に産業化したことや、多くの産業化された国が 20 世紀前半にはこのような法制度を確立していたことからすれば、驚くべき遅さである。イギリスの最低賃金は、低賃金委員会（Low Pay Commission）の助

言に基づいて、大臣によって設定される。委員会は専門家によって構成され、労使双方の代表と協議する義務と、勧告をする際にはイギリスの経済と競争力に与える影響を考慮する義務が課されている。全国最低賃金は地域や産業に関係なく統一的に適用されるが、26歳未満の労働者に対しては例外的に低い額を設定することができる。しかし、全国最低賃金立法の導入に関しては、従来より4つの反対意見があった。そこで、これらの反対意見を検討することにしたい。

雇用への影響

　第1の反対意見は、新古典派経済学モデルから強く主張されるものである。これによると、最低賃金立法によって労働の価格が上昇すれば、使用者が労働の需要を抑制することによって、結果的に失業が増加する。したがって、全国最低賃金立法は、なくそうとしている失業をむしろ生じさせうるという意味で、裏目に出るおそれがあるというのである。もっとも、若年労働者により低い額を設定することで、一定の範囲で失業を減らすことが可能であるといえる。しかし、この反対意見に対してさらに有効な反論をするためには、人はなぜ有償労働を選択するのかに関する経済モデルに立ち戻ればよい。

　最低賃金立法は、それが企業内の福利厚生にも適用される場合はとりわけ、有償労働の魅力を高めることになる。そこで、たとえ最低賃金立法が労働力需要を抑制することになるとしても、同時に供給が増加することによって、欠員が補充される。したがって、最低賃金が最適条件に設定されれば、正味の効果は失業統計に対して中立的であるか、プラスとなりうる。たとえば、1992年にアメリカ・ニュージャージー州における州最低賃金の増額の影響を調査した研究は、対象とされたファーストフード飲食店の雇用の総量が、むしろ増加したことを示している。この研究では、州最低賃金に変化の[4]

---

　4) D. Card and A. B. Krueger, *Myth and Measurement: The New Economics of the Minimum Wage* (Princeton: Princeton University Press, 1995).

ない対照群としてペンシルバニア州東部が比較されたが、そこでは経済状況が似通っているにもかかわらず、雇用の増加はみられなかった。また、ニュージャージー州では、最低賃金の導入によって賃金を増額しなければならなくなった飲食店のほうが、今までその水準の賃金を支払っていた飲食店よりも、雇用が増加している現象が見られた。この研究と同様に、イギリスの全国最低賃金法の効果に関する低賃金委員会の検証においても、百万人以上の労働者の所得が増加し、全国賃金支出の0.5％が増加し、雇用の相対的なレベルには影響がなく、そして多くの低賃金産業にはプラスの効果が生じているという結果が出ている。[5]

　これらの経済分析と研究報告から、2つのことが導き出される。まず、使用者は高い賃金を払うために必ずしも労働需要を抑制するわけではなく、その意味で労働の価格には弾力性がある。そして、人々が有償労働に従事し欠員を補充するよう動機づけられることで、供給側にも影響が及ぶ。したがって、法定賃金が最適条件で設定される限り、最低賃金法制は必ず裏目に出るという見解には根拠がないことになる。

労使多元主義

　全国最低賃金立法に対する第2の反対意見は、団体交渉の発展を阻害するというものである。すなわち、最低賃金を保証された労働者には、労働協約を通じて賃金レベルを改善しようとして労働組合に加入したり、争議行為の脅威を行使したりする動機がない。そこで、全国最低賃金立法は、職場規制のために団体交渉を促進するという労使多元主義戦略を、間接的に脅かすことになるというのである。まさにこの反対意見こそが、イギリスにおいて全国最低賃金法の制定が遅れた主たる原因である。

　イギリスでも、いわゆる「苦汗産業 (sweated trades)」については、低賃金問題に対処する制度が1909年から整備されていた。いわゆる賃金審議会

---

　5) Low Pay Commission, Second Report, *The National Minimum Wage: The Story So Far*, February 2000 (www.lowpay.gov.uk), ch.8.

(Wages Council) の創設である。賃金審議会は、特定の産業の労使代表と、妥協的賃金額を調停する独立の委員によって構成された。審議会の権限はもともと（関係大臣の承認のもとに）時間あたりの最低賃金と有給休暇の条件を定めることであったが、その権限は 1975 年に拡大され、産業レベルの全ての基本的労働条件をも定めうるようになった。最低賃金命令の履行は監督官によって強制され、監督官は命令を遵守しない使用者を訴追する義務を負っていた。1950 年には、60 を超える賃金審議会が存在し、数百万人の労働者の賃金を決定していた。最低賃金を設定する規制手法としての賃金審議会の主たる魅力は、労使多元主義という考え方に合致していたことである。賃金審議会は、ケータリング業や小売業のように、小規模使用者のもとに労働者が分散していることで組合の組織化が困難であるような産業分野における、団体交渉の代替、または、団体交渉開始のためのメカニズムとみなされていた。そして、賃金審議会は、賃金の集団的決定のための「十分なメカニズムがない」場合にかぎって、低賃金労働者のためにのみ設立することが可能であった。つまり、将来的には団体交渉が賃金審議会にとって代わることが想定されていたのである。このような想定は、使用者団体と労働組合間の産業・企業レベルの協約によってこそ包括的で望ましい労働市場条件の規制が達成されるという、労使多元主義の一般的戦略に適合するものであった。さらに、団体交渉やその代替としての賃金審議会は、職業や地域別の労働市場の特殊性に応じた異なる額を設定することによって、潜在的な失業の危険についても敏感でありえた。ところが 1960 年代には、労働組合は、賃金審議会が全産業分野で団体交渉を創造する源になるどころか、かえって団体交渉の発展を阻害しているのではないかとの疑念を抱くようになった。立法政策は変更され、全く実効的な団体交渉機構が存在しないような産業においてさえ、賃金審議会は廃止されることになった。こうして多くの賃金審議会が廃

---

6) Trade Boards Act 1909, Wages Councils Act 1945 ; Wages Councils Act 1979 ; P. Davies and M. Freedland, *Labour Law: Text and Materials*, 2nd edn (London: Weidenfeld & Nicolson, 1984), p.144.

7) Wages Councils Act 1979, s. 1(2).

8) Wages Councils Act 1979, ss. 5 and 6.

止され、1993年の最後の法令廃止の時点ではわずかに26を数えるだけであったにもかかわらず[9]、審議会の廃止はその後の実効的な団体交渉の発展にはつながらなかった[10]。

　賃金審議会の廃止は、いかなる最低賃金規制にも反対の立場をとる新古典派経済学を支持した政府の方針に基づくものではあったが、その歴史は労使多元主義戦略の運命とも絡みあうものであった。いったん団体交渉を始動させれば賃金審議会は不要になるであろうという期待は、多くの産業分野において、決して現実のものとはならなかった。小規模で広く分散し、使用者が一時的雇用や臨時雇用、パートタイムの労働者を雇用し、労働移動率が高いといった、二次的な労働市場における多くの産業分野では、組合の実効的な組織化は進まなかった。そして1980年以降、経済における組合の力や組織率が全体的に低下したことで、上記のような労働市場における団体交渉の見通しは、いっそう暗いものとなった。さらに80年代には、使用者および政府は、産業レベルの団体交渉こそが高失業率とインフレを生じる労働市場の硬直性の元凶であると指弾するようになり、団体交渉に対して敵対的になった。そればかりか、賃金審議会が、低賃金問題に対して実際に重要な影響を及ぼすような最低賃金額を宣言することもなかった。むしろ審議会はしばしば、その産業における多数の労働者が既に稼得している額よりも低いような、不必要に低い額を定めていると批判を浴びた。20世紀初頭に描かれた未来像、すなわち、制度的枠組を通じて団体交渉を促進することで、政府が低賃金問題を解決し、かつ市場秩序から発生した紛争に対して包括的な労使多元主義的解決を導くことができるという展望は、結局のところ幻想であった。組合組織化への構造的障害によって、団体交渉が労働市場規制の問題に対する万能の解決策となることはなかったのである。したがって、労使多元主義の考え方は、全国最低賃金立法のような、最も弱い労働者の利益を保護するための包括的な最低労働基準の必要性を受け容れることによって、修正

　9）　1948年農業賃金法（Agricultural Wages Act 1948）によって設立された審議会は維持されている。

　10）　C. Claig, J. Rubery, R. Tarling, and F. Wilkinson, *Labour Market Structure, Industrial Organisation and Low Pay* (Cambridge: Cambridge University Press, 1982).

されなければならないといえるだろう。

法令遵守（COMPLIANCE）

　全国最低賃金立法に対して繰り返し主張される第3の反対意見は、このような立法には実効性がないというものである。労働者は、たとえ最低基準を下回る賃金を支払われたとしても、解雇のような報復を恐れて、使用者に対して問題提起しようとはしないであろう。つまり、最低賃金ルールの実効性に対する大きな障害は、労使ともに法規制に従わないことだというのである。この法令遵守の問題は、法定最低基準の無視によって深刻化しているが、その問題は、産業別の最低額を定めていた賃金審議会システムのもとで強調されていたものである。この障害は、単一の全国賃金が周知徹底されることによって克服しうるが、被用者をとりまく基準の履行確保の困難さは残ってしまう。

　法令遵守の問題に対する伝統的な解決は、政府が監督官を設置し、監督官が自らのイニシアチブか労働者の通報に基づいて使用者の賃金記録を検査し、最低賃金を支払わない使用者を訴追するというものである。1998年全国最低賃金法および関連規則では[11]、使用者に対して、賃金記録を保持することと、全国最低賃金を遵守した賃金であるか否かがわかるよう、被用者に賃金明細を発行することが義務づけられている。さらに、同法違反に対しては、監督官が、法に従った未払賃金と将来賃金を支払うことを要求する「履行通告（enforcement notice）」を出すことができる。使用者は、誤った履行通告に対しては雇用審判所に異議を申し立てることができる。使用者が有効な履行通告を遵守しなかった場合には、監督官は、労働者のために未払賃金請求訴訟を起こすことができる。さらに、監督官は使用者に対して、履行通告を遵守しなかった全ての期間について、時間あたりの最低賃金額の2倍にあ

---

11)　National Minimum Wage Regulations 1999, SI 1999/584 ; B. Simpson, 'Implementing the National Minimum Wage-The 1999 Regulations (1999) 28 *Industrial* LJ 171.

たる経済的制裁を発動することができる。最低賃金の支払を拒否したり故意に無視したりする使用者は、刑事罰である科料の制裁の対象ともなる。もちろん、このメカニズムの実効性は、監督資源や、使用者の記録の正確性と完全性にかかっている。1980年には、約35％の使用者が賃金審議会の命令に従っていないと試算されていた[12]。この割合は、単一の全国最低賃金が周知徹底され、豊富な資源を有する内国歳入庁（現・歳入税関庁）税務官によって取り締まられている現在では、確実に数パーセントにまで下がっている。また、個々の被用者が未払賃金請求訴訟を起こすことも可能であり、制定法によって、解雇その他の不利益取扱いによる報復措置からの保護も設けられている。

複雑性

全国最低賃金立法に対する最後の反対意見は、賃金システムの全てを規制しようとすると、法的枠組が著しく複雑なものにならざるを得ないというものである。たとえば、出来高払いや歩合給、飲食店のチップなどによって報酬を得ている労働者に対して、どのように時間あたりの最低賃金を適用すればよいのだろうか？　報酬の中には、食事や住居、交通手段や品物など、金銭以外の特典も含まれる。したがって、規制をする際には、そのような特典が時間あたりの賃金に含まれるべきか否か、そうだとすればどの程度までなのかを決定しなければならない。実際、使用者は、複雑で監督困難な賃金体系を導入することで規制を潜脱し、低賃金労働者を不利な立場におこうとする可能性がある。全ての利得を法定最低基準と比較可能な時間給に換算することは、規制を複雑にするだけでなく、履行確保の障害ともなりうる。しかし、この問題は克服できないものではない。

イギリスの規制では、賃金システムの多様性に対応するための条項が設けられている。たとえば、出来高払いに関してみると、全支払期間を通じた実

---

12) Low Pay Unit/Equal Opportunities Commission, *Minimum Wages for Women* (London, 1980).

労働時間を確定し、時間当たりの賃金を計算するという方法がとられている。そして、法定最低額の潜脱を避けるために、最低賃金規制は「被用者」でなく「労働者」という、より広い範囲の者に適用され、派遣労働者やホームワーカーにも適用される。さらに、民事訴訟では、原告労働者が最低賃金を得る資格があることについて法律上の推定が導入され、これについては使用者側が反証しなければならない。なお、労働時間を計算する際には、被用者が寝ずに職場の近くで準備していなければならない「待機 (on-call)」時間も含まれる。ただし、建物の中で睡眠をとる警備員は、起床を求められる時間のみ働いているとみなされる。また、消防隊員や医師の、自宅に待機して自由に好きなことができ、緊急の連絡に対応できればよいような時間は、この規制の下では労働時間とはみなされない。なお、契約に別の定めがない限り、休憩時間は労働時間には算入されない。もっとも、この例外には議論の余地がある。この規定によって使用者は労働者により多くの休憩を与えるようになるかもしれないが、もし本当に労働者に満足いくワークライフバランスを達成させようとするのであれば、有給で休憩をとる権利が与えられるべきではないだろうか？

　このように、これまで見てきた最低賃金立法に対する4つの反対意見は、根拠のないものではないが、最終的な分析において、人々がよりよいワークライフバランスを達成するために規制介入することを差し控える十分な理由とまではいえない。他方で、最低賃金立法それ自体は、全ての者が有償労働から十分な賃金を得てまともな生活水準を達成し、家事責任を果たすことまでを保障するものではない。そこで、就労していない扶養家族を抱えながら低賃金労働によって生計を維持しなければならない世帯に対しては、国家の福祉システムによって付加的所得が供給される必要がある。近年のイギリスでは、そのような福祉の配分は、直接の社会保障給付から税額控除へと転換しつつあり、福祉が賃金を通じて供給されるようになっている。政府の見解によれば、この配分方法は安価で、1回の支払いの中に多様な利益を統合することが可能であり、かつ就労意欲がある人のみを対象とするものとなっている。この政策の目的は社会的包摂であって、福祉への依存を強めることではないのである。

2 平等賃金

　イギリスの 1998 年全国最低賃金法の恩恵を受ける者のうち、3 分の 2 は女性である。この偏った結果は、満足いくワークライフバランスの達成の問題が、特に女性にとっていかに深刻なものであるかをあらわしている。子どもの養育やその他の家事とのバランスをとるために、女性は多くは、労働時間の柔軟性を確保できる低賃金やパートタイムの仕事、あるいは臨時雇用の仕事に就かざるを得ないと感じている。そして、キャリアへの途、たとえば人的資本への投資によって経済的利益を得られるフルタイムの継続雇用などを望まないことで、よりよい仕事につくための技術や訓練に投資しようという意欲もそがれることになる。このような理由で女性は低賃金労働に押し込められ、そのことが供給過剰を招き、使用者の更なる賃金抑制を生じさせている。これらの要因によって、なぜ最低賃金立法の受益者が女性に偏っているのかを説明することができるだろう。同時に、女性の賃金が男性の賃金の 80％未満であるということ、そして女性の平均生涯賃金が男性よりも 250,000 ポンドも低いということも説明される。この大まかな統計では職業による違いが明らかにされていないが、どのような比較によっても、男性と女性の間には賃金格差が浮かびあがる。

　統計上の性別賃金格差は、上記の要素、すなわち女性が市場価値のある技術に投資せずに短時間の柔軟な仕事を望む傾向にあることで、全て説明がつくのだろうか。それとも、労働市場に差別が存在する結果、女性は同じ仕事をしても男性より低額の賃金を支払われているのであろうか。今日では露骨な賃金差別はまれではあるが、いくつかの統計では賃金システムに無意識の差別があることが指摘されている。[13] もし、ある仕事がほぼ女性によって占められているとすると、その仕事はたいてい「女性の仕事」とみなされ、価値が劣る仕事、または低い賃金がふさわしい仕事だと考えられるのである。賃金システムに無意識の差別が存在すれば、女性にとっての有償労働の魅力は

---

　13) A. McColgan, *Just Wages for Women* (Oxford: Clarendon Press, 1997), ch.6.

薄れ、望ましいワークライフバランスを達成することはさらに難しくなる。法的規制はこのような差別に対処するための一助とはなりうるが、潜在的な構造的差別を認識しコントロールすることは非常に困難である。

　賃金の平等原則は、ローマ条約141条（旧119条）に定められており、イギリスでは1975年から国内法が実施されている。この立法は、使用者に対し、同一労働または同一価値労働について女性に男性と同じ賃金を支払うことを要求するものであり、契約によって被用者に支払われる全ての利得に適用される。その適用を請求する者は、比較のために、同一使用者か関連使用者に雇用されていて、同じ仕事か同じ価値の妥当する仕事を行っていながら、自分より高い賃金を支払われている異性を見つけなければならない。しかし、仕事がほぼ同等であるという事実だけでは十分でなく、両者の資格、技術、経験が異なる場合は、審判所によって、その仕事が真に同一または同価値ではないと判断されることもありうる。

　請求者がしばしば直面する問題は、性別分業によって初めからそのような比較ができないことである。前述の選択の結果や、ときにはまぎれもなく性差別によって、女性は自分が女性ばかりの仕事に従事していることに気づく。この障害を乗り越えるために、請求者は、自己の仕事と、同一価値の別の仕事についている男性被用者の仕事とを、集団的に比較することができる。これに対する判断は、使用者の職務評価スキームか、そのようなスキームがない場合には、雇用審判所の依頼した専門家によって下される。この方法をとると、職務横断的な比較が可能となる。たとえば、Enderby v. Frenchay Health Authority事件では、女性の上級言語療法士と、男性が大部分を占める上級薬剤師および臨床心理士とが比較された。異なる賃金の仕事が同価値であって、しかも一方の性の人間ばかりが従事している事実が雇用審判所によって認められると、性差別について一応の証明があることになる。

　そうなると、使用者は、賃金格差が性差別の結果ではなく、客観的な重大

---

14)　Equal Pay Act 1971.
15)　*Hayward v. Cammell Laird Shipbuilders Ltd* [1998] 1 AC 894, HL.
16)　C-127/92 [1993] ECR 1-5535, ECJ.

な要因 (objective material factor) によって生じたものだということを証明しなければならない。その際、賃金額について意図的または直接的に差別を行っていないことを証明するだけでは、不十分である。使用者は通常、格差の客観的理由を証明するために、団体交渉形態や賃金スケールの違いといった制度的構造を理由とする。もっとも、性に無関係にみえるこれらの構造も、間接差別の効果を有していたり比例原則を満たしていなかったりすれば、平等賃金訴訟における客観的な重大な要因の抗弁とはならない。たとえば、Enderby v. Frenchay Health Authority 事件において、雇用審判所は、当該賃金格差は団体交渉構造と職業構造の違いに基づくものであって、その賃金スケールは本質的に直接または間接に差別を生じるものではないと認定した。しかし、欧州司法裁判所は、そのような事実認定は使用者に対して重大な要因の抗弁を認めるには不十分であると述べた。もしそれらの仕事が同価値で、言語療法士がほとんど女性で占められ、比較対象とされた職業がほとんど男性である場合、その団体交渉や職業構造は賃金に関する間接差別の形態を生み出すことになり、したがって使用者はさらに比例原則を満たす必要がある。すなわち、使用者は自己のニーズに合致する賃金構造の違いが、目的を達成するために適切で、かつ必要であることを証明しなければならない。使用者がその抗弁を認めさせる方法としては、当該賃金格差が、専門技術をもつ人材の供給に関する事情を反映したものであることを証明するのが最も一般的である。たとえば、Enderby 事件の使用者は、特定の職業については専門的技能をもつ者を採用し維持するために、より多くの賃金を支払う必要があると主張した。もっとも、使用者がこういった市場の圧力 (market force) の抗弁を主張した場合でも、専門家を採用し維持する必要性によって賃金格差の一部しか説明できないような場合には、完全な防御方法とはなり得ない。

　この Enderby 事件判決などによって、女性が性別分業に関する賃金格差を争うことができるようになった。しかし、それにも限界がある。使用者は制度的構造の違いのみを根拠として賃金格差を正当化することはできず、性別分業による間接的な差別が外見上存在する場合は、市場原理によって賃金格差の全てが説明できることを立証することになる。この主張の当否を判断

する際に当然問題とされなければならないのが、女性はより満足いくワークライフバランスを提供しているという理由で一定の職業を選択するため、必然的にそのような職業への「押し込め効果（crowding effect）」が生じているということである。したがって、市場原理は決して客観的な見えざる手としてではなく、ワークライフバランスをどう達成するかという、女性の苦渋の選択の産物だとみなされなければならないのである。Ratcliffe v. North Yorkshire County Council 事件[17]では、学校給食担当の労働者が、競争力強化のために賃金を引き下げられたことに対して平等賃金訴訟を提起した。この仕事はほぼ女性のみによっておこなわれており、その名も「ディナー・レディ」であった。彼女たちは自己の賃金と、使用者の賃金システムのもとで以前は同じ賃金であった、男性中心に行われている仕事とを比較した。雇用審判所は、当該賃金格差の主たる原因が、女性の仕事であるがゆえに低い賃金が妥当するという考え方にあると判断し、彼女たちは勝訴した。ところが、控訴院は、賃金切り下げはこの種の職業の労働市場賃金を反映するよう余儀なくされたともいえると判断した。その理由は、当該職種の賃金が低いのは、女性が自己の技術や家事責任に見合うことでこの仕事に魅力を感じ、殺到するという市場の圧力の要因のためである、というものであった。しかし、最上級審たる貴族院は、控訴院の判断を否定し、雇用審判所の結論を再び支持した。しかしながら、この勝訴によっても、有償労働のマイナスの影響—有償労働と他の責任とのバランスを調整する必要に迫られる結果、高収入の仕事やキャリアから排除されるという、女性が被りがちな影響—が、主要因の抗弁によって黙認され増幅されている事実には変わりない。さらに、訴訟は個別労働者によって提起されることが必要であるが、それは多くの被用者が仕事を継続している限り、すすんでとろうとする手段ではない。

　女性労働者に対して機会平等委員会（EOC）が助言を行い、時には（Enderby事件でのように）複雑な訴訟の援助を行っているとはいえ、個別被用者に訴訟を提起させるという規制手法が女性の賃金不平等の問題解決に大きな効果をもたらすかは、かなり疑問であろう。より実効性のあるアプローチ

---

17)　[1995] ICR 833, HL.

は、使用者に対して、無意識のステレオタイプに基づく潜在的な差別を認識させるために、賃金システムを慎重に再検討させることである。EOC では、使用者が内部の賃金見直しを行うための技術的なモデルを充実させてきている。これに加えて、使用者が見直しを厳格かつ誠実に行うインセンティブと、そうしなかった場合の制裁が必要である。平等賃金法制は、賃金システムにおける潜在的な差別に対処するために完全に実効的とまではいえないものの、女性にとって有償労働をより魅力あるものとし、有償労働とそれ以外の責任とのバランスについて、より満足いく選択を可能にするのである。

3 柔軟な労働時間

　ワークライフバランスを改善するための最後の立法ターゲットは、労働時間である。高収入の仕事は、概してフルタイムの仕事である。「長時間労働文化」で悪名高いイギリスでは、フルタイムの仕事は残業を含めて平均週 44 時間であり、フルタイム被用者の 8 人に 1 人は週に 48 時間以上働いている。このような長時間労働は、経済的な理由から時間外手当を必要としたり、昇進を望んだりする労働者によって受忍されている。通勤時間をも考慮すれば、フルタイムの仕事につくことで、他の責任を果たしたり余暇を楽しんだりすることができなくなるのは明らかである。

　他方で、イギリスにおける全仕事の 4 分の 1 は、フルタイムではない。そして、パートタイムの仕事は次第に増えつつある。それには繁忙期に労働力を強化できるという理由もあるが、同時に、そのような機会が有償労働と家事責任とのバランスを探っている人々——その多くは女性である——に対して訴求力をもつことで労働力不足に対処できる、という側面もある。しかし、パートタイム労働はワークライフバランス問題に対する万能薬ではない。多くのパートタイム労働者の賃金は賃金分布の底辺に位置し、通常は労働時間も短いために、これらの仕事によって生活賃金がもたらされることはまれである。

　最近になるまで、イギリス法は児童（そして以前は女性にも）に対するパターナリスティックな介入を除けば、労働時間を規制することはほとんどな

かった。トラック運転手のように公共の安全に関わる場合は例外として、使用者は、生産の効率性を理由に労働条件の内容を自由に設定することができた。労働時間規制の導入に反対の立場をとる意見は、最低賃金立法に対するものとほぼ同じであった。すなわち、労働時間規制は失業率や所得に負の効果を及ぼし、団体交渉の発展を阻害し、現実には労使の馴れ合いによって実効性も欠き、さらには著しい規制負担を強いることになるというものである。ところが、ECによって新たな法制度が導入されることになった[18]。この新たな規制では、多くの欧州諸国で実施されている方法、すなわち、被用者の健康や、失業対策としての仕事の創設のために、労働時間に上限を設けるという方法が採用されている。

　しかし、EC指令は張り子の虎にすぎない。ここでは最大労働時間が週48時間と定められているが、ILOの提唱する40時間に比べると長い[19]。また、運送業や医師、上級管理職といった、典型的な長時間労働者が対象外とされている。これに加えて、被用者が個別に上限を撤廃するオプト・アウトに合意することが当面のあいだ認められているが、これは使用者が雇用契約の中に一条項を挿入するだけで達成できてしまう。アメリカにおける同様の立法でも労働時間の上限は設定されておらず、使用者の時間外割増手当を支払う義務のみである[20]。このような規制方法からは、フルタイムの仕事が長時間労働となることを避けようという政治的意図を汲みとることはできない－フランスのような厳格なシステムがとられているところでは、労働者に所得の減少をもたらすような方法はとられていないのである。

　もっとも、ワークライフバランス問題に直結する課題は、長時間労働そのものというよりも、労働者が適切なバランスを確保できるようにすることである。現在の法制度では、使用者が生産ニーズに合った労働時間の仕事を創出することに対してほぼ無制限の柔軟性が与えられており、求職者が自分のニーズに合わないからといってその提示を拒否する余地はない。特に、高収

---

18)　Directive 93/104/EC; Working Time Regulations 1998, SI 1998/1833.
19)　ILO Convention 116.
20)　1938年公正労働基準法（Fair Labor Standards Act 1938, 29 USC）201条；ドイツでは、上限および付加的支払いの両方の手法が取り入れられている。

入の仕事がフルタイムであるかぎり、労働者は、低賃金か、劣悪なワークライフバランスのいずれかを選ばざるをえない。真に労働者に必要なのは、より短時間の労働ですむ良好な仕事へのアクセスと、個人的状況の変化によって労働時間を変更できる機会なのである。

　このようなニーズから、労働は商品ではないという考え方に、新たな局面が開かれることになる。多様性はあるにしろ、人間は誰しも一つのライフサイクルを辿ることになる——子どもから学生、労働者、親、退職者へと。したがって、有償労働は、絶えまなく変化する人生の展開に適合したものでなければならない。とすれば、パートタイム労働は決して行き詰まりの状態ではなく、スウェーデンのように、個人環境の変化に応じてフルタイムの仕事を再開する権利を留保した、生涯にわたる雇用の歴史の中の、部分的な離脱とみることが可能である。[21] もっとも、このニーズに完全に応えるには、労働時間のパターンを決定する権限が、使用者から労働者へと実質的に委譲されることが必要である。今までのところ、経営特権に対するこのような根本的な介入はなされていない。しかし法的規制は、その方向へと少しずつ進んでいる。

　その最初の一歩は、女性に対して、有給の出産休暇と、職場復帰する権利を付与したことである。[22] この立法によって、企業が妊娠をきっかけに雇用を打ち切るという慣行は終わりを告げた。続いてこの権利は、父親が短期の休暇を取得できるように拡大された。このような「家庭にやさしい（family-friendly）」対策はさらに拡充され、幼児の養育や家庭の緊急時に、両親ともに法的権利として短期間のタイムオフをとれるようになった。[23] このほかにも、仕事とそれ以外の個人的ニーズや責任とのバランスを確保するためのタイムオフの権利、たとえば、若年者が教育や訓練を受けるために有給のタイムオフを取得する権利などが認められている。[24] これらの対策は、特に仕事と

---

21) G. Bosch, P. Dakins, and F. Michon, *Times are Changing: Working Time in 14 Industrialised Countries* (Geneva: ILO, International Institute for Labour Stadies, 1994).

22) Directive 92/85/EC; Employment Rights Act 1996, Pt Ⅷ; Maternity and Parental Leave, Etc. Regulations 1999, SI 1999/3312.

23) Directive 96/34/EC, Employment Rights Act 1996, s. 57A.

家庭責任との調整に苦慮している両親たちにとって有益ではあるものの、使用者が労働時間を決定するという根源的な問題に対処するには至っていない。

また、性差別訴訟の場で、フルタイムの仕事を要求することは女性への間接差別にあたるという主張が認められることもある。女性は養育責任を負っているため、フルタイムの仕事を要求されることで、不均衡な不利益を受けているという議論である。ひとたびこの主張が認められると、使用者は比例原則を満たさなければならなくなる。裁判では、パートタイム労働とジョブシェアリングの導入に伴う付加的コスト、および予測される生産損失とを理由として、フルタイムの要求が妥当であると認められることもあった[25]。しかし、そのような抗弁は、労働者の労働時間変更要求に対して使用者が合理的措置をとりえたか否かに関する、より厳しい吟味にさらされるようになってきている[26]。

そして、使用者の一方的な労働時間決定に対抗する最後の法的手段が、欧州人権条約[27]の保障する、思想、良心、信仰の自由である。この権利は、比例性や他者の権利への配慮等、いくつかの基本的制約はあるものの、宗教的崇拝や宗教行事遂行の自由を内容としている。では、労働者は、この権利を根拠として、宗教行事遂行のために使用者が柔軟な労働時間を提供すべきだと訴えることが可能だろうか。このような主張は、モスクでの金曜午後の礼拝に参加するためタイムオフをとる権利を主張したイスラム教徒の学校教師が敗訴したことで[28]、ほとんど勝ち目がないように思える。とはいえ、人権条約上の権利は、使用者から押しつけられる労働時間の変更に対して労働者が抵抗しようとするときに、一定の保護を与えるものであることに変わりはな

---

24) Employment Rights Act 1996, s. 63A.
25) *Clymo v. Wandsworth London Borough Council* [1989] ICR 250, EAT.
26) London Underground Ltd v. Edwards (No.2) [1997] IRLR 157, EAT, [1998] IRLR 364, CA; 前述83頁参照。
27) 第9条、1998年人権法 (Human Rights Act 1998) によってイギリス法に編入されている。後述第10章参照。
28) Ahmad v. UK (1982) 4 EHHR 12, ECHR; 後述245頁参照。

い。被用者が信仰に基づいて拒否するにもかかわらず、使用者が変更を強要する場合には、不公正解雇訴訟を通じた間接的な保護が及ぶ。さらに、ECの採用している差別禁止原則は、現在は間接的な宗教差別をも含むものとなっているため、一見中立的であっても宗教的少数者に間接的に不利益な効果を及ぼすようなルールは、比例原則を満たしている必要がある。[29] イギリスでも文化的多様性の尊重が醸成されつつあることを考えれば、今日の裁判所は、かつてイスラム教徒の学校教師が提起したのと同一の問題に対して、宗教的少数派たる被用者の労働時間に合理的な便宜を図るよう使用者に求めるかもしれない。

　もっとも、全ての労働者が自己の労働時間を選択し、時宜に応じてこれを変更するという一般的な権利を与えられるようになるとは考えにくい。使用者は、そのような権利によって生じうる混乱や付加的コストに対して、強硬に異議を唱えるからである。これにかわって実現する見込みがあるのは、労働者が使用者に対して労働時間の変更を要求する権利を与えるとともに、使用者は正当な理由がなければこれを拒否できないようにする、という方法である。この考え方の萌芽は、パートタイム労働者の公正待遇に関するEC指令にみることができる。[30] 同指令の中心となる原則とは、パートタイム労働者は、その差が客観的な理由によって正当化されえない限り、比例配分を通じて、フルタイム被用者と同等に取り扱われなければならないというものである。[31] 他方で同指令は、可能な限り、使用者はフルタイムからパートタイムに変更したいという労働者の要求を考慮しなければならないと定めている。この「要求する権利」はイギリスの立法にも規定され、学齢未満児の両親について、労働時間変更の要求に対する使用者の報復的行為からの保護が与えられるとともに、使用者に対して、当該要求を拒否する場合には営業上または経済的な理由を示すべき義務が課された。[32] もっとも、被用者が雇用審判所

---

29) EC Directive 2000/78.

30) EC Directive 98/49.

31) The Part-time Workers (Prevention of less Favourable Treatment) Regulations 2000, SI 2000/1551.

32) Employment Rights Act 1996, s. 80F（2002年雇用法（Employment Act 2002）47

で争うことができる事由は、適切な手続が履行されなかったこと、または、使用者が拒否の理由の説明を怠ったことという2つの事由に限られる。審判所には営業上の決定それ自体を見直す権限はないが、使用者が変更の拒否について再検討するよう要求することができる。この制度は、現在は幼児や障害をもつ子どもの両親のみを対象としているが、真の営業上の必要がないかぎり使用者は労働時間の柔軟性に便宜を図らなければならないことを認識させ、全ての労働者が満足いくワークライフバランスを達成できるようなメカニズムの青写真となりうるであろう。

4　政府の役割

　ワークライフバランスに関する法的規制は、急速に変化しつつある労働の社会的分化や、従事しうる職種の変化、また、福祉を供給し社会的排除を防止するという国家の役割の再評価に照らして検討されなければならない[33]。男性が世帯の唯一の稼ぎ手であるというモデルは、ひとり親家庭や共稼ぎ世帯の増加にともなって、もはやイギリスの家庭の多数派を代表するものではなくなってきている。市民世界において女性がますます平等を獲得したことによって、女性は良い仕事を要求するようになり、男性は家庭内のより公正な分業を受け入れるようになっている。そして、多くの人々は、高収入の仕事と家事その他の責任との両立だけでなく、余暇にも時間を使いたいと望んでいる。また、仕事の多くが工場の生産現場からサービス産業に移行していることによって、企業の需要や労働時間の柔軟性も高まっている。通信の発達や自営業の増加によって、仕事の少なくとも一部を自宅でできる労働者が増加し、仕事と家庭の明確な場所的・時間的分離もある程度消滅している。このように、工場の出現によってラダイトの人生に立ちはだかった難題は、現在ではそれほど支配的なものではない。しかし、有償労働とそれ以外のニー

条によって修正された)。

33)　J. Conaghan, 'Women, Work, and Family: A British Revolution?', in J. Conaghan, R. M. Fischl, and K. Klare (eds), *Labour Law in an Era of Globalization* (Oxford: Oxford University Press, 2002), ch.3.

ズや責任との満足いくバランスを確保するという根本的な問題は、いまだに雇用法の永続的な課題である。

　さらに、雇用規制の検討に際しては、国家の適切な役割に関する見解が変化しつつあることをも考慮に入れなければならない。20世紀のシステムは、福祉国家が税制を通じて全国民に対して最低生活水準を保証するというものであった。このような要素も残ってはいるが、現在では、全ての者に対して十分な福祉を供給できるよう、労働市場をコントロールするという点に主眼が置かれている。福祉給付への依存は、社会的排除等の問題の解決策ではなく、むしろ問題の一部だと考えられるようになっている。しかし、労働市場のコントロールによって十分な解決を得ることは、政府にとって複雑な難題である。それを可能とするためには、前章で見たように、労働市場へのアクセスに関する強力な規制とともに、人々が必要とされる教育や技術を習得できるような、幅広い対策が必要となる。また、ワークライフバランス問題への対策も必要である。国家の援助として最も重要なのは、成人がいま以上に労働市場に参加するための、子どもや高齢者など家族の扶養に対する補助金対策であろう。デンマークなど北欧諸国では、安価で包括的な育児が可能なことで、全ての成人が完全に労働市場へ参加することが可能になっている。この高価な社会的アジェンダは、イギリスでも段階的に取り入れられつつある。問題は、そのような対策のコストを労働者、使用者そして納税者が、どのように負担すべきかである。

　本章では労働条件規制の詳細に焦点を当てたが、これはワークライフバランスの問題を解決する役割をも果たしうるものである。誰が規制のコストを負担するかという問題は、とるべき対策の違いにあらわれてくる。たとえば、無給の休暇のように労働者がこのコストを負担すべきか、または、有給休暇のように使用者が負担すべきか、それとも、出産手当のように国家が使用者の負担を肩代わりすべきなのか？　しかし、たとえどのように負担が分配されようと、法規制は必要である。なぜなら、使用者は、経営上の効率性という観点から、労働条件を決定する裁量を維持しようとするからである。もっとも、そのこと自体は、柔軟な労働やタイムオフ、育児、そして生活賃金を必ずしも否定するわけではない。使用者は優秀な労働者を採用し、維持

する必要があるからである。しかし、伝統的な労働条件は、特定の種類の労働の価値や仕事の組織のあり方、および、労働者に対する使用者の責任の限界に関して、無意識の前提をおいていることがある。そしてその前提の多くは、平等賃金訴訟などの場面で徹底的に検討されれば、客観的な営業上の理由によっては正当化しえないようなものである。したがって、労働者のワークライフバランスを改善し、かつ社会的排除の問題を解決する重要な方策となるような発展的な法的規制とは、使用者が私生活と有償労働とのバランスを確保するための労働者のニーズ——それは真の経営上の必要性と両立可能である——に配慮し、便宜を図る義務を伴うものでなければならないといえよう。

第3部 競争力

第5章　協　　力

　1972年の春に、英国国鉄の鉄道網は停止していた——いつもにも増して。鉄道労働者の組合は、使用者からの最後の賃金提案を拒絶し、「遵法闘争（work to rule）」を行うよう組合員に指令を出した。使用者たちによって支援された政府は、争議の投票がなされるまで指令を撤回するよう組合役員に命ずるインジャンクションを訴訟において求めた。極めて重要な法的問題は、指令に従うことが労働者の雇用契約違反となるか否かであった。難しい問題は、当該指令が、労働者に自己の雇用条件に厳格に従い、そして仕事の遂行のために経営者によって策定された規則に厳格に従うよう求めるものであるに過ぎない、ということであった。契約上の義務を厳格に履行することが、どのようにして契約違反となりうるのであろうか？　ずらりと並んだ最も優れた法律家達が控訴院で弁論を行った——その後に貴族院議員となる運命にあったバリスターには、本件が依拠された立法の起草者で後に外務大臣となるジェフリー・ハウ（Geoffrey Howe）、後に首席裁判官（Lord Chief Justice）および貴族院判事（Senior Law Lord）となるトム・ビンガム（Tom Bingham）、後に大法官となるアレクサンダー・アーヴィン（Alexander Irvin）、卓越したLSEの労働法学者であるウェダーバーン教授（Professor Wedderburn）が含まれていた。法的主張の緻密さにもひるまず、また先例の混乱を避けながら、デニング記録長官（Lord Denning MR）は、次のように判示した。人は契約が求める以上のものを使用者に対して積極的に行うよう義務づけられないし、同意を撤回できる（withdraw his goodwill）が、してはならないことは使用者の事業を故意に妨害することであり、それは「約因のまさに根幹に（very root of consideration）」に及ぶ契約違反となるからである、と。他の裁判官も、労働者達が雇用契約に違反しており、インジャンクションが発令されるべきである、ということに同意した。それ以後、雇用契約の法的解釈に

関する権威的表現となった文句において、バックレイ判事（Buckley LJ）は、「契約の要求の範囲内において誠実に使用者に仕える黙示条項」に被用者は違反した、と述べて法を要約した。[1]

　人は、機械ではないが、働くよう誘導されなければならない。契約は、法的に強行可能な賃金と労働の交換を生み出す。賃金は、契約上の義務を履行するよう強力に誘導する役目をするが、被用者を説得して、一生懸命に働き、生産性を最大化させ、常に使用者のために行動するようにするには十分ではない、ということがわかるであろう。生産手段の所有者は、場合によっては市場で機械製品を購入するよりも賃金労働者を雇用することによって製品を生産する方がより効率的であることを発見して以来、期待される効率性の増大は労働者が十分に協力する場合にのみ得られるという問題に直面しなければならなかった。初期の工場では、使用者は協力を確保するための主要な２つの手段（lever）を即座に発見した。それらは、賃金制度における刺激、そして仕事の遂行に関する詳細な指揮命令と監督であった。前者は様々な賃金の仕組みをもたらし、そしてそれらは出来高、出勤率、勤続期間、努力の評価（assessments of effort）といった変数を条件として賃金額を決めた。後者は、仕事の遂行に関して指揮命令を行い監督する経営の官僚制的ヒエラルヒーへの労働者の従属をもたらした。経営の歴史は、労働者から労働力を最も効率よく抽出することを確保するであろうこれら２つの手段の新しい組み合わせの絶え間ない追求であった、ということができる。経営者にとって利用できる無限の組み合わせがあり得るが、技能労働者を利用する巨大な事業における２つの競合する雇用関係の形態が現代の事業において存在していることは、述べておくに値する。

　職場管理の硬直したシステムは、よくフォーディズムと述べられる。というのも、それは、自動車や消費者銀行サービス（consumer banking services）のような廉価で標準化された商品やサービスの大量生産の発展と関連してい

---

[1]　Secretary of State for Employment v. Associated Society of Locomotive Engineers and Firemen and Others (No.2) [1972] ICR19. 本件訴訟手続において依拠されていた1971年労使関係法（The Industrial Relations Act 1971）は、1974年に廃止された。

るからである。契約による交換は、賃金と所定の職務のまとまりを遂行する労働時間とから成っており、成果（performance）や生産性の測定とは異なる。低い生産性のリスクは、巧妙に作られた職階制による監督の仕組みと仕事のペースを強制するベルトコンベアの利用によって阻止される。契約は、期間の定めのないフルタイムの仕事を規定するが、予告によってあるいは懲戒の手段として、終了させられ得る。仕事の細部は、「就業規則（works rules）」あるいは「従業員手引き（staff handbook）」と表現されるルールの規程集を通して、規律されている。そしてそれによって、使用者は、各職務の内容と被用者の責任に関する詳細な命令を継続的に発し、これらの命令に従わない場合の懲戒処分を明確にしている。訓練および技能の獲得は、多くの場合職務の遂行中に行われ、それゆえ、命ぜられた特定の仕事に特有のものとなろう。使用者と被用者の双方は、雇用関係の成功に相当な投資をしてきたように思われる。使用者は、工場や機械に、そして労働者の訓練に多く投資してきたであろう。被用者も、その会社に特有の技能に投資してきた。というのも、先任権や昇任に基礎づけられた賃金という見返りがあるだろうからである。

　これとは正反対のより柔軟なモデルは、通称はないが、よく日系企業と結びつけて考えられる。賃金支払いの仕組みは、個別化された業績連動給、歩合（commission）、あるいは利益連動給（profit-related pay）といった手法によって、厳しい仕事へのインセンティブを強める。契約の形式上の期間は多くの場合、有期、一時的、あるいはパートタイムへとシフトしているが、これは、不可欠のあるいは「核となる被用者」には事実上の終身雇用を保障する政策によって、修正されている。職場のヒエラルヒーは、協力的なグループでの仕事あるいは個人の自律をより強調して、多くの例においてフラットにされてきた。職務内容（job packages）は、これまでよりも限定されたものではなく、その数においてはより少なくなっている。それゆえ被用者は、自己の労働力を最も生産的に用いることに集中することで、より柔軟に働くことが期待されている。「人的資源管理（human resources management）」の経営戦略の下、職場での訓練や技能により大きな力点が置かれ、企業外での訓練や教育を通じたより包括的な技能の獲得も強調され、賃金の仕組みでこれに

報いるものとされている。例えばイギリスの日産の工場では、あらゆる課業 (tasks) は、生産スタッフや保守スタッフのような15の職務分類 (job descriptions) に圧縮され、それらのカテゴリーの中ではそれ以上のいかなる職務分類もない。各カテゴリー内の賃金は、ノウハウ、修得した課業の数、柔軟性、作業グループ内の同僚への協力を評価して決められ、したがって報酬は、職務分類ではなく業績評価をたどるものである[2]。

雇用に適用される契約上および制度上の仕組みに対するこのもうひとつの柔軟なモデルの明確な特徴、普及、そしてその存在についてさえ、依然として議論のあるところである。この経営戦略の背後にある圧力は、価格に関連してだけではなく、決定的には質とイノベーションに関して製品間の競争が強まったことから、生じているように思われる。消費市場は、より差別化されつつあるように思われる。それゆえ会社は、急速に技術的イノベーションを開発することができ、品質について信用のある約束を提供し、そして特別な隙間市場に参入できる能力を有している必要がある[3]。硬直したモデルは、イノベーションを窒息させ、包括的な技能の獲得を妨げると思われている。というのも、それは、長期的には知識基盤経済というこれらの新しい経済条件の中で競争する会社の能力を弱めるからである。より柔軟なモデルは、仕事の仕方に対するより大きな自律性と責任を仕事グループに与えることによって、質と効率性の継続的な改善に関して従業員内での関わり合いを展開させようとする。この「人的資源管理」という政策は、もちろん懐疑的に見られてきた。というのも、従業員の能力を向上させるという言葉は、仕事への努力を強める要求が大きくなる現実を覆い隠すことができるからである。労働者にとっての機能的柔軟性 (functional flexibility) は、他の全員の職務を身につけること、欠勤者があるときにカバーすること、必要なときにはどこでも手伝いをすること、生産と効率性に責任を負うこと、そして一時たりとも中断させないこと (never getting a moment's break) を意味する。しかし、

---

2) P. Wickens, The Road to Nissan (Basingstoke: MacMillan, 1987).

3) M.J. Piore and C.F. Sabel, The Second Industrial Divide (New York: Basic Books, 1984).

たとえ柔軟な生産が労働者により重たい要求をするものであるにせよ、それは仕事の意味を変えることができるのであって、その結果、仕事はもはや賃金を得るための単なる手段と見られなくなり、労働者は商品のように扱われていると感じることが少なくなる。[4]

　これらすべての柔軟な種類の契約上および制度上の取り決めは、産業革命以後存在し続けてきた。どの企業においてもこれらの戦略の様々な要素を組み合わせることができるので、硬直的な管理のパターンは被用者の中核的なグループに適用されうるし、柔軟なパターンは不熟練の一時的労働者、需要の変動に対応するために雇い入れられるパートタイムの労働者、あるいは特定の調査や開発の仕事のために招き入れられる熟練コンサルタントのような周辺グループ（peripheral groups）に適用される。雇用関係の規制目的にとって学ばれるべき重要な教訓は、将来において雇用関係のどのパターンもただ一つの支配的なものとなるようなことはないであろうから、いかなる規制も広範な雇用関係に適応できるものでなければならない、ということである。

　労務管理のより効率的な仕組みを求める使用者の執拗な追求は、ほとんど法による制約なしに行われてきた。契約の法的枠組みは、使用者は自己の欲する雇用条件を提供することを認められ、労働者はこれらの条件を承諾あるいは拒絶する自由を理論的には等しく有するとの推定を生み出した。しかし、ひとたび契約がなされたならば、その条件は当事者の法的権利および義務の範囲を決定する。コモン・ロー裁判官が行おうとした最大のことは、雇用契約の中に黙示条項を挿入することであった。そしてそれは、「約因のまさに根底」、すなわち、協力の要求あるいは誠実な履行ということを明確にする。タッカー卿（Lord Tucker）は、古めかしい言い方ではあるが、マスターとサーヴァンという適切な用語法で、これら被用者の黙示の義務の主要な要素について以下のように要約した。

---

　4) D. Gallie, M. White, Y. Cheng, and M. Tomlinson, Restructuring the Employment Relationship (Oxford: Oxford University Press, 1998)；P. Rosenthal, S. Hill, and R. Peccei, 'Checking Out Service: Evaluating Excellence, HRM and TQM in Retailing' (1997) 11 Work, Employment & Society 481.

(1) 慣行あるいは明示の合意がない場合の合理的な予告をなす義務、(2) マスターの適法な命令に従う義務、(3) マスターへの労務の提供において正直かつ勤勉である義務、(4) 任されているマスターの財産について合理的な注意をする義務および自己の義務の履行において広く注意する義務、(5) 内緒で受け取った手数料（commission）や報酬をマスターに報告する義務、(6) 自己の労務の提供に付随する事項に関するマスターの信頼を濫用しないこと。[5]

　使用者による明示の契約条項の選択とコモン・ローによる誠実な履行に関する使用者の黙示の期待を強固にしようとする条項の黙示の編入との組み合わせは、生産効率を最大化するという使用者の目的にはっきりと寄与する法的枠組みを提供する。雇用法の主たる目的は、労務供給契約の効率を支え、それによって事業の競争力を強化することであるということを前提とすれば、それ以上の法的介入が必要とされるのか否かという問題が生じる。それゆえ、雇用関係の条件に対する強行的規制は、労働力の効率的な獲得と利用のための契約締結過程への干渉であって、それにより競争力が阻害されることになるかもしれない。本章で探求されるべきものは、いくつかの法的規制は実際上、競争力に寄与しうるものであるか否かという問題である。

1　相互の信頼

　雇用関係の法的規制がどのように生産効率に寄与しうるのかということを理解するためには、われわれは、協力的な労働の仕組みを成し遂げるために何が必要なのかについてより綿密に検討する必要がある。契約は雇用関係の枠組みを規定するが、細かな仕事は日々決定されなければならない。経営者と被用者のいずれも、契約に基づき相当な裁量権限を有する。典型的には、使用者は、従業員に対し指揮命令し、手続および職場組織を運営するための規則を定立する権限を有する。これらの規則や手続は経営者がさらに指揮命令を発しなければならない空隙を残す。しかし、この複雑な統治構造の中に

5）　Lister v. Romford Ice and Cold Storage Co Ltd [1957] AC 555, HL, at 594.

おいてさえ、どのように仕事がなされるべきかについての裁量権限を被用者が実質的に有する空隙が残っている。フォーディズムのベルトコンベアの工場の仕組みは、この被用者の裁量権限を最小限にしたのであるが、本章の冒頭に掲げた例にある鉄道の運転士やとりわけより柔軟な生産システムに従事している者を含むほとんどの労働者は、仕事のペース、働き方、他の労働者との協力の形に関してなにがしかの自律性を有している。誠実な履行という黙示条項の要点は、法律上この被用者の裁量権限は使用者の最大の利益のために行使されるべきことを強調するところにある。しかし実際には、職場における良好な協力は、労働者の献身を増進する微妙な過程によって決まる。そしてそれは、互譲、話し合い、そして便宜を必要とする。経営者と被用者のいずれも、協力と生産性を最大化するために、公正と理解されるような仕方で自己の裁量権限を行使しなければならない。長期的に協力がうまく行くためには、両当事者が相手方に対して公正に自己の裁量権限を行使し続けるであろう、という信頼が存しなければならない。

　雇用関係は信頼によって決まるという考えは、長らく雇用契約の法的解釈のコーナーストーンであり続けてきた。ひとたび信頼が破壊されたならば、裁判所は、当事者の意思がどうであれ、雇用契約は終了したと認める。上記の問題について、タッカー卿は、誠実であり使用者の信頼を濫用しない黙示の法的義務を被用者は負っていると説明している。イギリスの裁判所において近年強調されてきたことは、その義務は相互のものであるということである。その黙示条項は、使用者は「合理的かつ適切な理由なしには、使用者と被用者との間の信頼関係を破壊しまたはひどく損なうよう見込みのある仕方で行為しない」ということをも要求する。この黙示条項は、使用者による裁量権限の不公正な行使を禁ずることによって、協力を支えるための規制手段として機能する。

　黙示条項は、どちらの当事者も信頼を裏切らないことを確実にするためにはあまり効果的な手段ではない。明示条項は黙示条項の要求することに優位

---

6) Lord Steyn, Mahmound v. Bank of Credit and Commerce International S.A. [1998] AC 20, HL.

しうるので、黙示条項は契約に基づく裁量権限の行使を制約するだけである。さらには、被用者は仕事を続けるのが無駄だと感じるようになるまでは、その規制を援用しそうにない。そしてそのときには、被用者は離職し、契約違反あるいは「みなし解雇 (constructive dismissal)」に対する補償金 (compensation) を請求する。それにもかかわらず、その黙示条項は、裁量権限の濫用により引き起こされる損害を被用者に対して補償することによって、この効率的な雇用関係に必要な要素を承認し、それを支えようとする。例えば、French v. Barclays Bank Plc 事件[7]において、当該銀行の被用者は、配置替えを命じられた際に現在の家を売る前に新しい家を購入することができるよう、裁量的ではあるが気前のよい低利のローン制度を利用していた。しかし、使用者はしばらくして、不振の住宅市場における損失を理由に、その制度を変更した。それゆえ被用者は、2つの住宅ローンを支払わなければならないという厳しい財政的な困難に突然直面した。使用者は契約に基づきその制度を変更する法的権利を有していたのであるが、控訴院は、相互の信頼に関する黙示条項の違反を認定した。使用者が長年適用されてきた制度を突然変更し、それによって被用者に財政的な困難をもたらしたことは、信頼を破壊する見込みのある行為であったのである。

　もうひとつの例は、その黙示条項が日々の経営者の行動をどのようにコントロールするのかを例示している。Lewis v. Motorworld Garages Ltd 事件[8]においては、被用者はサービス・マネジャーとして駐車場で働いていた。経営の再構築の後に、当該被用者は、付加給付 (fringe benefits) の減少と以前と比べ不利な給与構造を伴う事実上の降格をされた。この降格はおそらく契約違反であったけれども、当該被用者は会社に残った。しかし、その後の数か月間、会社の取締役は、あら探しと思われるような方法で当該被用者の仕事に関して文句を言い始めた。当該被用者の説明と異議にもかかわらず、そのあら探しは一層ひどくなり、ついには仕事が改善されなければ雇用を終了させるとの最終警告に至った。当該被用者は、いよいよ離職してみなし解雇に

---

7) [1998] IRLR 652, CA.
8) [1986] ICR 157, CA.

対する補償金の請求をするしか選択の余地はないと考えた。主要な法的問題は、使用者が信頼に関する黙示条項に違反したか否かであった。控訴院は、使用者による一連の行為は、その一部はおそらくまったく些細なものであっても、累積して見ればその黙示条項の違反となりうることを認め、その条項が実際に違反されたか否かを判断させるべく、審判所に差し戻した。しかし、意地悪、あら探し、不公平といった些細な行為は、契約違反となるに十分ではないことを正しく認識するのは重要である。被用者は、有無を言わせない命令、あら探し、うっとうしい監視（intrusive surveillance）のような職階制上の関係の中でのふつうの出来事には耐えることが求められる。あるマネジャーが被用者に対して、「おまえはまったく仕事ができない（You can't do the bloody job anyway)」と言ったならば、審判所の見解では、その種の辛辣な非難は普通その条項の違反とはならないであろう。[9]

2　適応性

　多くの場合に協力に関してきわめて重要な問題は、被用者が新しい労働条件と方法を受け入れるか否かに関するものである。既述のように、ほとんどの雇用契約は、契約の範囲内における経営者の指揮命令に従う義務と結びつけられた被用者の義務の履行が極めて漠然とした形で述べられているという意味において、意図的に不完全なものにされている。この枠組みの中で、使用者は、仕事の方法を変更し、新しい技術を用いて働き課業を変更するよう労働者に対し命じることができる。契約は、職務内容を記述する限りにおいて、使用者が命じ得ることに一定の制約を課す。しかし、多くの場合使用者は、使用者が指示するいかなる職務も遂行するよう被用者に命じうるとの趣旨の明示の柔軟条項を挿入することによって、適応に関して自らに対して自由裁量を与える。さらにより著しいものでは、使用者はよく、賃金のような基本的な雇用条件でさえ使用者に一方的な変更を認める包括的条項（sweeping clauses）を挿入する。例えば、「会社はあなたの雇用条件に対して合理的

---

9) Courtaulds Northern Textiles Ltd v. Andrew [1979] IRLR 84, EAT.

な変更を行うことができる。そのような変更は書面で確認される。」といったものである[10]。そのような柔軟条項のために、雇用契約の明示条項でさえ、使用者による機会主義的な要求に対する法的な保護を被用者に与えないのである。快く適応しようとすることは協力的かつ生産的な仕事関係における不可欠の要素であるが、前述の分析は、この裁量権限が使用者によって不公正に行使される虞が協力を破壊するであろうということを示している。使用者は、柔軟条項の機会主義的な利用が引き起こしうる被用者との関係への潜在的な損失を評価する。そしてそのことは、被用者に一定の安心を与える。加えて法的規制は、裁量権限の濫用から保護しうる。そしてそれは、相互の信頼を強化し、柔軟性と適応を通じて協力を促進し得るのである。

　イギリスの裁判所は、そのような保護手段を提供するために、黙示条項および他の一般法原則を用いてきた。裁判所は、解釈の一般原則として、契約に基づく義務を変更する明示条項による権限を使用者に対しては狭く解釈するであろう。裁判所は、使用者がそうした権限を行使する際に、被用者が必要とされている適応を行うための合理的な機会を有することができるよう、使用者に変更に関する合理的な予告を行うことを求める。例えば、使用者が被用者に契約中の異動条項（relocation clause）に基づき別の職場へ異動するよう命じる場合、この権限は、被用者が新しい住居と家族の移動の準備を整えることができるための十分な予告をされるような仕方で行使されなければならない[11]。しかし、裁量権限の行使へのこれらの法的制約のどれも、その権限が公正にあるいは合理的に行使されるべきであることを要求するものではない。

　そのような基準に最も近いものは、賃金体系（payment mechanism）における裁量権限に関連して展開してきた。多くの契約は、裁量的なボーナスや付加給付を規定している。使用者は、付加的な報酬を与えるか否か、そしてどれくらいの付加的報酬を与えるかを決定する裁量権限を留保しながら、協力

---

10) W.Brown, right et al., The Individualisation of Employment Contracts in Britain (London: Department of Trade and Industry, Employment Research Series No.4, 1998), pp.45-6.

11) United Bank v. Akhtar [1989] IRLR 507, EAT.

を促進するためにこの刺激的賃金体系を用いる。裁判所は、契約解釈全体の問題として、ボーナスを与えることに関する裁量は、被用者の仕事の成果のような契約において言及されている基準に照らして制限されていると結論づけうる。しかし、たとえ契約が関連する基準について何も定めていないと思われても、裁判所は、そのような権限が合理的にないしは誤ったものとならないように (not perversely) 行使されるべきことを要求してきた。当該情況においていかなる合理的な使用者も達しなかっただろう決定をなすようにそのような裁量権を行使することは、不法である。例えばこの原則は、制度の目的が長期勤続の被用者の勤勉と誠実に報いることであり、マネジャーである当該被用者は十分にその条件を満たしていたのに、解雇時に当該マネジャーに自社株購入権 (share option) を与えないとの使用者の決定に対して適用された。[12] この不合理性の原則は、行政法から引き出されたものだが、労働条件の実質的な変更をなす命令を含む雇用契約に基づく使用者のいかなる裁量権限の行使にも適用されうるだろう。

3 形 式 性

雇用関係当事者の相互の約束を一層明瞭にすること通じても、信頼は構築されうる。当事者の権利および義務の詳細を明らかにする書面は、使用者が裁量権限をどのように行使するつもりなのかを明らかにする手引きと相まって、誤解を避け、信頼を助長するように思われる。しかし雇用法は、有効な雇用契約は書面によらなければならないことを強要するものではない。そのようなルールは、臨時労働者 (casual workers) が書面を有しなければ (未払い) 賃金の支払いを請求する訴えを起こすことさえできないことを知るならば、臨時労働者にとっては落とし穴であることがわかるだろう。ヨーロッパではこれとは異なり、使用者は、契約あるいは雇用関係の必須の面について明細書 (written statement) を付与する義務を負っている。[13] 実際、使用者は多

---

12) Mallone v. BPB Industries plc [2002] EWCA Civ 126 [2002] IRLR 452, CA.
13) Directive 91/533/EC; Employment Rights Act 1996, s.1.

くの場合、明細書を差し出してこの要求を満たし、それを正式の雇用契約として署名することを被用者に求める。

　形式を求めることはよりよい協力に資するものであるが、雇用関係を取り巻く複雑なルールの体系がこの目標を達成困難なものにする。例えば、報酬は明らかに雇用関係の必須の面であるが、賃金が詳細な刺激的な仕組みと職域年金のような後払いの給付を含んでいるような場合、あるいは賃金が労働協約のような他の仕組みによって時あるごとに定められるような場合には、その仕組みを形式化し、取り決めの詳細のすべてを被用者に知らせることは、簡単なことではないし費用もかさむ。この問題は、報酬の仕組みの要素が頻繁に変更される対象である場合には、さらに難しいものとなる。イギリスの立法は、当該書面が被用者に合理的に接近しやすくされていることを条件に、傷病手当協定（sick pay arrangement）、年金制度、懲戒手続、および労働協約のような他の書面を参照することによって、使用者が明細書の義務を果たすことができるものと認めている。使用者は、契約の必須の面における変更を書面により通知することも義務づけられている。これらの義務の違反に対する制定法上の救済方法は、雇用審判所が正しい明細書を発する権限と少額の補償金を裁定する権限とを含んでいる。[14] コモン・ローは、使用者が被用者に可能性のある給付について通知しなかったことから被用者が経済的な損失を被っており、そしてその状況において使用者の助力なしには被用者が合理的にその可能性のある給付に気づくことができない場合には、契約に基づく給付に関する開示を要求する黙示条項の違反に対する補償金という付加的な救済を提供しうる。[15]

4　苦　　情

　雇用関係において形式を求めることで考えられる利益のひとつは、各々の権利に関する使用者と被用者の間の紛争を減らせることである。実際、既に

---

14)　Employment Act 2002, s. 38.
15)　Scally v. Southern Health and Social Services Board ［1992］1 AC 294, HL.

言及したように、雇用関係は長期間存続することを期待され、故意に不完全なものとされているために、雇用関係がどのように展開されるべきであり、裁量権限がどのように行使されるべきであるのかについて、意見の相違が生ずることは避けられない。これらの意見の相違は、未解決のままにされ悪化するままにされるならば、協力的な関係が依拠している必要な信頼をもちろん破壊しうる。それゆえ、より期間の長い雇用契約にとっては、被用者が使用者の一定の決定や実行に異議を申し立てようとする場合、この問題が全体として経済的関係の破壊なしに解決されうるように、何らかの種類の苦情の仕組みを含んでいることが不可欠である。実際、被用者の合理的な苦情にさえ使用者が耳を貸さないことは、信頼に関する黙示条項の違反となろう。

　それゆえ、ほとんどの使用者は、被用者がそれを通じて問題を訴えてなにがしかの満足を得ることができるような仕組みを作っている。使用者が労働組合を承認している場合には、労働協約がその適用および個々の被用者の苦情の扱い方に関する紛争を解決するための手続を規定するように思われる。驚くべきことに、最近までイギリスにおいては、使用者が被用者に正式の苦情手続を提供すべきとする法定の義務はなかった。しかし、この空隙は実質的には埋められていた。というのも、裁判所は、適正にかつ時期を得た仕方で苦情を扱わない使用者は契約の黙示条項に違反していると認定しうるからである[16]。現在では立法が、あらゆる雇用契約に規定される最低限の苦情手続を課している。その手続は、被用者に書面で苦情を説明することを義務づけ、その後使用者は、当該苦情について話し合うために被用者と会わなければならず、決定に対する上訴の権利を被用者に与えなければならない、というものである。使用者がそのような苦情手続を規定していない場合、あるいは手続きに従っていない場合、被用者がこの法的義務の違反に対する補償金を請求する独立した権利を有しているか否かについては明確ではない。しかし、不公正解雇に対する請求のような被用者によって提起された他の訴訟手続において、審判所は、使用者が苦情手続に従わなかった場合、被用者への補償金の額を増額することになる。しかしながら同様に、被用者がその手続

---

16)　W.A. Goold (Pearmark) Ltd v. McConnell [1995] IRLR 516, EAT.

を利用しなかった場合にも、補償金は減額されることになる。[17]

　これらの新しい法定の手続は最初は予期せぬ難しい問題を引き起こすのは間違いないであろうが、職場における（訴訟によらない）インフォーマルな紛争解決手続を促進するという一般的な目的は明らかに、相互の信頼を確立しそれを維持することを助長する重要な要素である。法的請求に訴える前に当事者が内部の紛争解決の仕組みを利用し尽くすように動機づけるという規制の基底にある戦略は、正しいように思われる。もっとも、その戦略は、この手続的規制の手法を通じて通常達せられる応答性（reflexivity）と高いレベルの遵守という利点を得る目的でそのような苦情手続に関する集団的な自律的規制を促進することによって、改善されうるだろう。

5　人 的 資 源

　被用者が仕事から受ける利益の重要な側面は、技能、技術的知識、管理経験（management experience）、付き合い、そして事業に関する知識を得る機会である。これらの利益あるいは「人的資本」は、労働者が労働市場においてより高い賃金を要求すること、労働者のエンプロイアビリティを高めることを可能にし、労働者が小規模の事業を開業するための踏み台を提供することができる。使用者も、従業員の人的資本に投資することから利益を得る立場にある。というのも、従業員の技能の改善は、生産効率、柔軟性、そしてイノベーションに寄与しうるからである。知識に基盤を置く経済部門では、仕事の価値は、もっぱら被用者の技能、経験、そして知識によって決まるので、人的資本への投資から使用者にもたらされるこれらの利益は増大されることになる。この知識の一部は「経験による学習（learning by doing）」という過程を通じて獲得されるが、使用者も、職場での訓練の費用を負担するし、職場外でのよりフォーマルな教育費用を分担することもあろう。人的資本への投資のこの雇用関係にとっての重要性と競争力にとっての潜在的な利益にもかかわらず、雇用契約はその関連する問題にほとんど留意していない

---

17)　Employment Act 2002, ss. 29–33.

し、関連する法規制はその目標について明確ではないように思われる。見落とされているように思われるのは、使用者と被用者がその人的資本を改善し生産とその過程におけるイノベーションを促進するよう刺激する明確な枠組みである。

訓　練

　使用者は、自己の従業員の人的資本に投資すべき義務を負うべきであろうか。そのような義務は、訓練を提供し、技能を改善するための職場での機会を提供し、職場外でのフォーマルな教育を受けることができるように労働時間に関する柔軟性の権利を被用者に認める義務を含むものであるかもしれない。多くの使用者は、人的資源へのこれらの投資が長期的には生産性を改善し職員を確保することに寄与することで事業のためになるであろうと合理的に計算して、そのような便益（benefit）を提供する。必要な技能がOJTによって獲得されうるものである場合、大企業における標準的な行動様式は、労働者が当該事業に残ることを前提に、技能の改善が内部昇進を通したよりよい賃金と高められた雇用保障（job security）につながる見込みがあるというインセンティブをつけて訓練を提供することである。このモデルは多くの状況において適用されうるのであるが、経済的な力（economic forces）が人的資源への投資に対するこのインセンティブのシステムを堀崩す傾向がある。使用者によって提供される仕事に関連した定期的な訓練を受けている者は、イギリスの労働人口のおよそ15％にすぎない。[18] 使用者の間には「フリーライダー」の問題がある。というのも、使用者にとっては、訓練のコストを負担するよりは必要な技能を持った被用者を雇い入れることの方が、より安くつくからである。フリーライダーの存在は、ひとたび訓練をすれば労働者が他の使用者のところへ行ってしまうかもしれないので、使用者が人的資本に投資するインセンティブを掘り崩すおそれとなる。さらにいえば、急速に変化する経済環境において、被用者が特定の技能を身につけることと引き替えに使

---

[18]　Labour Force Survey, (1997) 105 Labour Market Trends October No.10, 54.

用者が雇用保障の暗黙の約束をし続けることは最早できないかもしれないので、労働者は、使用者によって提供される職務に特有の訓練を望まなくなって、むしろ労働市場の全体におけるエンプロイアビリティを強化するだろう一般的に通用する技能の改善を求めるかもしれない。「フリーライダー」問題および使用者が雇用保障と内部昇進の暗黙の約束を実現できなくなっていることのために、OJT という伝統的な形式における人的資源に対する投資へのインセンティブが掘り崩される傾向がある。これらの経済的な力が、人的資本の改善を妨げることになる危険性を生ぜしめる。その結果、生産効率の喪失と失業水準の上昇が生ずる。法的規制は、人的資本への投資を妨げる経済的な力に打ち勝つことに資することができるのだろうか？

　そのような介入は通例、国家の教育制度を通した、あるいは徒弟制度 (apprenticeship schemes) に助成金を支給して使用者の職場での訓練費用の一部を軽減することによる、教育や訓練への助成金から成り立っている[19]。われわれの問題はそれに加えて、被用者が政府の「生涯学習 (life-long learning)」戦略の一部としての訓練や教育の機会への法的権利を有すべきか否か、というものである。イギリスにおいては今までのところ、若年労働者にその力点が置かれてきた。というのも、彼らは、仕事の経験がないことや実際的な価値を持つ技能を有しないことの故に、労働市場から排除されているからである。政府は若年労働者を一定期間雇用する使用者に助成金を支給し、それによって若年労働者は仕事の経験をし、なにがしかの技能を習得することができる。加えて若年労働者は、公式の教育上の資格を続けて行くためにタイムオフの権利 (right to time off work) を有している[20]。これら法定の権利は訓練や教育の機会を続けて行くためのタイムオフの権利をあらゆる労働者に与えるよう拡大されうるであろうし、その費用は使用者または納税者によって助成されうるであろう。

　雇用契約は、訓練や教育機会について規定することができる。しかし、契

---

19) C. Crouch, 'Skills-based Full Employment: the Latest Philosopher's Stone' (1997) 35 British Journal of Industrial Relations 367-91.
20) Employment Rights Acts 1996, ss.63A and 63B.

約上の権利は、実際には履行強制をすることが難しい。というのも、使用者の訓練を提供する義務はその内容と時期について曖昧であろうし、被用者は使用者に対して請求しようとはしないだろうからである。典型的な契約条項は、「事業における最も重要な資産は被用者であり、使用者は被用者が技能させるあらゆる機会を有することを保障するようスタッフに進んで投資する」といった文言を含んでいるであろう。この文言は、使用者がスッタフの訓練と開発に対し相当な資源を充てるということを示してはいるが、人的資源の改善のための機会を提供しなかったことによる契約違反の請求をなすために、被用者がこの漠然とした約束に依拠することは難しいだろう。コモン・ローは、訓練を提供する一般的な黙示条項を認めてはいない。もっとも、国税当局が記録の電算化を導入した場合におけるように、新しい技術を導入する際には労働者に訓練を提供するよう使用者に義務づける黙示条項は存しうる。国税官が紙のファイルの代わりにコンピュータに適応するのと引き替えに、使用者は、新しい技術に必要な訓練をスタッフに提供する黙示の法的義務を負ったのである。[21]

　労働者によって獲得される潜在的な人的資本の重要な部分は、仕事の経験自体から生じるものである。生産に参加することによって、被用者は現在の技術とイノベーションについて学習し、人付き合いのネットワークを構築する。雇用契約は、被用者に労働する用意ができていることを義務として課しているが、労働を付与する義務を使用者に課してもいるのだろうか？　コモン・ローは、使用者の義務を被用者が働く意思と能力があった時間に対する賃金の支払いに限定し、なされる労働を付与すべき義務を課すことをしなかった。被用者がこの賃金に対する権利の存在を証明するためには出勤できる必要があることから、コモン・ローは、その旨の明示条項がなければ、使用者は被用者を職場から適法に排除しえないということも強調した。それゆえ、多くの雇用契約は、通常は懲戒処分の調査の結果が出るまで賃金の全額を支払って労働者を停職する使用者の権利を規定している。雇用契約の終了時に、使用者は、予告期間中に得られるはずの賃金相当額の補償金、すなわ

---

　21)　Cresswell v. Board of Inland Revenue [1984] ICR 508, HC.

ち「予告手当（pay in lieu of notice）」を支払うことによって、労働者を排除することもできるのである。契約に違反して被用者が排除される場合、当該被用者は、賃金の請求に加えて、技能や知識を獲得しあるいは維持する機会の喪失に対する補償金の支払いを請求できるだろうか？　契約の明示条項に従って、いくつかのカテゴリーの労働者は、現実の就労を妨げられることによって価値ある利益（valuable benefit）を失ったことを裁判所に認めさせてきた。俳優は、自己の評判を高める機会の喪失を理由として、約束した出演契約（theatrical engagement）による当該俳優の出演を不可能とするような措置、例えば他の俳優を雇うような措置をとらないよう興行主に命じるインジャンクションを裁判所に請求し、勝訴してきた。[22] 原則としては、労働あるいは訓練を付与しないことによる使用者の契約違反が被用者の将来の雇用の機会を損なったということを被用者が証明できれば、契約に基づき支払い義務のある賃金の支払いに加えて、補償的な損害賠償（compensatory damages）の請求が認められるべきである。

イノベーション

　人的資本の増大から生じる主要な利点のひとつに、競争的優位を事業にもたらす生産やサービスにおけるイノベーションの促進がある。製薬のような分野の多くの会社は、そのほとんどの利益を研究とイノベーションに依存している。イノベーションは被用者から通常生じるのであるから、雇用関係は、発明、改善、能率の向上による費用の削減（efficiency savings）を労働者が提案するよう促進する枠組みを提供するか否か、という問題が生じる。使用者は、アイデアに対して手当を支払うことによって直接的に、あるいは昇進のキャリアの機会を通じて間接的に、イノベーションの提案を報酬の刺激に結びつけることができる。
　特許の分野においては、イギリスでは1977年特許法（Patents Act 1977）が、強制的な利益分配の仕組みを規定している。使用者は、その発明が被用

---

22) Herbert Clayton and Jack Waller Ltd v. Oliver [1930] AC 209, HL.

者の職務範囲内の仕事の成果（product）である場合、あるいは職務を遂行する中から生じたものである場合には、特許権を得ることができるが、そうでなければ、被用者がその発明から生じる権利を支配できるとの推定が通常働く。使用者がその発明を所有している場合には、被用者は正当な補償を請求でき、その補償金の額は被用者の努力と技能だけではなく使用者がそれから得てきた利益の総額も考慮する。被用者がその発明を利用する権利（rights to exploit）を保持している場合には、これらの権利は使用者に付与されうる。そしてその場合には、被用者は、それを付与したことに対して最初に支払われた謝礼（fee）に加えて、さらに正当な補償の額（a further sum in just compensation）を請求できる。

　この特別な法定の制度を別にすれば、法は、イノベーションに関する利益分配の強制的な枠組みを規定していない。雇用契約の誠実な履行は、被用者に対しイノベーションを生み出すこと、そして契約の明示条項に基づき規定されたもの以上の何らの報酬も受けないことを要求する、ということを法は前提にしているように思われる。しかし、これらの条項は、さほど大きなインセンティブを提供しないだろう。というのも、昇進やボーナスに関する暗黙の約束は、漠然としたものであり、かつあまりに裁量的なものであるように思われるからである。しかし、いかなる一般的法規制も、よりよい刺激となる構造を構築するのに寄与するかについては明確ではない。というのも、様々な事業の特定の状況とニーズは、非常に大きく異なるからである。さらには、実際に機能するきわめて重要な刺激となる仕組みは、よいアイデアを持つ被用者が離職し、おそらく前の使用者との共同のベンチャーとして自ら事業を立ち上げるというものである。雇用において利益分配を欠いていることは、自身の小さな事業を立ち上げることによって事業家になるよう労働者を強いるのである。長期的には、この事業家の活動の促進は、雇用の中でのイノベーションに対する利益分配の明確な仕組みよりも、事業の競争力の目的によりよく資するのであるかもしれない。

6　柔軟性と公正

　より高い生産性、イノベーション、そして質や顧客サービスへのよりきめの細かい配慮——競争的な事業のこれらすべての鍵となる特徴は、従業員の協力を必要とする。契約の自由は、使用者が従業員を効率的に指揮命令し、誠実に契約を履行しない被用者を制裁する権限を経営者に与える雇用関係を作ることを可能にする。しかし、より高いレベルの競争力を達成するためには、とりわけその事業の成功が従業員の知識とアイデアによって大きく決まる事業分野においては、この階層的な雇用関係の指揮命令と監督（command and control）の戦略は、あまりうまく働かない。使用者は、従業員からのより一層の協力、すなわち、従業員が快く適応し、イノベーションを行い、課業の遂行における柔軟性を伴う責任を引き受けようとすることを必要とする。このレベルの協力を達成するためには、使用者は、従業員を公正に扱い、より一層の協力から生じる利益を分配することについて信用できる約束をする必要がある。

　本章では、高いレベルの協力と公正な取り扱いそして利益分配の保護とを調和させる必要を満たし始めている雇用契約を規律するルールを雇用法がどのように展開してきたのかについて検討してきた。信頼に関する黙示条項は暗黙の期待を保護し、そしてフォーマルな文書は被用者の様々な明示の期待を保護する。これらの問題に関する苦情を扱う信用できるインフォーマルな仕組みは、紛争を減らし協力を促進しうる。法的規制は、現在それがなしているよりももっと労働者の技能とエンプロイアビリティの改善についての信用できる保証を労働者が享受することを確保するのにも寄与できるかもしれない。しかし、そのような手段は、労働者の公正な取り扱いを確保し、その結果より一層の協力をもたらすことによって、事業の競争力を改善するよう主として企図された法的枠組みのほんの一部を成すだけである。次の4つの章は、雇用関係の規制を通じて競争力を改善するこの戦略における他の不可欠の要素を検討する。雇用法は、より一層の協力と引き替えに従業員を公正

に扱う信用できる約束を使用者がすることができるルールと制度を創出することに寄与できるのである。

第6章 パートナーシップ

　20世紀初頭、多くの工業国において労資の政治的和解がいかにして達成されたかについては序章で考察した。法は、労働者団体に対しその構成員のために団体交渉を行う権利ならびにその要求を強化するために争議行為を行う権利を付与した。しかし、他方において労働組合は、その活動に対する制約を受け入れた。それは、ストライキの範囲を限定するものであり、とりわけ政治的ストライキを禁止するものであった。組織労働者は市場秩序および政治の議会システムの正統性に対して戦いを挑むかもしれないという恐れがあるため、ラッダイツによって掲げられたと思われる赤旗の亡霊はいつも雇用法に付きまとっていたけれども、労使多元主義による解決は、少なくとも政治活動から労資を分離するという大枠においては、全く変わることなく、しかも強固に維持されてきた。

　しかし、後から考えてみると、この解決は、労使紛争を広範な政治的対立からうまく分離したけれども、一連の新たな問題を生み出したように思われる。労働者団体の合法的な活動を雇用条件についての交渉に限定することによって、これらの制度的取決めは3つの弱点に苛まれることとなった。第1に、雇用条件につき団体交渉を重視することは、労使紛争またはそのおそれが組合の目的を達成するために機能する通常の方法とされるルートに労働組合を乗せることになった。第2に、組合とその構成員は、団体交渉を職場の諸問題および将来の経営の動向について使用者とより広範な討議を行うために利用できなかった。第3に、紛争の経緯は当事者間に不信を生み、その結果、使用者は団体交渉を従業員集団とのよりよい協調関係を確立するためにほとんど利用できなかった。換言すれば、イギリスの立法は、恐れられていた過激な労働組合の脅威を封鎖したが、そうすることによって、労使関係における紛争を恒久化させるというレシピを生み出した。それは、生産性を損

ったし、事業運営のあらゆる側面において被用者が発言権を得ることを妨げた。これらのイギリス労使関係システムに固有の問題は、経済が強力であったときには、無視することできた。しかしながら、長い間には、対立的で、信頼関係の希薄な労働関係（working relations）によって惹起された競争力に対するダメージは処理されなければならなかった。労働組合は、しばしば問題の根源として非難されたが、それは公正とはいえなかった。というのは、労働組合はこの軌道に自らを乗せる法的制約のなかで活動しなければならなかったからである。使用者は政府に圧力をかけ、職場から労働組合を排除し、その力を弱めることを可能にさせた。立法は、ある程度までこの要求に応えたけれども、労働組合と団体交渉の除去は労使関係の安定的な解決を与えることができなかった。

　多くの使用者は、労働組合と団体交渉を望まないわけではなく、明らかに従業員集団からの集団的な協力を確保するための労使関係機構を求めている。個々の雇用関係が相互信頼にもとづく協力を通してのみ最大限の生産効率を達成できるのと同様に、これらの条件は、また全体としての従業員集団に関してより一般的レベルで満たされねばならない。事実、従業員集団の労働者代表との協議および交渉は、協力を確保し、かつすべての従業員集団に対する信頼を高めるための効果的な機構を提供する。かかる従業員協議という集団的機構に対する必要性は、生産方法によって変化する。経営または事業がその成功のために、その裁量を知的に行使し、その技能および知識を使う被用者に著しく依存する場合には、合意による協議および運営を通して協力を達成する利点は大きくなる。従業員集団からの協力は、彼らの労働条件について彼らと交渉することによって、いかにして作業が遂行されるべきかを討議することによって、そしてその組織がいかにして管理されるべきかを策定することによって確保されうる。権限の分有を通して協力を確保するこのモデルは、労働は他の商品と同様に購入できるという考え方に根底から戦いを挑む。それは、また、生産手段の所有は企業を経営する排他的権利をともなうという使用者の考えを浸食する。それにもかかわらず、使用者は、経営というものは従業員集団との各種のパートナーシップを通じて協力を確保する必要があるということを無視できない。

このパートナーシップの隠喩（metaphor）は、より良い協力そしてそれゆえに権限の分有を通して競争的であること確保するというこの目的を説明しようとして広く用いられてきた。たとえば、ブレア首相は労使紛争という概念をパートナーシップの促進によって置き換えるための隠喩として政府の綱領を説明した。[1]　しかしパートナーシップとは何を意味するのか、そしていかにして紛争を回避しうるか？　パートナーシップの概念は、労使間に利害対立が存在するということを否定するどころか、事実上、利害対立が生産組織の核心にあることを前提とする。しかしこの対立は、いくつかの側面で機能する。民間部門における中心的対立は、明らかに投資家と労働の供給者との間におけるような、経営から生まれる利潤の分配に関連している。しかし、たとえば、経営側の専制的な命令構造に対する従業員側の抵抗、作業の時間的調整や速度についての不一致および組織目標の具体的な定義に対する異論のように、他の多くの紛争の源も同様に激烈であることを示している。しかし、パートナーシップの原理は、職場における紛争の問題を処理されるべき中心的な問題と見なさない。組織の生産活動を混乱させる紛争は、むしろ、協力の問題に対する解明が不十分であることの好ましくない副次的効果として見なされる。パートナーシップの原理は、合意と対話を通じて、経営の目的と手段の絶え間ない適応と改定の必要性から生ずる諸問題を克服するために考案された諸々の方策を支える。パートナーシップの履行は、協力関係を生み出すことによってストライキおよびその他の労使紛争のようなあからさまの対立の勃発を恒久的に回避するための制度的枠組みを要求する。しかしパートナーシップの隠喩は、いかなる権限が、いかなる種類の制度的取決めを通して分有されるべきことを要するか、また職場統治のための協力機構を確立するにあたって法がどの程度まで係わり合いをもたなければならないかというような問題に答えぬままである。

　経営側と従業員とのパートナーシップの目標を達成しようとする際には、

　1）　Department of Trade and Industry White Paper, *Fairness at Work, Cm.3968* (London: HMSO, 1998), Foreword by the Prime Minister; D. E. Guest and R. Peccei, 'Partnership at Work: Mutuality and the Balance of Advantage' (2001) 39 BJIR 207.

そもそも法的規制が有効であるか否かを疑ってみなければならない。明らかに、パートナーシップのもっとも効果的な形態は、対話を通して協力を確保する制度的枠組みを考案することによって、組織内の体験を通して発展することであろう。討議と交渉によって生み出されたそのような制度的枠組みは、使用者と従業員の関心と熱意に対応する。疑いもなく、適切なパートナーシップ制度に関して様々な見解が現われる。使用者は、一般的に生産効率を明確に増大させる仕組みを求める。たとえば、1990年代初めのローバーの自動車工場労働協約は、労働協約の伝統的な事項を超えて協議や交渉の分野を拡大した。その協約は、職場レベルでは、チームリーダーと40から50人の被用者から構成される集団への権限委譲と責任を含むものであった。各集団は、その作業の質、定型的補修、生産工程の改善、コスト管理、消耗器具と原材料、作業の割当、職場の配置転換および訓練に対して責任を負うようになった。討議集団、品質処置チームそして提案組織もまた存在した。同時に、承認された労働組合との協議は、戦略的方向に拡大され、会社の業績、生産性、および長期の経営計画を含むようになった。これらの参加の範囲を拡大する経営側による発意は、おそらくは産業民主主義という抽象的な理念を支援するために創られたのではなく、むしろ弾力性、効率性を促進することによって経営の生産能力と生産物の品質の改善を高めるためであった。しかし労働組合は、これらの新しい協定を受入れることができた。なぜなら、これらの新しい協定は、効率性の配慮によって動機づけられる一方、従業員が戦略的かつ組織的決定に参加できるようにすることによって従業員に権限を与えたからである。

　好ましい制度的モデルを法的に課すことによって生ずる危険は、それが取締役会に参加する労働者から構成されるのか、団体交渉のための強制的組合承認か、それとも特定の一連の問題に関して協議を受けるべき権利をともなう労使協議会から成っているかにかかわらず、それは代表システムを拘束するということである。厳格な制度的枠組みは、使用者と従業員が企業の具体的な生産活動の文脈のなかで協力の促進にもっとも適した対話のパターンを発展させることを妨げる。さらに、法的規制は、協力の問題を解決するための実りある対話を強いることができるかを常に問うてみなければならない。

法は使用者と労働者代表にかかる会合への出席と討議を強制することができるかもしれないが、当事者に協力の問題を解決するためにかかる制度上の形態を生産的に利用することを強制することは、法的規制の能力を超える。

　法的不介入の方向に向けたこれらの考慮に対して、それでもなお私たちは、法的モデルが人的交流のための枠組みを提供できることを承認せねばならない。すなわち、親しみ深くかつ信頼できる制度的枠組みとなる法的モデルである。株式会社（incorporated company）や雇用契約のような法的制度は、当事者の黙示の期待を明瞭に表現し、制度の濫用を禁止することによってこれらの期待を擁護する[2]。法的介入にとっての問題は、設けられた制度の潜在的利点と、その枠組みを具体的な事業活動と職場関係の必要を満たすように適用することを当事者に認める必要性とをいかに均衡させるかである。要するに、それは、応答性（reflexivity）の必要性を尊重しながら同時に、信頼を構築するという問題である。

1　団体交渉の促進

　法がいかなるスタンスを取ろうとも、労働者はその雇用条件を改善しようとするであろう。すでに見たように、20世紀には多くの工業国家は、団体交渉が実施されることを許容すべく法を調整した。これは、労働組合組織と団体行動（collective industrial action）に対する禁止の除去をともなった。しかし、ここでの私たちの関心は、法はいかなる範囲まで団体交渉制度を促すべきかにある。

　集団的代表のためのメカニズムに対して法的支援を行うこのような積極的な行動は、多様な形態をとる。立法は、使用者に労働組合を従業員集団の代表として承認することおよびこれらの代表と雇用条件について交渉することを求めうる。団体交渉を法的に支援する別の方法は、産業レベルの団体交渉

---

[2] J. Rogers and W. Streek, 'Workplace Representation Overseas: The Works Council Story' in R. B. Freeman (ed.), *Working Under Different Rules* (New York: Russell Sage, 1994), p.97.

を促進するための制度としての前記の賃金審議会の利用である。別のもう一つのタイプは、イギリスでは廃止されたものではあるが、特定の使用者が組合自体と直接的に交渉するか否かにかかわりなく、集団的に合意された産業ごとの最低賃率を支払うことを使用者に求めることによって団体交渉のために間接的支援を与えることである。このメカニズムは、従業員の雇用条件に関する団体交渉の結果をより大きな集団、たとえば、地域、産業レベル、もしくはオーストラリアのように、一国の労働者全体へと拡張する。

　これらの様々な法的介入のテクニックは、制定法による団体交渉の支援の背後に多様な目的があることを明らかにする。ある目的は、低賃金の是正に取組むことであり、平和的なプロセスを通して産業部門または職業グループに関する基本的な雇用条件を確立することである。その目的は、時には全体としての経済の健全さを統制するために賃上げの水準の舵をとるメカニズムとして全国的な団体交渉の利用に結びつく。それとはかなり異なった目的は、各職場におけるパートナーシップを支援する制度として団体交渉を促進しようとすることである。イギリスでは、団体交渉に対する法的支援は、いやしくもそうした支援が存在するとしたらという限りにおいてではあるが、1960年代以降は、前者から後者の目的へ切り替えられた。パブリックポリシーの強調は、雇用条件に関する産業レベルの交渉の促進から、現場レベルでのパートナーシップ制度を確立するために、企業または職場レベルの法的規制へと変化した。

　アメリカにおける1935年の全国労働関係法は、初期の、しかも職場の団体交渉の法的支援の有力なモデルを提供した。この立法は、労働組合が団体交渉のために承認されるか否かをめぐる使用者と労働組合との激しい戦いを背景にして、現場レベルの団体交渉の確立と運営のための平和的手続きを与えようとする。この制度的パラダイムの核となる重要な諸要素は、第1に、従業員または一定の従業員グループが特定の労働組合に自らを代表してもらいたいと欲する決定であり、第2に、承認された組合代表とまじめにまたは「誠実に」交渉する使用者の義務の履行である。このアメリカの制度は、イギリスを含む他の法制度において模倣された。かかる法的手続きの存在は、明らかに一部の使用者に訴訟手続きを経ることなく、団体交渉における合意

第6章　パートナーシップ　　141

を遵守させる。しかし使用者がいかなる団体交渉関係にも頑なに反対する場合、制定法上の手続きの運用はそれ自体論争の源となり、しかも、広範、冗長かつ複雑な行政的および法的問題を惹起している。アメリカにおいて、その手続きは組合承認要求を封鎖または妨害するたくさんの機会を使用者に与えているとの評価を得ている。現在のイギリスの立法は、イギリスの初期の概ね失敗した経験と並んで、アメリカおよびカナダの経験を学んで、主として団体交渉のための承認の範囲を限定する使用者と労働組合との合意を促進することによってかかる手続き上の障害や限界を最小限にする試みがなされている。

組 合 承 認

　イギリスの制定法上の手続きは、政府職員、すなわち認証官によってその組織が使用者の支配または管理下になくかつ使用者によって干渉される恐れがないと判定されるという意味で、自主的であると認証された労働組合のみが利用できる。すなわち、独立した組合は、使用者からの承認を求めることができる。そして、要求が拒否されたならば、手続きは従業員集団が組合代表を望むか否かという最初の難問を処理しなければならない。団体交渉の潜在的利点は、労働者に組合代表を支援させることと思われるが、この問題は、時には代表となるべき労働組合間の対立によって、また異なった労働者集団間の利害の相違によって複雑となる。制定法上の手続きは、現在の労働組合を別の組合による侵害から保護する。そして TUC は、加盟組合同士が対立した場合、それらの調整を図る非公式の紛争手続きを運用している。労働者集団間の利害の相違は、提案された交渉単位を共通の関心をもった労働者集団に限定することによって調整される。労働組合と使用者が交渉単位に

　　3）　Employment Relations Act 1999 によって付加された Trade Union and Labour Relations (Consolidation) Act 1992, Sched. A1.
　　4）　Industrial Relations Act 1971 ; Employment Protection Act 1975.
　　5）　TULR(C)A 1992, s.5 ; *Squibb UK Staff Association v. Certification Officer* [1979] ICR 235, CA.

ついて合意できない場合には、独立の公的機関である中央仲裁委員会(CAC) が、労働者の特性と効率的な経営に矛盾しない単位の必要性－しばしば両者は鋭い対立関係に置かれるものではなるが－の双方を考慮して解決する。

　交渉単位の範囲に関する意見の不一致は、しばしば次の問題と絡みあう。この制定法上の承認手続きに訴えるためには、組合は、交渉単位の過半数の支持があることおよび労働者の10％がすでに組合メンバーであることを示さなければならない。交渉単位の規模、組織率および地理的分散が大きくなればなるほど、組合にとってこれらの要件を満たすことが困難になる。それゆえ、使用者は、この点で組合による十分な組織化ができていない広範な交渉単位を強硬に主張することによって承認を妨げようと試みる機会を持っている。

　これらの事前の小競り合いの結果、組合に軍配が上がったにもかかわらず、使用者がなお組合を承認することを拒んでいると、交渉単位の過半数からの支持が見込まれることの組合による証明は、CAC が使用者に組合を承認するよう命ずるのに十分か否かという問題となる。組合メンバーが従業員集団の過半数となった場合でさえも、CAC は、組合メンバーの相当数が組合に対して彼らのために団体交渉を行うことを望んでいるか否か疑わしい証拠を見出したり、または CAC が、良好な労使関係ために投票がなされるべきであると確信する場合には、承認命令を拒否し、かわって従業員集団の投票を命ずることができる。たとえば、場合によっては、組合員が法的助言や他の協議のための仕組みに対する支援のような、別の目的で組合に加入するかもしれないからである。CAC が投票を命令する決定をするや否や、両当事者は、従業員集団を説得するための活発なキャンペーンを行うことになろう。使用者は、しばしば労働者の支持が企業における彼らの成功の見込みを台無しにし、しかもおそらく仕事の喪失や工場閉鎖に至るであろうと主張することによって、労働者が組合を支持することを妨害しようとする。アメリカでは、使用者のために反組合キャンペーンをうまく処理することを専門的に扱う法律家が存在する。そして明らかに、承認が投票に依拠するところではどこでも同様な実務が現われるであろう。

投票段階における決定的な論点は、組合承認に賛成する票を投じないように従業員集団を説得するために使用者がいかなる戦術を駆使することができるかである。使用者は、キャンペーン中、組合が従業員集団に接近するのを妨害してはならない。したがって使用者は協力し、かつ交渉単位における労働者の名前と住所を提供する義務を課される。使用者がこの義務を怠った場合には、投票が取消され、承認命令が発せられる。使用者は、組合の支持者を懲戒し、もしくは解雇すると脅迫することができるか？　単に組合員であることのみを理由とする組合メンバーに対する処分は、結社の自由という基本権を侵害し、違法となる。さらに、承認および団体交渉の支持ならびに投票することを理由とする不利益処分も違法となる。しかし、承認要求に対して、使用者が組合メンバーであるか否か、または承認を支持したか否かにかかわりなく、一定割合の従業員集団を解雇する場合、これらの解雇は、使用者が審判所においてその正当性を主張すべきであるが、自動的に不公正であると解されてはいない。どの程度まで使用者は組合に対する支持を打ち砕くために脅迫および警告を駆使できるのか？　アメリカのルールは、一方で、使用者の言論の自由を尊重し、使用者にその意見を伝達し、かつ承認が経営に与える効果を予言することを許容しつつも、他方において使用者が組合を支持する従業員集団に対して報復をもって脅すことによって投票手続きの公正性を損なわせることを使用者に禁止するという二つの間をとっている。これに相当するルールはイギリスにはない。もっとも、ある種の報復の脅しは、組合を支持したことを理由とする労働者個人に対する違法な不利益処分を構成するものと見なされる可能性はあるが。使用者は、組合に反対する投票を労働者に働きかけるまでもない。イギリス法においては、組合は、投票した人の過半数で、かつ交渉単位の投票で組合支持が少なくとも40％を超えた場合にのみ、投票に勝利するにすぎない。使用者は、それゆえ、脅しによって投票に反対する十分な雰囲気を作り上げるならば、承認要求を打ち負

---

6)　第11章参照。
7)　*Carrington v. Therm-A-Stor Ltd* [1983] ICR 208, CA.
8)　*NLRB v. Gissel Packing Co.*, 395 US 575, S Ct US.

かすことができる。選挙手続きの公正性に対するこの危険のために、イギリスの立法が、事業を閉鎖するという脅迫、昇給のような現在の雇用条件を一方的に変更すること、スパイや部外者の利用および被用者の審問またはカウンセリングのような、一定の選挙キャンペーン行為を禁止するカナダのルールをまねないことは不幸であるように思われる。カナダにおいては、これらすべての行為に対する法的制裁として補償金の裁定または承認の付与があるという究極の脅かしによって履行が確保されている。

交渉義務

使用者からの激しい抵抗にもかかわらず、組合が投票に勝利した場合、CACは、使用者に団体交渉のために組合を承認するよう命じることになろう。2番目の主要な問題は、使用者がなおも組合代表との交渉に出席することを拒否するか、または、もっとありそうなことであるが、面談には応じるものの、賃金のような重要な問題を討議することを拒否するときに発生する。アメリカでは、使用者は、賃金や労働時間のような「義務的事項」に関しては誠実に交渉すべき義務のもとに置かれる。しかし、この義務は、使用者が提案を行い、その後非妥協的態度を堅持したとしても、これを履行したものと見なされる。こうした取扱いを回避し、かつ団体交渉を通しての協力を促すために、イギリスでは、当事者に対し団体交渉の手続きと範囲について合意に到達するよう促すアプローチが採用されている。使用者にとってかかる合意に達するための誘因は、それが団体交渉を一定の事項に限定することである。たとえば、交渉から賃金を除外することができる。

当事者が団体交渉の手続きと範囲について合意に達することができない場合、CACは、交渉を行うことについて標準的な方法を命令する。それは、賃金、労働時間および休日について年間の交渉を求めるものである。この命

---

9) T. Thomason, 'The Effect of Accelerated Certification Procedures on Union Organizing in Ontario' (1994) 47 *Industrial and Labor Relation Review* 207.

10) Trade Union Recognition (Method of Collective Bargaining) Order 2000, SI 2000/1300.

令は、法的拘束力ある労使間の協定となり、原則として裁判所の命令によって具体的な履行を強制できる。くわえて、労働組合代表は、使用者側から情報提供を受ける法的権利を持つが[11]、それがなければかれらは団体交渉を行うにあたって実質的に妨害されることになろう。団体交渉の手続きに従うべきこれらの強制的な命令との関連で生ずる問題は、法は使用者に組合代表が賃金、労働時間および休暇について発言しなければならないものを単に聴取する以上のことをなすように要求するか否かである。使用者は、提案に応えねばならないが、しかし使用者がさらに提案および対案のこの手続きに進むならば、使用者は、最終的に組合の合意なしに従業員集団には有利な条件を押しつけることができる。したがって最終的な分析としては、この法的システムは、使用者にパートナーシップの隠喩によって想起されるような真摯な討議および交渉に入ることを強制できない。

展　　望

　組合活動家は、この結論にがっかりするかもしれない。しかし、法がパートナーシップ制度としての団体交渉の一層の発展に有用な役割を演ずることができるか否かについて懐疑的になる理由が存在する。団体交渉の目的が集団的レベルで相互信頼を構築することを通じて職場における協力を促進することにあるとすれば、結果として長く、しかもとげとげしくなるかもしれない訴訟手続きに着手することはその目的を達成することになるとは思われない。立法にとってもっと建設的な目的は、従業員集団がこの種の制度的枠組みを好むと確信できるならば、使用者に対しよりよい協力を確保するための手段として団体交渉を利用させようと試みることである。現在のイギリスの立法は、使用者に対し受容できる制度的取決めについて組合と交渉する多くの機会を与えることによってこのアプローチを強調する。特に、組合が圧倒的な支持を有し、または投票に勝利するならば、使用者は、それに関して使用者がより大きな裁量を手に入れようとする賃金のような事項を回避する一

---

11)　TULR(C)A 1992, s 181.

方で、団体交渉の範囲を使用者が一層の協力および協議にあたり有利と認める事項に限定する承認協定を交渉する相当の自由をもつことになる。労働組合は、その構成員の支持を維持するため、団体交渉事項の範囲について使用者の好みにしぶしぶ譲歩するかもしれないが、真剣な交渉を生み出す必要のない強制手続きに関する法を通して利用できる選択肢は、結果的にあまり魅力的ではなくなる。さらに、労働組合は、使用者が作業方法、作業環境、手当、戦略的計画およびその他よりよい協力に寄与する職場関係領域に関する広範な事項について討議しようとしていることを見出すことになろう。団体交渉が経営側によって、労働力の価格を決定するための仕組みというよりも潜在的なパートナーシップ制度として見なされるや否や、合意による潜在的な経営の範囲には限界が存在しなくなる。

2　協議のためのさまざまな仕組み

多くの使用者は、パートナーシップの仕組みとしての団体交渉の可能性に懐疑的ではあるけれども、被用者との協議の仕組みには間違いなく反対しない。経営の管理に労働者の声を反映させる潜在的利点は、やる気や協力の改善を含んでいることである。そしてそれによって効率性ならびに生産物およびサービスの改善のために従業員集団の知識や技術を利用することができる。それゆえ、各種の委員会、QC サークルおよび管理者との開かれたミーティングを通じての協議は、大企業における経営の通常の特徴である。これらの協議の仕組みは、作業方法の詳細、作業環境の諸側面そしておそらくは事業の長期計画を討議するように思われる。労働者集団との現場協議とリンクして、その集団が労働の質、仕事の分配そしてコスト管理のような問題に対し何らかの責任を引受けることが使用者の要請であるように思われる。これらの協議技法は労働協約から生まれるが、しかし独立した仕組みとしても設置されうる。

多くのヨーロッパ諸国で、とりわけもっとも顕著なのはドイツであるが、法は、団体交渉の規制とならんで、しかしそれとは別に、事業場協議に関する制定法上の枠組みを提供している。2000 年の EU 基本権憲章（The Charter of Fundamental Rights of the European Union 2000）は、企業の適切なレベルにおける労働者の情報と協議に関する集団的権利を宣言している。この権利は、2つの主要な指令によって実施された。ひとつは、2つ以上の構成国で活動する大規模な多国籍企業におけるヨーロッパ労使協議会（European Work Councils）として知られている協議の仕組みを要求するものである。他の1つは、被用者50名以上のすべての企業に同様の仕組みを要求するものである。[12] この強制的な情報および協議の仕組みについては、後者の指令の前文において、パートナーシップの支援という観点から、その正統性が説明されている。

「リスク予知を改善し、作業組織をより弾力化し、さらに職の保障を確保する一方で企業内における訓練への被用者のアクセスを促進し、被用者に適応の必要性を意識させ、そのエンプロヤビリティーを高める方法および活動を引受ける被用者の有用性を増大させ、企業の運営および将来への被用者の関わりを促し、かつその競争力を高めるために、企業内における対話を強化し、かつ相互信頼を促す必要がある。」

イギリス政府は、法的拘束力を課すべきではないという立場にたったが、管理サークル（management circles）や労働者組織の間で広く支持されている「パフォーマンスの高い職場」（'high performance workplace'）は意思決定への被用者の広範な関わりを必要とするという見解に与した。[13]

---

12) それぞれ、Directives 94/45/EC および 2002/14/EC。さらに、20人以上の従業員の経済的解雇に対する協議および情報提供を要求するものがある（Directive 98/59/EC。イギリスでは TULR (C) A 1992, s. 188 によって履行されている。）。営業の譲渡に関して（Directive 2001/23/EC。イギリスでは TUPE1981 SI 1981/1794 によって履行されている）、職場における健康と安全に関して（Directive 89/391/EC, Health and Safety at Work etc., Act 1974, Safety Representatives and Safety Committees Regulations 1997, SI 1997/500 および Health and Safety (Consultation with Employees) Regulations 1996, SI 1996/1513. によって履行されている。）。

13) Department of Trade and Industry, *High performance workplaces: The role of employee involvement in a modern economy*（London: DTI, July 2002）.

職場における協議の仕組みは、多様な形態をとりうるが、中核的な考えは、特定の事項に関する決定の前に、経営側はその計画が労働者に与える影響および計画の背後にある理由を伝えるべきであり、かつ労働者集団に計画を批判し、かつ別の選択肢を提案する機会を付与すべきであるというものである。協議の仕組みは、労働協約と違って、労働者集団の代表の同意を必要としないが、その過程は合意を促すべく組立てられる。また、協議の仕組みは必ずしも労働組合の役割を求めない。協議の仕組みは、通常、職場出身の労働者代表を選出することをともなう。もちろん、組合員が選出される可能性はあり、労働組合はしばしば経験や助言を共有することによって代表を助ける。かつてイギリスの労働組合は、団体交渉および組合の職場の独立した代表性に対する脅威を恐れて協議機構には懐疑的であった。労働組合は、かつて、法律上強制される情報や協議の義務の適切な仕組みとして、団体交渉に優先権が与えられるべきことを強調してきた。たとえば、20名を超える経済的理由の解雇をなす使用者の提案に関して協議を義務づける場合がそれに当たる[14]。しかしこの態度は、変わりつつある。なぜなら、協議の仕組みは、それを通して組合が団体交渉では取扱わない諸問題についてその構成員を助けることができるからであり、さらに、この関わりは、組合が団体交渉に関する承認を求めるに十分な構成員基盤を確立するのを助けるからである。この態度の変化は、イギリスの近年の立法に反映されている。たとえば、労働時間の標準を修正する「職場労使協定」('workplace agreements')は、使用者に団体交渉を通しての協議か、それとも従業員集団との協議のためのその他の仕組みの創設かの選択を認めている[15]。

残された問題は、法的規制が使用者と従業員集団の代表との間の協議の発展にいかなる貢献をなしうるかである。いかなる立法も、単に当事者にとって採用すべきデフォルトモデルを提供すべきであるように見える。なぜならば、パートナーシップは、使用者と従業員集団が生産方法の複雑さに適応させ、彼らの必要と利害に対応する彼ら自身の協議の機構を工夫するときに、

---

14) 前掲脚注12参照。
15) Working Time Regulations 1998, SI 1998/1833.

促進されるように思われるからである。この立法上のテクニックは、このパターンに従うヨーロッパ労使協議会を導入することを義務づけるべく多国籍企業に関して採用された。それは、協議の仕組みのためのデフォルトモデルを提供するけれども、使用者に彼ら自身の別の機構を導入することを促す。誘い (invitation) が広範に認められているのである。どんなデフォルトモデルも現にある多様な経営に適用できるとは思われない。このため、イギリスは、国内企業の協議に関する指令は従業員数 50 人を超える場合にのみ適用されるべきだと主張した。これは、その効力を 1 ％の企業に限定するものである（もっとも、それによって被用者の 75 ％が包含される）。他のヨーロッパ諸国において、従業員数の規模がどうあれ（ドイツでは 5 人以上）、また実際に協議がなされるか否かは、公式の法的要件よりも管理者と労働者代表（しばしば実際には組合オルグ）の関わりにより多く依存している。

　この規制に関するデフォルトモデルは、真剣な協議を強制することになんら影響を与えないけれども、それは 2 つの重要な目的に奉仕する。前述のように、労働協議会のような法制度の存在は、それが採用されうるものであれば、修正されるか否かにかかわらず、当事者に信頼を構築する規範的な期待の枠組みを提供する。たとえば、ドイツの大企業における労使協議は、団体交渉とは異なった役割を演ずる。しかも、その活動の範囲内で協議は、協議がなされるという法的保障を受ける。他方で、同時に使用者は、協議が定められた役割から逸れることを禁止されるという法的保障を受ける。デフォルトモデルは、実行可能な、しかも信頼される協議制度を確立するために当事者を援助するとともに、政府が競争のために促進しようとする一種のパートナーシップモデルに向けて論議を方向づけるのに役立つ。この法的枠組みは、協議が理想的に行われるべき事項を明示することができる。しかも、おそらく協議が禁止されまたは要請されない事項をも示唆できる。EC 指令は、主たる協議対象事項が経営の将来、経営における雇用の保障ならびに作業組織および雇用条件の変更の可能性であるべきであると述べている。この簡潔な指針は、たとえば柔軟な労働やワークライフバランスに係わる他の側面、訓練・教育機会の展開ならびに均等な機会の実施など、より良い協力を構築する契機となる他の事項によって補うことができる。

イギリスでは、いまだいかにして法的規制がかかる協議および情報提供の仕組みの構築を支援できるかを見出そうとする初期段階にある。ヨーロッパ労使協議会に関する国内規制[16]と並んで、健康と安全、経済的理由にもとづく集団的解雇、事業の売却、労働時間に関する標準の変更ならびに妊娠および育児休業のような特定の事項に関する情報提供と労使協議を要請するつぎはぎの法的規定が存在する。労使協議会のようなより包括的な制度が、協議のためのこれらの多様な義務づけを統合整理し、かつ促進するために工夫されねばならないと思われる。かかる制度の諸要素は、労働者代表の選出の公正さ（integrity）、使用者からの報復を受けることなしに労働者代表が意見を述べる自由の保護、労使協議会の合意が両当事者を拘束する程度、および両当事者による濫用に対して制度を保護する方策に関する諸規定が含まれなければならない。しかしはっきりしていることは、一部は法的要請を通して、そして一部は使用者主導で、これらの協議の仕組みは徐々に労働者の経験の重要な部分となりつつあることである。こうした協議の仕組みは、単に商品のように取扱われるのではなく、職場で「発言権」を有するという従業員の感覚を高めるであろう。

3 利害関係者組織 (stakeholders organizations)

イギリスの企業に関する法的枠組みは、株主が資本を所有し、最高の利益を挙げるよう会社を経営するために資本が取締役（directors）を選任する権限を株主に与えるという単純なモデルを採用している。このモデルが大企業の受動的な、広範に分散した株主の、そして株主の利益より自分の利益に気を配る取締役会（boards of directors）の実態に合致するか否かは、議論の多いところである。加えて、多くの大企業の巨大な富と経済力は、株主が経営に対する唯一、最終の権限を有するか否かの疑問を提起する。多くの企業が小国の資産よりも大きい資産を有し、かつグルーバルな金融市場が容易に地

---

16) Transnational Information and Consultation of Employees Regulations 1999, SI 1999/3323.

域、国そして経済ブロックを超えて資本投資を行うことを許容する世界においては、問題は、企業がその経済的地位に対応する社会的責任を考慮することを求められるべきか否かという形をとる。企業の社会的責任という問題は、コーポレートガバナンスに関する議論の複雑さをわれわれに深く考えさせるが、ここではその論議の一要素に注意を払えば足り、その論議は、経営の制度を管理するにあたっての労働者代表の参加、とりわけ取締役会に対する彼らの可能な役割にかかわっている。

企業は、多くの集団がその生き残りと繁栄に利害関係を有する組織と見なすことができる。株主としての投資家およびそれに資金を提供する銀行と並んで、従業員集団、その他の企業との契約者および地域共同体は、取締役会の戦略的意思決定に重大な利害関係を持つ。かかる決定に至る際に、疑いもなく取締役はこれらの利害を考慮するが、しかし彼らの法的義務が株主の利益に優先権を与えることにあるかぎり、その他の利害関係者の利益は、利害関係者が会社に対して、銀行によって通常とられる財産上の担保権のような強力な契約上の権利を確保できないとすれば、それほど大きな重さを与えられるとは思われない。他の利害関係者の利益、たとえば被用者の雇用保障の利益のような利益により大きなウェイトをかけることを取締役に強いることは、法的枠組みの修正を求めるが、いかなる仕組みがこの目的を達成しうるのかは明らかではない。法は、取締役に対しその意思決定に際して他の利害関係者の利益を考慮するよう指示することができる[17]が、株主によって取締役が選任されるという立場を考慮すれば、彼らが何らかの他の集団の利益のために株の価値を犠牲にするような結論に到達するとは到底思われない。他にとり得るもう１つの仕組みは会社の経営に他の利害関係者の代表を入れ込むことである。その結果、これらのグループは彼らの関心事に声を上げることができ、かつ戦略的決定に参加できる。

ドイツでは、この２番目の仕組みが大企業において設けられてきた。大企業では、２番目の、監査役会（supervisory board）が経営者（managers）の戦略的意思決定を審査する。労働者は、監査役会に代表を送り、事業の方向に

---

17) Company Act 1985, s. 309.

影響を及ぼす機会を持つ。また、2004年以降に法人化された経営に適用されるヨーロッパ会社法も、取締役会へ労働者代表を送る可能性を構想している。取締役会レベルへの労働者の参加のためのこれらの仕組みは、使用者と従業員との間のパートナーシップを確保するという熱意を協議および情報に関する立法と共有するが、会社の戦略的判断に参加し、かつ影響を及ぼすことを従業員代表に可能にすることによって相互信頼を高めようとする。

同様な考えはイギリスにおいても主張されているが、いまだ実施には至っていない。[18]使用者は、利害関係者代表が富を増殖させる会社法人の大きな役割を毀損し、しかも戦略的決定をなすに際しての取締役会の有効性を損うと反論している。労働組合は、取締役会での労働者代表が従業員集団の利益を誠実に代表しうるか否か、そして同時に労働者代表が会社の利潤を最大化する決定に賛同できるか否かを疑問視している。また、労働者代表が秘密および取締役会の会議の営業上の微妙さを尊重することを求められ、それゆえ従業員集団に対して彼らの知識および専門的技能を広める立場にはないならば、相互信頼がこの仕組みによって高められるか否かの疑問も存在する。会社の取締役会レベルへの労働者参加に対するこれらの障害を克服するための実務上の方法を見出すことは可能であるかもしれないが、その困難性は確かにやる気を挫く。その結果、これがパートナーシップの構築のために果たしうる貢献のほとんどは、労使協議会のような他の協議の仕組みを通じて達成することができるという結論に到達するかもしれない。[19]

---

18) Report of the Committee of Inquiry on Industrial Democracy, Cmnd. 6706 (1977) ; O. Kahn-Freund, 'Industry Democracy' (1977) 6 ILJ 65; P Davies and Lord Wedderburn, 'The Land of Industrial Democracy' (1977) 6 ILJ 197.

19) P. Davies, 'Employee Representation and Corporate Law Reform' (2002) 22 Comparative Labour Law and Policy Journal 135 ; そして、この傾向に賛成しないけれども認識するものとして、Lord Wedderburn, 'Employees, Partnership and Company Law' (2003) 31 ILJ 99.

4　産業民主主義

　本章は、法がパートナーシップ制度を通して団体交渉における労使間の強力の構築にどの程度貢献できるのかを検討してきた。すでに見たように、法は、乗り気でない当事者にこの制度をうまく課すことはできないが、一定の手続きに従うことを労使に求めることを通して、また相互信頼が構築される制度的取決めを規定することによって、この制度の発展を手助けすることができる。しかしながら、パートナーシップへの法的貢献の分析の過程において、組織内の権限を分有するための団体交渉に対する支援は、競争力についての考慮によってのみ動機づけられるわけではないことをわれわれはすでに考察してきた。この経済的動機と並んで、しばしば職場における「発言権」('voice') を被用者に与えるという熱き願望も存在してきた。この願望は、従業員集団を組織の構成員としてみなし、従業員集団は、そのメンバーシップおよびそのルールおよび権力構造への従属によって、その組織がいかに運営されるかについて発言権を持つべきであるというものである。同様なことは、国家における統治の民主的システムに対する市民の権利と統治システムへの参加に匹敵する企業の構成員としての労働者の権利との間のアナロジーから引き出される。

　産業民主主義の概念は、経営の意思決定に参加する労働者の要求の中で重要な要素を形成した。団体交渉は、しばしば産業民主主義の一形態として表現され、産業民主主義は、政府の政策に影響を与える市民の権利に匹敵する個人の尊厳と自由に敬意を払う。もちろん、国家統治と企業経営との間に正確なアナロジーを引出すことには確信があるわけではない。団体交渉のために承認された労働組合は、政党のように経営者の統治にとってかわることを熱望するわけではなく、常にあらゆる決定に影響を与え、または参加しようとするものではなく、単に従業員に直接に影響を及ぼす決定だけである。しかし労使多元主義の提唱者は、団体交渉は、資本と組織労働者という2つの強力な利益集団が、いくつかの場面では強力な圧力団体に対応する立法過程に類似する方法で、職場関係の共同規制を交渉できる仕組みであると主張し

うるだろう。

　産業民主主義に与する主張は、とりわけ、公共部門労働者にあてはまる。株式の価値の最大化をあくせく考える必要がないということは、公共部門の経営者に広範な利害ーとりわけ、よいサービスを受けるという一般公衆の利益であることはいうまでもないーを考慮することを可能とする。公共部門の労働者は、公衆にサービスを供給することにかかわる被用者と、どのような種類のサービスが求められているかを理解する公衆の一員それ自身という二役をなすことを要求できる。官僚的ヒエラルヒーが公務部門に浸透しているけれども、教師、公的病院における医師、それに上級公務員は、供給されるサービスの性質について重要な発言権をもっている。加えて、西欧諸国の政府は、典型的に公務における労働組合を承認することによって産業多元主義の政策を支え、その結果、公共部門労働者は、もっとも高度に組織化された経済部門を構成する傾向が認められる。しかし、公共部門におけるより一層の産業民主主義の実現を目指す試みは、ますます強い挑戦を受けつつある。政府は、コストを管理し、その政策をより一層着実に実現するために、民間部門にサービスを外注することによって民営化したり、経費の節減やより効果的なサービスの提供を求めて厳格な経営管理を導入しようとしてきた。公共部門におけるこのような改革によってもたらされた結果の一つは、労働者が生み出すサービスの内容やその提供方法について影響を及ぼす労働者の権限の縮小であった。公共部門のこの新しい文化の中で、サービスのカットや上記のことによって新たに課される優先事項に抵抗する労働者は、もはや公衆の利益のためのスポークスマンとしてではなく、多数の民主的願望を不合理に妨害する自分勝手な集団として表現される。公的所有がより一層の産業民主主義の実現に寄与するという例外は、大幅に減少してしまった。

　民主的な政府と事業の経営における従業員の参加（involvement）とのかかるアナロジーは、強調されすぎてはならない。それにもかかわらず、産業民主主義のレトリックの根底にある思想は、確かに人心に訴える。それは、個人は生活を体験することを通じて社会的政治的仕組みの機能と構成に影響を及ぼすことができるよう、十分な尊敬と自治が与えられるべきだというリベラルな思想である。これらの仕組みは、それらが公的政府の仕組みであると

私的企業の仕組みであるとにかかわらず、その手続きと制約を通して実りある協力を可能にするが、個人の自由を縮減し、社会的実践を限定するという犠牲を背負うこととなる。われわれは、この官僚的制約の必要性を認識する一方で、それにもかかわらず、制度の十分な機能と両立しうる最大限の自治をあらゆる場面において主張することができる。職場において、事業またはサービスが運営される方法に関して労働者に発言権を与えることは、その理念を充たすのみならず、組織がパートナーシップ制度を通して協力を促進することによって競争的にかつ効果的に機能することをも可能にする。

第7章　競争と争議行為

　われわれは、ウエルト郡およびボールダー郡でストライキを行っていた。彼ら（使用者たち）は、デンバー郡においてグリーリー・ウイットフォード判事のインジャンクション、すなわちわれわれが食事や睡眠を取ること以外のすべてを禁止するインジャンクションを得た。われわれは、組合旗を振り、ビラを貼り、集会を開き、隣人や見知らぬ人に話しかけることができず、そのことについて一言でも触れれば、判事は有罪を宣告しただろう…。1910年12月17日、ラファイエットの市街で戦いが予定されていた。…そして、20日ごろ、ラファイエットから来た炭鉱夫が逮捕され、インジャンクション違反で訴追され、陪審を欠いた茶番な審問を受けるためデンバーに連行され、投獄判決に処された。われわれは審問前日まで逮捕される理由を知らず、また、知ることもできなかった。われわれは、保釈金で保釈され…また、われわれがラファイエットに戻ったとき、歓迎のため駅にはたくさんの人々が群れを成していた。それが、駅に結集したことのわれわれに不利な証拠として使用された。それは、われわれの審問における証拠であった…。茶番な審問の2日後、…われわれはデンバー市の郡監獄へ1年間投獄される判決を受けた…。われわれは、ここデンバーの裁判所まで来て審問を受けた。正義の女神は、手に正義の秤を持って壮麗な建物の上に建っている…。われわれが投獄判決を受けたときもそうだった。―判決の後、女神は屋根の天辺でその秤を翳した。そして、その秤は今もそこにあるのだ。[1]

　未開地のアメリカ西部地方から広まったこの物語の本質は、多くの国々の

---

1) Testimony of Edward Doyle, a mine worker and union official, before the US Commission of Industrial Relations 1915, 38819 S. Doc. 415, 64-I, vol. 7-31, quoted (at greater length) in J. Getman and J. D. Blackburn, *Labor Relations*, 2nd edn (Mineola, NY foundation Press, 1983), p.14.

数え切れないほどのストライキについて形を変えて語られ得るのである。イギリスでは、今日まで、大規模なストライキが指令されるときはいつでも、使用者は、通常、組合の幹部達が競争法の保護または免責を剥奪する何らかの瑣末な法解釈に違反したとの理由で争議行為の禁止のインジャンクションを求めて、争議行為の数時間前に高等法院に駆け込む。労働者組織は、いつも競争市場の運営を妨害する結合（combination）および支配的地位の濫用を禁ずる競争法原理と真正面から闘ってきた。これらの法的原理は、きわめて重要なものとみなされ、法制の最強の武器——すなわち刑事罰と法定侮辱罪の脅威によって裏付けられたインジャンクション——によって強制されてきた。競争法は、雇用法に長い間、影を落としてきたのである。

　ある意味では、雇用法は競争法に孕まれていたのである。雇用関係に適用された初期の立法は、主として、労働市場における競争を抑圧するか保護するかという関心によって動機付けられていた。労働者が許可なく使用者の下から離脱しないようにするルールは、労働力不足のときには賃金競争を制限する目的を有していた。労働者の謀議および団結を規制する法は、労働者のカルテルが賃金を引き上げるのを防止しようとした[2]。雇用法の議論の中心は、常に、労働市場と雇用関係が通常の競争法に服せしめられることの是非とその程度に置かれてきたのである。

　その問いに対する答えを探求する際、われわれは競争法と雇用法の4つの今日的接点を検討することになる。その第1は、労働者がいつでもどこでも最良の仕事を求めながら労働市場を意のままに動き回る労働者の自由に関するものである。第2は、失業と社会的排除を抑制する雇用法その他の社会政策の統制手段が競争法に違反する程度に関するものである。最も論争的な問題は、今日でも、上記のデンバー事件の核心たる論争、すなわち、集団的争議行為の脅威によって組合員の交渉上の立場を向上させようとする労働組合が、労働市場における競争を制限する不公正かつ違法なカルテルの一種とみられるべきか否かという論争にある。考慮されるべき最後の接点は、被用者が元の使用者と競争関係に立つ自分の企業（business）を立ち上げることを

---

[2]　前掲注1) 18頁参照。

防止することが許されるとした場合のその程度である。これらの各分野において、繰り返し発生する問題は、反競争的行為を禁止する一般的ルールが雇用関係と労働市場の特殊な性質を受け入れるために修正されるべきか否かということである。

1　労働移動（migration）

　労働者は自由に移動し生活の糧を得る如何なる職業をも得ることが出来なければならないとする見解は、経済の工業化の過程とともに生じた。それ以前の農業制度においては、労働者は農奴または小作農として農園領主に縛りつけられ、浮浪罪法（vagrancy laws）は労働者が幸運を求めてよそに行くことを禁止していた。そうした法律は、工業化が周辺に誕生した工場や新生の町に労働者を引きつけるにしたがって次第に廃止されていったが、それはストライキ行為を抑制するために利用できたため、形を変えて19世紀まで生き残った。イギリスでは19世紀中葉において、労働者が許可なく労働を停止することを禁止するこうした主従法に基づいて年間約1万件の刑事訴追がなされた。フランスでは、労働者が他の仕事を探すために離職する前に使用者から署名を得なければならない「移動手帳（carnet）」の所有が義務付けられていた。これらの法律は、労働市場における競争を制限することによって使用者の利益に役立った。労働組合からの圧力と労働の自由市場の発想を受け入れた結果として、これらの法律は19世紀の最後の四半世紀までにはヨーロッパから姿を消した。

　国民国家は次第に国内での労働者の自由移動を認めるようになったが、外国人の入国は移民法によって厳しく規制されている。移動手帳は労働許可証に替えられてきた。政府は、失業率が高いときには外国人の移民を制限し、労働力不足に合わせてそれを緩和することによって労働力の供給を管理するために移民法を利用できる。しかし、ECは、当初から、経済ブロック内の交易を自由化するという使命の一環として、加盟国間の経済的移民の管理を撤廃することを決定した。欧州共同体を設立する条約（「EC条約」）第39条は、「共同体内における労働者の移動の自由は保障されなければならない」

第 7 章　競争と争議行為　159

と宣言している。勿論、労働者はこの自由を行使することが困難であることを知っている。なぜなら、他の国において職を探すには、違った言語を学び、家族を呼び寄せ、異なった文化に順応することが必要だからである。法律はこれらの問題の処理に役立ち得ないが、移民に関するより複雑な障害を取り除くことはできる。EC の複雑な規制は、労働者とその被扶養者が居住する国家の社会保障、福祉、教育および保健制度から国籍を理由として無資格とされまたは排除されない労働者の権利を確立している[3]。医師、弁護士、熟練職人などの職業資格を管理する国内ルールは、労働者の自由移動のより厄介な障害であるといえる。適用される一般原則は、職業資格が最低 3 年間の学習の修了の結果であるか、または、その職業資格が母国で 10 年以上実践されてきた場合には、加盟諸国は他の国で得た職業資格を承認しなければならないということである[4]。

　これらの相互承認ルールは労働者の自由移動に役立つが、募集における非公式な慣行や慣習に見られるより複雑な障壁のため、ヨーロッパにおける内部移民はアメリカ合衆国よりもずっと少なくなっている。しかし、こうした慣習は、労働者の自由移動の一般原則の挑戦を受けている。例えば、ベルギーのプロ・サッカー選手であるジャン・マルク・ボスマンは、その所属サッカークラブの多額の移籍料支払い請求によってフランスのサッカークラブの仕事を得ることが妨害されたと主張することに成功した。欧州司法裁判所は、サッカークラブ間の移動金制度は労働者の自由移動の障害に該当し、そのルールが欧州条約（European Treaty）に矛盾しない適法な目的を追求し、その目的の達成に比例するものであり、かつ特別な公益的理由によって正当化される場合にのみ許される、と判示した[5]。さらに、クラブ・チームのために外国籍の選手が何人試合に参加できるかを規制する欧州サッカー協会の統一規則もまた、欧州条約 39 条に違反するものであると判示された。

　労働者が他の加盟国で仕事に就くとき、その属地国の雇用法がその労働契

3）　Regulations 1612/68/EEC; 1408/71 EEC.

4）　Directive 89/48/EEC. なお、弁護士には特別なルールが適用される。

5）　Case C-415/93, *Union Royal Belge des Societes de Football Association v Bosman* [1995] ECR I-4921, ECJ.

約に適用されるというのが一般なルールである。しかし、被用者が国境を跨いで同一の使用者の異なる場所に移動させられる場合には一層複雑な法律問題が生じる。労働契約は、労働者の最初の住居地の雇用法を選択法（the choice of law）として選択することができる。この選択法は、二つの事情がある場合には拘束力を有し得ない。すなわち、その国外派遣（posting）が、多分、一時的なものであり、かつ、裁判所が、全事情に照らし、その雇用関係が当該労働者の最初の住居地により密接に関係していると判断する場合を除いて、被用者は労働が行われる国の強行的雇用権に依拠できるのである。[6]

EC法の下では、使用者もまた移動の自由、特に他の加盟国でサービスを提供する自由を有している。使用者が他国でサービスを提供する契約を勝ち取る場合、その商事契約を履行するために自己の労働者を外国に派遣することができる。こうした労働者は、たいていは、その通常の住居地の法によって規制される労働条件に基づいて雇用されることになる。この制度は、一定の外国の企業（business）が競争上の優位を達成することを許すものである。なぜなら、そうした企業は、その労働が行われる国の最低賃金のような最低労働基準を回避することができるからである。他の加盟国においてサービスを提供する企業の通常の自由原則に対する例外として、EC指令は「国外派遣労働者（posted worker）」は、その労働が行われる国に適用される労働条件、賃金、安全および差別に関する最低基準に従った条件で雇用されなければならないとしている。[7] この指令の目的は、基本的な労働基準の低下を招く外国の競争から企業とその被用者を保護することであり、また、それは国外派遣労働者がその職場におけるより有利な権利を主張する権利を与えるものである。それは、使用者は、欧州経済地域において、事業（business）を競う制限されざる権利を認められるべきであるという一般的競争原則（general competition rule）の例外である。

---

6) Rome Convention 1980, given effect in the UK by the Contracts (Applicable Law) Act 1990.

7) Directive 96/71/EC.

2 国家助成

　EUの単一市場において企業が自由競争を享受するこの権利は、取引の自由、資本移動の自由およびサービス提供の自由によってのみならず、加盟国による保護主義的および反競争的措置の禁止によっても保護される。欧州競争法は、加盟国が事業を助成することを禁止している[8]。なぜなら、そうした措置は、その国の事業に不公正な競争上の優位性を与え得るからである。何がこうした目的のための事業への国家助成に該当するか、どの程度国はその国内企業（enterprise）の競争力を助けることが認められるのかという問題は、常に欧州共同体の極めて困難な問題であり続けるであろう。例えば、事業に低い税率を課することは、国家助成の一形態であるということもできる。しかし、欧州共同体は異なった国内の税率を阻止する権限を有しない。また、国内の雇用法からの小規模使用者の適用除外は、事実上、小規模事業の労働費用を削減する国家助成となるとも主張されてきたが、この主張は受け入れられていない[9]。

　欧州司法裁判所が従ってきた原則は、雇用や税法のような一般的に適用される措置は国家助成に当たらないが、事業所閉鎖の恐れや大規模な経済的解雇に対する公的財政支援のような裁量的な特別措置は審査に服しなければならないというものである[10]。そうした国家助成は、欧州委員会に通知されなければならない。そして、欧州委員会は、そのような国家助成が共通の利益に反する程度まで交易条件に悪影響を与えない場合には、それが一定の経済活動または一定の経済地域の発展を促進するための財政支援のような例外の一つとして正当化され得るか否かを決定するのである。

　一方の裁量的助成金による国家助成と他方の事業投資の促進のための一般措置、より具体的には、特定の地域または産業部門における職の促進に向け

　8） EC Treaty, Art.87.
　9） Case 199/91 *Kirshammer-Hack v Sidal* [1994] IRLR 185, ECJ.
　10） Case C-241/94 *French Republic v Gommission* [1996] ECR I-4551, ECJ.

た積極的雇用政策とを区別するのは、必ずしも容易ではない。しかし、これらの積極的雇用政策は、疑いもなく、競争法上許容されている。実際、欧州共同体は、社会基金により、共同体の特定の地域の経済成長を促進するため相当の補助金を与えている。この社会基金は、地域経済における無制約な多国籍企業の競争よって引き起こされ得る悪影響に対処することを目的としている。

3　争議行為

　労働組合は、その組合員の交渉上の地位を改善するため、組合員らに就労を停止するように指令し、かつ、他の者たちが代替しないようにすることによって、使用者への労働の供給をコントロールすることができるという現実味ある脅威を醸成できる。しかし、この脅威は、直ちに競争法違反となる。なぜなら、それは労働者のカルテルの創出と他の者がスト参加者の仕事に就く自由の妨害を伴うからである。それゆえ、とにかく団体交渉が機能するためには、営業制限にわたる共謀を禁止するコモン・ローのルールからの労働組合の除外のような通常の競争法の例外が創られなければならなかった。団体交渉の許容または促進による労資（capital and labour）間の交渉力の対等性の回復を使命とする労使多元主義哲学は、競争法からの争議行為の免責の創造を強力に主張したのである。工業国の政府は、団体交渉を促進する願望を抱かなかったとしても、そのほとんどは、労働争議（industrial conflict）の法的禁止は労働争議を悪化させるだけであり、究極的には、裁判所および法制度を労働者組織と直接対決する立場に置くことによって、その正統性を傷つけることになると考えたのである。しかし、常に議論されてきたことは、集団的争議行為に与えられなければならない競争法の免除または免責の正確な範囲である。

---

11)　TULR (C) A 1992 s.11.

レーバー・インジャンクション

　争議行為の免責の範囲に関する正確な法的ルールはどこの国でも複雑な法令集を形成しているが、実際は、これらのルールはレーバー・インジャンクションを発する裁判所の裁量権の行使ほど重要ではない。争議行為の脅威に直面したとき、その脅威に抗するために法律を利用しようとする使用者は、労働組合とその幹部に対しスト指令を撤回するよう命じる命令を裁判所に求める。そうした命令は、争点の正式な審問（a full trial）までの仮救済（interim relief）の手段として民事訴訟において得ることができる。したがって、使用者は、ストライキはいくつかの点で違法であると主張する訴訟を提起して、その事件の最終結論までの当該ストライキの差止めにより即時的な仮救済を求めるのである。裁判所がインジャンクションを発する場合、組合は、それに従ってそのスト指令を撤回するしかほとんど選択の余地はない。裁判所の命令に従わなければ、通常、デンバー炭鉱夫事件における一年間の投獄のような厳しい制裁が伴う。今日のイギリスにおけるインジャンクション違反の場合、組合の指導者は、法廷侮辱の罪で投獄され、組合は上限のない罰金を命ぜられ、その全財産は組合が命令に応じるまで裁判所により差押さえまたは仮差押さえされ得る。それゆえ、実際、レーバー・インジャンクションは、この手続が伝統的に語られてきたように、実質的には、争議行為を即時に（dead in its track）停止させてしまうのである。

　決定的な法律問題は、裁判所がレーバー・インジャンクションを発する裁量権をどのように行使するかということである。デンバー郡裁判所のグリーリー・ウイットフォード判事とは異なり、現在の判事達は、仮救済を発することにより、自分達が不可避的に労働者と対立する使用者の側に立つようにみられ、それゆえに自分達の中立性および公平性に疑義が生ずるため、これはセンシティブな問題であると考えている。にもかかわらず、使用者にとってインジャンクションを得る前に裁判所が課する法的なハードルは、しばしばそれほどの障害とはならないのである。まず、裁判所は、使用者が一方当事者だけの訴訟手続で（ex parte）インジャンクションを求めることを許可す

る。そのことは、インジャンクションが発せられる前に組合が応答する機会を与えられるべきであるという要件を欠くことを意味する。使用者は、審理に付されるべき重要な問題が存するという主張を裏付けるために裁判所に証拠を提出するだけでよいのであって、その証拠が問題の正式審理において実際に勝訴し得ないことを示すものでない限り、裁判所は、「利益衡量」がインジャンクションの認可または不認可のいずれに傾くかを判断するのである。利益衡量テストは、大方、問題が正式に審理された場合に組合に対して命ぜられる損害賠償金が、使用者がそのすべての損失を十分に補償され、組合がその損失を補償する財源を有するという意味において、使用者に対する十分な救済足り得るかということに向けられる。この利益衡量は、通常、使用者に有利に働く。なぜなら、組合が十分に支払える基金を有していると仮定しても、損害賠償はすべての結果的な損害につき使用者を完全に補償することはできないし、労働組合が負い得る責任には制定法上の限度が存するからである。実のところ、「不可避的で回復不可能な損害のリスクをどちらの当事者が負うかは謎のような問題である」から、利益衡量は成立し得ないのである。使用者のもう一つのハードル、すなわち審理されるべき重大問題が存するか否かは、使用者が組合によって犯された不法行為その他の違法行為の可能性を指摘できるか否かによる。争議行為の免責性に関するルールが複雑であればあるほど、その問題を提起するのは容易になる。裁判所は、組合が争議行為の法的免責の抗弁を確立する可能性を考慮しなければならない。そのことは、インジャンクションが発せられるまでに組合が裁判所に到着することができる場合、組合は、争議行為が法的免責の範囲内のものである可能性の方が高いことを証明する必要があることを意味する。

　使用者がひとたびインジャンクションを得たならば、事件は実際上決着す

---

12) American Cyanamid Co v Ethicon Ltd [1975] AC 396, HL.
13) TULR(C)A 1992, s.22.
14) F. Frankfurther and N. Greene, *The Labour Injunction* (New York: Macmillan, 1930).
15) TULR(C)A 1992, s.221.
16) *NWL Ltd v Woods* [1979] ICR 867, HL.

る。インジャンクションがいかなる経済的損失をも防ぎ、また、さらなる法的手続はスト指令を生ぜしめた問題の組合との解決の達成をより困難にするから、使用者が訴訟を継続することは余りない。裁判所に戻る理由があるとすれば、組合とその組合員がインジャンクションに従わない場合に法廷侮辱罪の手続を開始するということである。インジャンクションの遵守とは、その命令内容の厳格な履行を意味する。その命令は、多分、争議行為を慎むように組合員に伝える指示およびその指示の遵守を義務づけるものである。組合がこれを遵守しない場合、裁判所は多くの罰金を科し、罰金支払いのための組合財産を仮差押えるために係官を任命する。法廷侮辱罪の手続において、判事が自らの発した命令の不遵守に関する裁判所の告訴に関する審理員になることの不条理に留意すべきである。その立場では、判事は、釈明を軽くあしらう可能性が強い。

　このインジャンクションを発する裁判所の裁量権は、争議行為指令を違法にする競争法からの組合免責の範囲を実質的に決定する。階級的に労働関係の問題に経験がなく、かつ、労働者組織の要求に同情的ではない判事にそのような裁量権が与えられるべきか否かは、多く議論されているところである。多くの国々は、レーバー・インジャンクションの問題を専門的裁判所および審判所に委ねようとしている。その構成員は、団体交渉制度の必要的随伴物としての争議行為の重要性に対してよりセンシティブである。アメリカ合衆国の連邦法は、一方当事者訴訟（ex parte proceedings）を大幅に制限すること、および、公開法廷での証人の正式審問、財産への重大かつ回復不可能な損害が生じることの使用者による証明、ならびに、使用者が交渉によりまたは政府の調停サービスの援助を受けて紛争を解決するあらゆる努力をしたことの使用者による証明を要求することにより、裁判所の裁量を厳しく縛り上げている。[17] レーバー・インジャンクションの使用の禁止は、労使関係から競争法を排除する点で、イギリスのそれよりもずっと効果的になされてきた。もっとも、アメリカ合衆国の使用者はインジャンクションを得るために他の理由を用いることができる。

---

17) Norris-La Guardia Act (1932), 29 USC, s.101.

労働争議の当事者が、争議行為指令と法的手続に先立ち強制的調停または仲裁にかける義務を負うという見解は、合衆国の労使関係政策の真骨頂であるが、そのことは、安定的な労使関係を達成するために破壊的な労働争議を減らし団体交渉を支援するという潜在的利点を有していることは明らかである。しかし、イギリスの労働組合は、そのような措置に抵抗してきた。なぜなら、そうした強制的手続は、長い遅延を引き起こすことにより争議行為の脅威の現実味を著しく減ずることになることを恐れたからである。戦時中を除き、イギリスの制度は、政府のサービス、すなわち、助言斡旋仲裁局による選択的な調停または仲裁という任意制度であり続けてきた。実際、多くの労働紛争（industrial disputes）の当事者は、助言斡旋仲裁局の調停人および仲裁人の助けを求めている。

経済的不法行為

使用者のレーバー・インジャンクションの申立に根拠を与える競争法は、コモン・ロー制度上、不法行為法の一部として裁判所によって創られてきた。これらの経済的不法行為は、他の者の事業に損害を与える故意的行為に原因する経済的損失の回復を認めるものである。これらの不法行為の正確な境界線は2つの理由で定まっていない。この明確さが欠如している第1の原因は、法律家が、行為の不適法について裁判所が最終決定を下すことを要しない仮処分手続に関して、経済的不法行為の範囲について頻繁に議論することにある。裁判所は、争議行為が不法行為を伴う可能性があることを意味する「重要な争点」があることを決定しさえすればよいのである。裁判所が十分な議論の後に熟考してそうした不法行為が存在すると考えたか否かは、全く分からないのである。

経済的不法行為の境界線が不明確である第2の理由は、競争法における構造的なあいまいさに関係している。企業（business）間の経済競争を促進する経済制度においては、例えば、新しい顧客の獲得により、市場における自己の地位を改善しようとする努力は、ほとんど確実に競争者への損害を生ぜしめる。法は、市場社会において適法なものとみなされるべき市場における

第 7 章　競争と争議行為　　167

自らの地位の改善を求める行為と、競争相手の地位を傷つけることだけを目的とする不法行為に該当する行為との間にほとんど不可能な境界線を引かなければならないのである。裁判所が争議行為をコントロールするために用いた最初の不法行為である共謀という不法行為において、組合の争議行為指令の支配的な目的が使用者の事業に損害を与えることか、それともその組合員達の諸条件を改善することかということが問題とされた[18]。そのような判断基準は、争議行為の動機または目的の決定を大幅に裁判所の裁量に委ねてしまうことになる。もっとも、実際は、裁判所は、労働組合は通常その組合員の利益の向上を図りたいとの願望に動機付けられていると認める傾向にある。こうした動機に基づく不明確な区別を回避するため、経済的不法行為に関するコモン・ローは、今では、違法な手段が用いられたか否かに焦点をあわせている。

　この後者の対処方法によると、主要な問題は、組合の争議行為指令が不法な手段による使用者の事業（business）への意図的妨害を伴ったか否かということである。争議行為は、有効なものであれば、何らかの点で使用者の事業を妨害するものであり、かつ、意図的にそうするものであるから、決定的な問題は、争議行為の脅しまたは実行が違法な手段の行使を伴うか否かということになる。この目的のための違法な手段は、契約違反、他の不法行為、あるいはその他何らかの制定法上の義務違反を含みうる。制定法上の免責に服する争議行為に関して、違法な手段は、通常、契約違反誘致の不法行為を構成する。この不法行為は、典型的には、争議行為を指令する際に組合によって行われる。なぜなら、組合幹部は、それによって労働者に労働契約違反を行なわせるからである。契約違反誘致の不法行為は、ある使用者が他の使用者の被用者に対し契約に違反して予告をせずに辞職して自己の事業に加わるよう説得しようとすることを防止するために裁判所によって形成された[19]。その起源は、労働者の自由移動が認められるより前の時代にあり、初めから競争市場経済とは調和しなかった。しかし、労働争議に不法行為を適用する

---

18)　*Crofter Hand Woven Harris Tweed v Veitch* [1942] AC 435, HL.
19)　Lumley v Gye (1853) 2 E&B 216, QBD.

ことは、組合のスト行為指令が違法な手段による事業の妨害という一般競争不法行為を満足するための不適法な手段を構成することを確立するという使用者の目的に役立ったのである。

免　責

経済的不法行為の発展は、イギリスにおいて複雑な経路を辿った。なぜなら、議会はしばしば労働組合に不法行為の免責を与えることによってレーバー・インジャンクションの使用を制限しようとしたからである。しかし、ひとつの免責が与えられるや否や、法律家達はその制定法の文言によりカバーされない異なった不法行為の存在を指摘して争議行為の保護を潜脱しようとした。例えば、Rookes v Baranard 事件において、組合のスト指令の脅しには、契約違反誘致の不法行為ではなく、強迫というあいまいな不法行為のレッテルが貼られた。それは、議会がこの不自然なギャップを埋めるために急いで修正するまで制定法の規定によってはカバーされなかった。現行の制定法上の免責の範囲は、契約違反誘致（および契約の履行妨害）およびその脅しの不法行為を含む。[21] したがって、組合は、違法な手段による事業妨害の一般的不法行為からの免責を有する。通常のスト指令は、制定法上の保護のために契約誘致の不法行為を犯したことにならず、その結果、違法手段の要素が満足されないからである。しかし、使用者には、スト指令の違法性に関する他の何らかの理由を指摘して、その制定法上の免責の抜け穴を探す余地が常に残されている。

使用者に役立つことを度々に証明するもう1つの抜け穴は、スト行為の指令が「労働争議（trade disputes）の企図または促進のため」行われるという要件である。この決まり文句（formula）は、適法な争議行為を、もっぱらまたは主として労働条件、組合資格、承認、その他類似の事項に関する労働者とその使用者の間の紛争に限定する。[22] その目的は、より広い政治的目的が

---

20)　[1964] AC 1129, HL.
21)　TULR(C)A 1992, s.219.

あるとの強い兆候を伴うストライキを違法にすることにある。近年、公共部門 (public sector) の組合は、民営化と民間部門への仕事の移転の提案に組織的抗議を行ったとき、適法な争議行為に対するこの障害に直面した。University College London Hospitals NHS Trust v UNISON 事件では[23]、使用者は新たな病院の建設と運営を民間資金等活用事業として行おうと計画していた。組合は、この計画に原則として反対しただけではなく、使用者から次の確約を得ようとしたが失敗した。それは、新設の民間企業に移動させられた病院の全ての被用者およびその企業の新たな被用者全員が、30年間、残された公共部門の労働者に関して組合が交渉したものと同等の諸条件を得るということの確約である。使用者は、「労働争議」がないという理由でスト行為に対する仮のインジャンクションを獲得した。記録長官ウルフ卿は、この事件において、労働組合は政治的目的を有していたが、組合はその組合員に対する民間金融主導の悪影響の緩和という支配的かつ正当な目的を有していたのであるから、それは必ずしも致命的とはいえないということを受け入れた。にもかかわらず、そのストライキは、もっぱら労働者とその使用者の間の紛争に関係するものではないとの理由で違法とされた。そのストライキは、誰になるかまだ知られていない他の民間部門の使用者の将来の被用者の地位にも関係していたからである。

　組合は、この制定法上の免責という法制は使用者が新たな違法手段の理屈を編み出したり、制定法上の免責を限定的に解釈したりしてレーバー・インジャンクションを求めるとき、組合を法廷における猫の鼠追跡ゲームに服せしめていると訴えている。さらに、通常の競争法は決して労働者組織の行為に適用されるべきでないのに、争議行為を行う基本的社会権があたかも一種の例外的な特権であるかのように法的に位置づけられているという理由で反対している。多分、ここでの問題を正しく分析すると、むしろ契約違反誘致という不法行為は、競争市場経済のためには余りにも広範かつ不特定すぎるということだろう。他人に対し、そうする方が経済的に有利になるとして、

---

22)　TULR (C) A 1992, s.244.
23)　TULR (C) A 1992, s.200.

契約に違反するように説得することは、市場が競争的な場合には、不法行為を構成しないということ明らかである。契約違反者は損害の補償をしなければならないだろうが、企業が一貫して変化し続ける市場において利益を得る最良の機会を探し出すことを可能にするため、富を最大化する契約違反は許されなければならない。すべての契約違反誘致は競争法上違法であるという見解は、茫漠としすぎている。なぜなら、共謀法とは異なり、もっぱら事業を阻害するための行為と競争目的に資する行為とを区別しないからである。それゆえ、組合に関する基本的な問題は、制定法上の免責が複雑なだけ競争法が拡張されすぎていると理解するのが多分もっとも妥当である。しかし、当該不法行為が制定法上の免責により完全に排除されても、先進諸国のほとんどの法制は、レーバー・インジャンクションからの保護に更なる二つの重要な制限を課している。1つは「二次的争議行為（secondary action）」の免責の剝奪であり、もう1つはスト指令発令に先立ち組合に手続要件を課すことである。

二次的争議行為

交渉力を増強するために、組合はその供給者または顧客に打撃を与える間接的な手段によってターゲットである使用者の事業を閉鎖または妨害しようとすることもある。使用者が労働者の一部を使ってなんとか生産を継続しようとすれば、供給者がターゲットとなりうる。この供給関係を崩すため、組合は、供給者の被用者に対し、ターゲットの使用者への供給をボイコットするように説得しようとすることもあるし、また、組合員は、すべての流通を阻止する目的で、使用者の構内をパトロールすることもある。そうしたピケを張ることは、そのターゲットである使用者の構内の他の被用者がスト指令を無視するのを思いとどまらせるためにも利用できる。ほとんどの法制において、争議行為の制定法上の免責は、典型的に「二次的争議行為」として知られるこれらの戦術の多くに関しては制限されている。この制限の主な理由は、その紛争における中立性を主張する二次的使用者の保護である。二次的使用者は、自分が当事者でなく解決もできない紛争の結果として自分の事業

に経済的損害を与える妨害に対する法的保護を主張する。多分、ある企業グループの関連会社（associated company）である二次的使用者は必ずしも厳格には中立ではないが、政府は争議行為の拡大を防ぐ目的に共感する。

このため、制定法上の免責は、二次的争議行為を除外するように制限されてきた。労働条件に関する紛争の当事者でない二次的使用者は、組合に対し、組合がその被用者に雇用契約違反をするように誘致することを止めさせるレーバー・インジャンクションを得ることができる。[24] この二次的争議行為の適法性に対する制限は、一次的使用者が団体交渉のための組合承認を拒否する場合、特に組合にとって面倒なものである。二次的争議行為は、一次的使用者を組合との交渉のテーブルに着かす可能性を有する。しかし、この戦術は、それが二次的争議行為を伴うという理由だけではなく、法定承認手続は組合に平和的に承認を獲得する代替手段を与えているとの理由でも認められないのである。労働組合はまた、一つの産業部門におけるすべての使用者が団体交渉で相当な割合の使用者と合意に達した賃率を支払うようにするための重要な戦術と考えている。二次的争議行為の禁止は、ターゲットである使用者が集団的に合意された賃率を引き下げないように説得するために供給者を妨害する争議行為の脅威を利用することを妨げる。二次的争議行為の免責および1つの産業部門にまたがる集団的に合意された諸条件を拡張適用する手続が存在しないので、組合が使用者の雇っている労働者による争議行為の現実的脅威を示さない限り使用者の賃率引下げを防止できない。

しかし、この二次的争議行為の禁止は、一次的使用者の構外での平和的なピケッティングには適用されない。一次的使用者の被用者およびその組合の代表者達は、平和的に情報を得たり伝えたりあるいは平和的に他の者に労働しまたは労働しないように説得することを唯一の目的として、その職場またはその職場の近くに参集することが許されるのである。[25] しかしながら、ピケットをこの法的枠内で効果的に行うのは極めて困難である。警察は、ピケットが治安妨害の兆候を示し、あるいは公道障害を生ぜしめたとみるや否や、

---

24) TULR(C)A 1992, s.244.
25) TULR(C)A 1992, s.200.

ピケットを移動させまたは止めるよう求める。さらに、ほとんどの配送はローリーで行われ、労働者はしばしば自動車で到着するので、運転手がスピードを出して通過するのでプラカードによる以外情報を伝達する機会はほとんどない。それゆえ、ピケットの効果は、もっぱら紛争下の労働者に対する運転手の連帯感に依存する。

この連帯感は、確かに組合運動に内在している。多くの組合員は、その紛争が自分達に直接関係なくともピッケットラインを渡るのを嫌がる。そうすることによって、同情的争議行為に参加しているこれらの労働者は、その使用者からの契約違反を理由とする懲戒処分の危険を冒しているのである。さらに、平和的ピッケティング以外の方法で同情的行為を促進している組合は、禁止されている二次的争議行為を犯していることになる。世界の労働者の連帯は、労働組合運動のエトスの一部であるが、法はそのような連帯を競争市場の違法な妨害とみなすのである。

手続的規制と投票

ほとんどの先進国の法制はまた、適法な争議行為の条件として組合に手続を課そうとする。イギリスとは異なり[26]、アメリカ合衆国におけるように、労働協約が拘束力を有する契約である国々においては、組合とその組合員は、インジャンクションによって、典型的には協約の有効期間中は強制的仲裁を課する協約条項に従うよう義務付けられる[27]。また、組合の指導者達はその組合員よりも攻撃的な姿勢をとるので、その組合員達が適切に意見を求められたならば、争議行為を行いたくないことを表明するであろう、というのが政府と使用者の一般的な見解である。この見解は、ほとんど事実の根拠を有せず、かつ、選出された組合役員が組合員の支持と信頼を維持する必要性を無視するものではあるが、イギリスにおける争議行為に先立つ強制的投票手続の義務付けを正当化する理由として用いられてきた。これらの異常な規

---

26) TULR(C)A 1992, ss.179-80.
27) *Boys Markets, Inc. v Retail Clerks Union, Local 770*, 398 US 235 (1970).

定は、争議行為に先立つ秘密投票を求める法的権利を組合員に与えるだけではなく、制定法上の投票手続の遵守違反は組合のレーバー・インジャンクションの免責を剥奪するのである。[28]

　所定の投票手続のすべての詳細を検討しないが、制定法が組合に対しその経費で提案した争議行為が行なわれるすべての職場の組合員の中立的審査に服する秘密の郵便投票を行うことを義務付けているだけでないことを知るのは重要である。イギリスの制定法は、それに加えて、組合がその使用者に広範な情報を与えることを義務付けている。投票を行う前に、組合は使用者に対し投票を行う意図および投票用紙が渡される被用者の十分な詳細を知らせなければならない。その結果、使用者は構成員が誰かを知ることができるのである。この使用者への通知義務は、使用者が投票用紙を渡される労働者と直接連絡を取って自らスト行為反対キャンペーンを行うことができるようにすることを目的としている。そのキャンペーンが、争議行為の被用者への潜在的な悪影響を強調するものであることは疑いない。過半数の組合員が投票で争議行為を支持する場合、組合は再度使用者に対し、争議行為の開始時、その参加者、継続的なスト行為かそれとも短期の就労停止かを知らせる義務がある。厄介な投票手続は使用者にすでに十分な時間を与えていると思われるが、この措置は使用者に対し、争議行為によって受ける可能性のある損害を減少させる方策をとる更なる時間的余裕を与える。工場閉鎖のような悪影響のある使用者の決定に対応する場合でさえ、組合が迅速な行動をとることを実際に妨げるこれらの手続的ルールと、企業譲渡や大規模な経済的解雇にのみ適用され、組合に対して発せられるレーバー・インジャンクションと対比されるものとしての小額補償救済のサンクションしかない使用者にその工場の労働者への通告を義務付ける手続的ルールとの間には、はっきりとした相違がある。実際、組合は、組合員による自然発生的な争議行為から、距離を置き、かつ、それを否認しなければならない。さもなければ、組合はインジャンクションと損害賠償に問われる。

　多数の労働者の投票手続のひどい煩雑さと費用は、疑いなく、多くの場

---

28)　TULR (C) A 1992, ss.228-35.

合、組合にスト行為指令を思いとどまらせる。組合がこの処置をとる決定をするときは、組合員の過半数が通常賛成するのは驚くべきことではない。その場合、使用者はその手続から、その争議行為に参加するすべての組合員に投票用紙を送らなかったこと、その他の何らかの投票過程の反則などの落ち度を探そうとして、全過程を詮索することができる。法は組合の小さな非本質的な誤りは許容するが、あらゆる落ち度は、使用者により仮インジャンクションを求める機会として利用されうる。主要なスト行為は、使用者が訴訟を提起することによってしばしば妨害される。それは、またもや裁判所に投票ルールを解釈してレーバー・インジャンクションを発する広範な裁量を与えることになる。これらの手続に明らかに欠如しているものは、争議行為に賛成する票が過半数を得た場合に組合と会って誠実に交渉すること、または問題を中立の仲裁に付託することを使用者に義務付けることである。ところが、使用者はそれを拒んで反撃手段をとる権利を有しているのである。

4　競争の契約的制約

　競争法が雇用法と交差する最後の領域は、人がそのすべての能力と人的資本を用いて労働する自由と関係している。この自由は、競争法にしっかりと保護されている。なぜなら、この労働の権利は、すべての者が労働市場にアクセスすることを確保するのみならず、すべての者がその技術や知識を使用できる場合に国家の富を最大限にするだろうからである。デニング卿が、乗馬クラブに対し、女性に調教師としての免許を与えるよう強制するために、この考え方をどのように用いたかを思い起こすとよい。[29]しかし、多くの使用者は、自分たちが正当な企業利益とみなしているものを保護するために、この自由に干渉しようとする。彼らは、その企業と技術的プロセスを学び、顧客と供給者に関係のネットワークを築いた被用者達が、今度は、その知識を使って、元の使用者と競争する企業を起こしまたはライバル企業のために働き、元の使用者の利益を害するかもしれないことを危惧する。限定的ではあ

---

29)　前述 60 頁参照。

るが、法は、使用者がそうした状況下で競争を制限することに興味を抱き得ることを認識している。もっとも、裁判所は、その制限が必要かつ合理的であるか否かを非常に注意深く吟味している。

忠　実

　人的資本への競争法の適用を評価するためには、われわれはまず、法が被用者の雇用期間中の義務をどのように捉えているのかを理解すべきである。被用者は、雇用契約の遂行中、使用者に対して黙示的な忠実または忠誠義務を負っている。この義務は契約を誠実に履行する黙示義務と重なり合っているが、競争にかかわる若干の更なる義務を付け加えているようにみえる。例えば、被用者は、勤務時間外に競争相手のために働くことができるのか。一般的には、法は、それが主たる仕事の履行の妨げにならないという条件の下で、被用者が他の使用者の下での2番目の仕事に従事することを認めている。しかし、2番目の使用者が直接的な競争になる製品や役務を作る場合のように、2番目の仕事が直接的に使用者の事業を害する場合もあり得る。そのような場合、被用者はその1番目の使用者に対する黙示の忠実義務に違反することになる[30]。この忠実または忠誠義務はまた、情報を許可なく他人に開示しないことによって、被用者が使用者の事業に関する情報の機密性を尊重することを義務付ける。

　黙示の忠実義務（the implied duty of loyalty）は、被用者に対する信任義務（a fiduciary duty）に等しいものであるとときに示唆されることがある。確かに、同等の義務でありうる。例えば、被用者は、使用者に帰属する財産や金銭を使用者に収支報告する責任を負う義務を有している。被用者が許可なく秘密情報を開示するなら、使用者はその秘密情報使用のインジャンクションを得ることができるし、また、その秘密情報を使用して得た利益の弁済を求めることができる。この救済は、例えば、スパイのブレークの事件に適用された。彼は自分の回顧録の印税をすべて放棄するよう求められた。もっと

---

[30] *Hivac Ltd v Park Royal Scientific Instruments Ltd* [1946] ch 169, CA.

も、この判決は、50年経過後にその回顧録の情報のすべてが実際には公知のものだったのであるから、使用者の返還請求権を拡張するものであると思われる。信任義務と類似するもう1つの特徴として、被用者が雇用期間中に事業の機会を知り、使用者にその機会からの利益を得させるのではなく、その機会を自分の利益のために利用する場合は、そうした「内密の利益」は信任義務違反とみなされるであろう。それでも、被用者の立場は厳格な信任義務のルールに支配されはしない。例えば、被用者は自己の契約違反を開示する義務はない。また、被用者は、自己の利益より使用者の利益を優先し、利益相反が生じることを避けることまで義務付けられてはいない。忠実義務の限界は、体外受精クリニックの院長の事案で探求された。その院長は、自己の私的収入のため外国で同様な仕事を行った。労働契約終了時に、使用者は、院長がこの私的な仕事を履行するための許可を得なかったことが契約の明示条項の違反となることを立証した。しかし、使用者は、「内密の利益」を報告する義務によって救済を受けうる信任義務違反として院長の私的収入の返還を請求することはできなかった。被用者の責任は、その契約違反により使用者が被った損害に限定されたのである。すなわち、海外の患者はイギリスのクリニックには来ないので、その損害はゼロであった。しかし、院長が体外受精を行うためにそのスタッフを海外に送ったときには、院長はそのスタッフが得た私的収入に責任を負った。なぜなら、それらの被用者に対して使用者のために働くように命じる院長の義務と彼らの海外での私的な仕事から利益を得るという院長の個人的利益との間には利益の相反があるので、その行為は忠実義務に違反するからである。

　被用者は、使用者の競争企業を起こす準備をしても忠実義務違反となり得る。被用者は競争的企業を起こす意思を顧客となり得る者に通知しようするかも知れず、また他の被用者に新しい企業への参加を求めることもあろう。この場合、不誠実の要素はあるが、競争を奨励する必要性は、ある程度許容

---

31) Attorney General v Blake [2001] IRLR 36, HL.
32) Sybron Corp v Rochem Ltd [1983] ICR 801, CA.
33) *Nottingham University v Fischel* [2000] IRLR 471.

されるべきことを示唆する。アメリカ合衆国では、裁判所は、被用者が準備することを許容したが、顧客や他の被用者を勧誘することまでは許容しなかった。イギリスでは、裁判所は、元の被用者が雇用期間中に入手した顧客リストを使用することを禁じる「スプリング・ボード」インジャンクションを発した。インジャンクションの目的は、競争を禁じることではなく、それ以前の顧客リスト奪取行為による誠実義務違反に対し十分な救済を与えることである。

「競業禁止」条項（'Non-Compete' Clauses）

　競争法が人的資本の使用を規制する最も議論のある領域は、被用者が職を辞して競争企業を起こす被用者の権利または競争相手の使用者のために働く権利である。一般に、コモン・ローは、すべての人が教育および職業生活の中で獲得した技術、知識および経験を生活の糧を得るために使用する権利を尊重する。個人が職業に就くことを妨げる企ては、カルテルや寡占の一形態として違法であると思われる。パブリックポリシーは、消費者を保護するために、事務弁護士や医師として開業するための適切な職業資格の要件のような一定の制限を認める。しかし、被用者が競争企業のために働くことを禁止する元の使用者の企ては、厳格に規制される。

　元の使用者は、その被用者が特許のような知的財産権や秘密情報を使用することを禁止することができる。しかし、秘密情報とみなされ得るものの範囲は、不確かである。秘密情報とみなされるためには、当該情報が使用者により企業秘密（business secret）として取り扱われていなければならず、被用者はそれが秘密であるとみなされるべきことを認識していなければならない。実際、この概念は、通常、製品のデザインの技術情報、レシピおよび化学処理の技術情報のような「営業秘密（trade secret）」に限定される。使用者は、実際、獲得した人的資本の元の被用者による使用からのより広範な保

---

34) *Jet Courier Service v Mulei* 771 P.2d 484 SCt Colorado (1989).
35) *Roger Builvant Ltd v Ellis* [1987] ICR 464, CA.

護を求めて、雇用終了後の活動にも適用される労働契約の明示条項を主張する。こうした「競業禁止」条項は、営業制限法理の法理により審査される。

競業禁止条項に適用される一般原則は、その条項が当該企業の財産または正当な利益に見合った保護を与えるための合理的な必要を超えていなければ、無効とみなされるというものである。この原則は、被用者の一般的な人的資本と、一般的な意味で適切に使用者の財産とみなされ、かつ、被用者がその創造に貢献したとしても自己目的に使用することを認めるのが不当であるところの使用者の企業に固有の利益または財産とを区別しようとする。この原則の実際の当てはめは、極めて困難であり、かつ、多くの訴訟の原因となっている。例えば、使用者の依頼人または顧客の場合を考えてみよう。使用者は、顧客との契約を事業の不可欠な財産とみなしうる。なぜなら、過去のこれらの顧客との取引パターンは、事業の「信用（goodwill）」の一部を構成すると思われるからである。他方、疑いなく毎日顧客との接触を形成してきた元被用者は、その新たな仕事を成功させるために、それらの顧客となり得る者と接触する必要があろうし、また自分の商品市場の知識をもっとも貴重な財産とみるだろう。例えば、労働者派遣業者のケースで、ある被用者達がその派遣業者のところを辞めて自分の事業を起こし、その事業のために、元の使用者の顧客達と元の使用者から派遣されている派遣秘書達と接触しようとした。顧客たちの名前と派遣秘書要員の知識は、その事業の貴重な財産だったのか、それとも、その被用者達の人的資本の一部だったのだろうか。答えは、もちろん、どちらでもあるということである。ここで重要な問題は、多くの場合、ある事業のもっとも貴重な財産がその被用者の人的資本であるということである。

この難問を解決するために、裁判所は、その適用範囲が使用者の利益保護にとって最小限度の制限を加えるものとなるようその競業禁止条項の適用範囲を綿密に審査して、その条項に営業制限法理を適用する。例えば、その労働者派遣業者のケースでは、競業禁止条項は、元の被用者に6ヶ月間、元の

---

36) *Stenhouse Ltd v Phillips* [1974] AC 391, HL.
37) *Office Angels Ltd v Rainer-Thomas and O'Connor* [1991] IRLR 214, CA.

事務所から 1Km 以内に競業企業を起こすことを禁止していた。この条項は、それが必要以上の保護を与えるものであるので無効であると判示された。しかし、元の被用者が、ある限定的な期間、その使用者の顧客に接触することを禁止する別の条項は、合理的かつ適法であるとみなされたであろう。あまり広範に規定された条項を無効にするというこの慣行は、すべての競業禁止条項の効力に疑問を提起する効果を持つ。なぜなら、その条項をより限定的に起草し、それでいて使用者の利益や財産に対する十分な保護を与える方法を考えることはしばしば可能だからである。

競業禁止条項の有効性に関する著しい曖昧さを避けるため、使用者はまた、一般に「庭弄り休暇（garden leave）」条項として知られるものを利用する。予告による契約終了時のそうした契約の明示条項に基づき、長い予告期間の間、被用者が賃金を全額支払われて自宅に留まり、他の誰のためにも働かないよう義務付けられる。この目的を達成するためには、被用者がその予告期間満了までの間、自宅に留まり競争相手のために働かないことを命じるインジャンクションを得る必要があるだろう。裁判所は、まず、そうした明示条項を強制する裁量を有するが、今日では、その条項も営業制限法理によって与えられるのと同様な審査に服することは明らかである。[38]

したがって、元の被用者の競業を禁じる条項に適用されるとき、営業制限法理は、しばしば不明瞭で、かつ、実際にその適用において著しい不確定性を作り出す区別に基づいているようにみえる。こうした微妙な区別を放棄し、それに代わって、そのような条項をすべて禁止することには強い説得力がある。時として、使用者が職を創造するインセンティブとして、使用者が元の被用者による競業に対して自己を保護しようとすることを許すべきだとの主張がなされる。使用者が、労働者に対して、小さな町の事務弁護士の仕事のように、自分の事業について教えたとしたら、たちまちその教えを受けた被用者がその町に競業的事業を立ち上げるという状態に直面することになるのであるから、使用者ははじめからその訓練労働者を採ることを控えるだろうというのである。この種の事例はたくさんありうるが、この主張は結局

---

38) William Hill Organisation Ltd v Tucker [1999] ICR 291, CA.

説得力がない。元の使用者は、競業的事業を起こすインセンティブを取り除くためにその被用者に十分な対価を支払ってこのリスクから身を守ることができる。また、被用者は、訓練が終了した後のより高い賃金を期待して、減額された賃金を受け取ることによって、その訓練費を賄うことができるのであるから、被用者はその人的資本を他の場所で使用する権利があるというべきである。また、消費者は、技術と価格を比較することによって、企業を選択できるのであるから、競争企業の存在から利益を得る。さらに、その間に技術と知識を移動させ、同時に新たな人的資本を獲得する企業間の労働者の自由移動は、長期的には、企業の競争力を全体として向上させる傾向がある。例えば、コンピュータ技術革新の多くの発祥地であったカリフォルニア州のシリコンバレーにおいては、競業禁止条項は一般に無効であり、その結果、労働者が企業間を俊敏に移動しまた自分の企業を起こすのは自由である。カリフォルニア州における競業禁止条項の無効は、知識集約的経済部門における高水準のイノベーションに必要とされる法的基盤を提供していると捉えることができる。使用者が明確に秘密と明示し、その価値が、例えばコカコーラの製法のように、元の被用者が競争相手から得ることができる収入をはるかに上回る特別な技術情報を別とすれば、使用者は、競業禁止条項で競争に曝されることを制限することが許されるべきか否かは、確かに考慮する価値のあることである。

---

39) P. H. Rubin and P. Shedd, 'Human Capital and Covenants Not to Compete' (1981) 10 *Journal of Legal Studies* 93.

第8章　懲戒と解雇

　マドン（Madden）氏は、懲戒の聴聞で、自分は不運な犠牲者であると主張した。マドン氏は、そのときそのことについて知らず、その不運は始まったばかりであった。使用者である銀行は、マドン氏が横領したのではないかと疑っていた。マドン氏は、11年以上銀行で働き、懲戒歴はなかった。銀行の3人の顧客は、支店から引き落とすことになっていたデビットカードが不正利用され、店で物品購入に利用されていたということを発見した。ほぼ同時期、銀行の被用者の何者かが、この3人の口座の財務状況をチェックするため、銀行のコンピュータシステムを使用して、無権限の調査を行っていた。マドン氏は当該時間に支店におり、コンピュータにアクセスしていた。銀行は警察に通報し、警察はマドン氏を逮捕するとともに、彼の家を家宅捜索した。しかし、警察は、マドン氏とデビットカードの横領ないしは不正利用とを結びつけるいかなる証拠も見つけることができなかった。そのため、マドン氏は刑事告発（charge）されることなく釈放された。マドン氏は、そのことについて何も知らなかったし、犯罪が行われていたとき、通常通り銀行で働いていただけであったと主張した。しかし、使用者は疑念を抱いていた。銀行の内部調査において、マドン氏が犯罪を犯す機会はあったであろうという以上のことは示されなかったが、調査後、銀行は懲罰の聴聞を行い、彼は即時解雇されたのである。

　マドン氏は、不公正に解雇されないという制定法上の権利に基づいて雇用審判所に訴えを提起した。[1]雇用審判所は、彼が不公正に解雇されたと判示した。そして、以下3つの指摘を行った。すなわち、カードが使用された際の正確な日付に関する確かな証拠がない、マドン氏がそのコンピュータデータ

1）　Employment Rights Acts 1996, s.94.

にアクセスしたという直接の証拠がない、カードを使用したかもしれない他の被用者に関する個別の財務状況調査もない、という指摘である。さらに、カードを利用して購入した物品の種類は、マドン氏の動機を裏付けるようなものではなかった。というのも彼にはわずかな額のために、自分のキャリアや雇用の先行きを危険にさらす理由がなかったからである。雇用審判所は、合理的な使用者であれば、そのような状況の下で被用者を解雇することはなかったに違いないと判断した。

しかし、マドン氏の勝利は短いものであった。毎月何千もの不公正解雇事件を判断している雇用審判所では首尾一貫した判断ができないかもしれないと控訴院が懸念して、控訴院への上訴が迅速に処理された。控訴院は、当該事件に関する判断の機会を得て、雇用審判所の決定を、瑕疵ある法的判断(an error of law) として破棄した。[2] 合理的な雇用審判所が法を適切に適用すれば、当該解雇が不公正であるとは判断しなかったにちがいないと控訴院は判断した。控訴院は、雇用審判所は当該解雇の決定の是非に対して自己の判断を下そうとする間違いを犯したと判示した。雇用審判所はそうではなく、解雇という使用者の決定が使用者のなしうる合理的な対応の範囲内であったかどうかだけを問うべきであった。使用者は調査を行い、その調査に基づいて当該被用者に向けられた嫌疑の理由を十分に検討したので、合理的な使用者として被用者を解雇するには十分であった。こうして、マドン氏の最終的な不運は、その職を失い何の補償もなくその信用を毀損されたというばかりか、裁判所間の争いにも巻き込まれたということであった。そこでは、マドン氏は不公正解雇の法解釈における控訴院の支配と権威の再表明に関する不運な犠牲者であった。控訴院の見解は、使用者には幅広い裁量権が与えられるべきあるということであった。すなわち、雇用審判所は合理的な使用者であれば行わないというような解雇決定でない限り、解雇が不公正であると判断するべきではないということである。被用者の従属性を確保するための使用者の最終的な制裁手段としての懲戒の効果を法律が弱めてしまわないように、国家は職場における懲戒にあまり深く干渉するべきではないのである。

---

2) *Post Office v. Foley; HSBG v. Madden* [2000] ICR 1283, CA.

第 8 章　懲戒と解雇　　183

　職場における懲戒は不幸をもたらすが、その必要性は疑いない。長期的に
みて、懲戒は企業の競争力を確保する上で、使用者だけではなく労働者の利
益にも資するものである。効率的に生産を調整するため、経営者は労働者の
服従と協力を確保できる必要がある。この目的に対しては、通常、賃金によ
るインセンティブやその他の報酬で十分といえるが、重大な反発や非能率の
場合、会社には抑止力としての懲戒権が必要である。懲戒には、減給
(deduction)、降格、裁量的な手当の支払拒否、そして最終的には解雇または
雇用終了といった様々な態様があり得る。調査結果によれば、イギリスでは
毎年約 3.5 ％の労働者が懲戒処分を受けている。
　しかし、職場における懲戒の必要性を認めることと経営者に無制約な権限
を許すこととは同じではない。懲戒は、正義の原則と公正な手続に従う限
り、有効に行使し得る。実際、労働者が公正と認める方法で懲戒権が行使さ
れない場合、憤りを醸成したり、非協力 (withdrawal of co-operation) を招い
たり、優秀な労働者がやめる原因をつくって、逆効果となる可能性が高い。
さらに、懲戒処分は、矯正手段とも結びつき得る。十分な仕事ができない被
用者は、単に処分を受けるのではなく、仕事が不十分なことを見抜かれ (be
detected)、訓練などの救済を与えられることも可能になるのである。結局、
公正な懲戒制度は競争力に資する。難しい問題は、職場において正義にかな
った公正な懲戒制度とはどのような制度かということである。そして、法的
な課題は正義にかなった公正な懲戒制度の構築や実施に法がどのような貢献
し得るかということである。
　私たちは雇用法の歴史の中から、これらの問題に対する 3 つの大まかな対
応を見いだすことができる。最も初期の法的対応は、懲戒の問題に対し、契
約の枠組みをあてはめることであった。雇用契約上の明示および黙示の義務
が公正の基準を決定し、これらの義務違反に対する法的救済が、契約違反に
対する通常の救済となった。第 2 の法的対応は、懲戒に関する協定
(arrangements) としての集団的自律的規制 (collective self-regulation) のなか
に正義や公正を認めることであった。労働協約において、職場における懲戒
の規則や手続が定められ、特定の懲戒事例における正義を決定した。第 3 の
法的対応は、今日欧州において支配的であるが、あらゆる雇用関係に適用さ

れる懲戒の基準と手続に関する強行的なルールを導入することであった。マドン事件のように、職場において懲戒処分を受けた個人は、専門の労働裁判所や審判所へ提訴することによって、法的な基準や手続を守らせることができる。公正で正義にかなった懲戒処分を確保する上で、これら3つの法的対応は必ずしも相互に排他的ではない。イギリスにおいて、ある事件では3つすべての対応が利用できる場合もあり得る。この章では、懲戒と解雇を規制するこれら3つの対応の利点および欠点を検討する。

1　契約上の保護

法律家により雇用関係が契約上の合意と解釈されると、私法システムは、契約条項が私法の一般原則によって補足され、懲戒規定の内容を確定すると構成することにより、私法システムの一般的なアプローチを紛争に適用した。しかし最近まで、労働の履行に対しどのような懲戒権が使用者に与えられるのか、その限度はどこまでかについて、契約上明確には規定されていなかった。懲戒に関する明示規定がなかったため、裁判所は、あらゆる雇用関係に適用し得るデフォルトルール（default principles）を発展させることができた。目的を達成するためにはどの程度の懲戒権が経営者に認められるべきなのかということに関する裁判官共通の認識が、これらデフォルトルールの内容から明らかになる。

デフォルトルール

雇用関係における懲戒権に裁判所が適用する一般的なルールは、使用者にほぼ無制約の権限を与えた。コモン・ロー上、使用者は、懲戒処分として賃金を支払わないことが可能であった。それは、被用者が命ぜられた仕事を達成できない場合には使用者は賃金の支払いを拒むことができるという契約上の黙示条件を理由としたり、あるいは満たすべき労働の基準に関する慣行上の黙示条項を理由としたりするものであった。賃金が支払われる前に達成すべき仕事量を定める場合、裁判所としては賃金が支払われる前に仕事を終わ

らせる義務のある契約と解釈することが可能であった。有名な *Cutter v. Powell* 事件では、この「完全履行義務（'entire obligations'）」原則が示されている。：船乗りは賃金が支払われる前に航海を終えなければならなかった。そのため、海上で彼が死亡してしまったことで、彼の妻はいかなる賠償も得ることができなかった。さらに重大なことに、裁判所は次のようなルールを認めた。すなわち、使用者はそれが完全な仕事の履行とはならないとして、部分的もしくは不満足な仕事の履行を拒むことができ、その結果賃金全額を支払わないことができるというものである。仕事に比例して賃金の一部を支払う責任が生じるのは、使用者が契約上の義務として部分履行を認める場合である。これらのルールは、非協力やルール違反といった労働者の不適正な（informal）行動に対する抑止力として、使用者が賃金を支払わずにいることを可能にした。

　懲戒解雇処分に関して、コモン・ロー上興味深い相違が生じていた。アメリカでは、いついかなる理由でも「自由に（at will）」雇用契約を終了することができるというデフォルトルールが裁判所において発展した。アメリカには、使用者は有無を言わせず被用者を解雇し即時に職場を去るよう告げることができるという一般原則がある。イギリスの裁判所も、使用者がいついかなる理由でも雇用を終了することができることに同意したが、裁判所は、期間の定めのない契約に関しては、合理的な解雇予告期間がなければ一方的な終了として認められないという黙示条項が含まれているとの一般原則をも適用した。合理的な解雇予告期間とは、通常、賃金が支払われるまでの期間とされた。したがって、労働者が一日ごとに賃金が支払われる場合には、一日の解雇予告を与えることによって当該契約は適法に終了させることができた。合理的な解雇予告期間に関する黙示条項違反としての被用者の救済は、「違法解雇（wrongful dismissal）」として知られている解雇予告期間中の手取り賃金の請求に限られていた。この額は、解雇予告期間中の賃金から税金の

3）　(1795) 6 Term Rep 320, [1775-1802] All ER Rep 159.
4）　*Wiluszynski v. London Borough of Tower Hamlets* [1989] ICR 493,CA.
5）　*Miles v. Wakefield Borough Council* [1987] AC 539,HL.

ような通常の控除額を差し引いたものと同額とされ、さらに損害を緩和するという被用者の義務に服した。それ故、合理的な解雇予告期間に関する黙示条項は、自由に契約を終了する使用者の権限に対する制限としては不十分なものである。

　それどころか、経済的保障として不十分なこの保護は、さらに決定的な制限に服せしめられた。もし被用者が重大な契約違反を犯したならば、使用者は、解雇予告期間中の賃金を全く支払わず、一方的かつ即時に契約を終了することを許された。したがって、被用者の非違行為の事実はもはや契約に拘束されないとの意思の表れであるということを証明することによって、使用者は合理的な解雇予告期間中の賃金に関する被用者の請求を覆すことができた。法の服従（obedience）や忠誠といった雇用契約における被用者の黙示義務の違反は、そうした非違行為の証拠となった。もっとも、単独の非違行為は契約の履行拒否とはみなされないこともある。*Wilson v. Racher* 事件では、庭師が使用者と口論の末、即時解雇された。被用者が彼の仕事ぶりに対する使用者の批判は不公正かつ不合理であると考えたことから、口論になったものであった。その口論は、庭師が「くそったれ」といって立ち去ったことで終わった。このような暴言にもかかわらず、裁判所は、本件のような単独の非違行為は、契約に拘束されないという被用者の意思を示したものとはいえないとして、解雇予告期間中の賃金に関する請求を認めた。

　予告を与えまたは予告を与えずに雇用契約を終了するという使用者の懲戒権は、他国の法制度においても同様に擁護されていた。しかし、20世紀の間にほとんどの法制度は、このような無制約な懲戒権に対し例外を設け始めた。この例外は、私法上の一般原則や黙示条項を根拠とした。例えば、フランスの裁判所は、ときどき使用者の懲戒権の行使が当該状況下においては *abus du droit*、すなわち、権利の濫用であると述べることがあった。アメリカの裁判所の中には、解雇は当該状況において、誠実履行という黙示条項

---

6) *Laws v. London Chronicle* (*Indicator Newspapers*) *Ltd* [1959] 1 WLR 698, [1959] 2 All ER 285,CA.

7) [1974] ICR 428,CA.

に違反すると認めたものもある。例えば、賃金の一部をコミッションで支払わされていたセールスマンが、有利なコミッション・ボーナスを拒否する目的で解雇された際、その解雇は誠実義務違反（bad faith）の契約終了であると主張し、勝訴したという事例がある[8]。また似たような理由で成功した主張として、上司からのデートを拒否したために解雇されたと主張した女性に関するものもある[9]。しかし、イギリス法は、使用者の無制限な懲戒権に対して、契約法の一般原則を根拠に限定を加えるという上記のような傾向には従わなかった。

　この問題は、*Johnson v. Unisys Ltd.* 事件において明らかになった[10]。被用者は理由なく即時解雇された。被用者は解雇により精神疾患を患い、別の仕事につくことができなくなったという理由から、契約違反として十分な損害賠償を請求した。当該請求の1つの理論構成は、使用者が誠実履行の黙示条項もしくは信頼（trust and confidence）を破壊するような行動をとらない義務の黙示条項に違反したというものであった。しかし、その主張は以下の3つの理由から失敗に終わった。第1に、そのような黙示条項は、合理的な解雇予告がなされれば、理由を問わず契約を終了できるという明示条項に矛盾するという理由であった。しかし、これらは必ずしも矛盾するわけではない。なぜなら、合理的な解雇予告をへて雇用を終了することができる明示の権限も、その権限が誠実に行使されなければならないという黙示条項によって制限されるからである。第2に、雇用契約には原告が主張するような黙示条項が含まれているが、そのような義務は契約の終了に際しては適用にならず、契約の履行に際してだけ適用になるという理由であった。この判断は、契約の履行に関する行為と終了に関する行為とは、明確に区別できるという前提にたっている。しかし、この区別が実際上不可能であることは明らかである。本件で問題となった使用者による会社の懲戒規則違反は、明らかに契約

　　8）　*Fortune v. National Cash Register Co.* 364 NE 2d 1251 S Judicial Ct of Mass. (1977).

　　9）　*Monge v. Beebe Rubber Co.* 114 NH 130, 316 A 2d 549 S Ct New Hampshire (1974).

　　10）　[2001] ICR 480, HL.

の終了に関するものであり、契約の履行に関するものではないと言いきれるだろうか。ボーナスをもらう直前の解雇は、契約の履行の行為、それとも終了の行為のいずれであろうか。原告の請求を退けた第3の理由は、次のような懸念であった。すなわち、このような契約に関する私法の発達によって、解雇された被用者は制定法上必要とされる制限や資格なしに、不公正解雇に関する制定法上の訴えに代わるコモン・ロー上の訴えを可能にしてしまうという懸念である。例えば、この事件では解雇された被用者は、不公正解雇に関する制定法上の訴えで勝訴していた。しかし制定法上、彼への補償額は非常に制限されていた。コモン・ロー上の訴えを提起した彼の目的は、400,000ポンドに増額するために制定法上の補償の上限（当時11,500ポンド）に対する抜け道を見つけるためであった。裁判所は、不可能で説得力がない理論的な区別を創り出す犠牲を犯しても、制定法上の上限に対する抜け道を認めないことにしたのである。

　この先例は、使用者の雇用契約を終了できる権限に対する黙示の実体的規制違反を理由とする補償請求に関するイギリスのコモン・ローの進化を妨げる可能性がある。しかし、被用者が使用者の不正義な取り扱いに直面し退職する場合には、この判決を回避することは可能である。例えば、*French v. Barclays Bank plc*事件[11]では、被用者のひどい浪費と差押えを原因として、使用者は短い予告期間を経て、安い金利の貸付便宜を取り消した。最終的に被用者は退職した。裁判所は、貸付の取消は契約違反ではないが、このような行為は黙示的信頼条項に違反すると判断した。その結果、被用者は契約違反を理由に十分な損害賠償を請求することができた。この判決は、もし被用者が解雇される直前に退職するのであれば、誠実履行に関する黙示の義務違反として、解雇の場合より有利な立場にたって補償を請求できる可能性があるという奇妙な結果を招いた。使用者によるひどい取扱いに直面した被用者へのアドバイスは、コモン・ロー上の請求に関しては、解雇される前に退職せよということに違いない。

---

11)　[1998] IRLR 652,CA.

明 示 条 項

　懲戒に対する契約アプローチとは、使用者と被用者が法的に強制可能な懲戒と雇用の終了に関する明示規定に合意することを認めることである。契約の中で、懲戒手続が定められ、非違行為の種類と適切な処罰が明確になる。しかし、それらのルールが単にハンドブックあるいはその他の職場ルールの表明の中に含まれているだけであれば、すでに指摘したように、裁判所はそれらを契約の明示条項としてではなく、自由に変更できる経営者の裁量権の行使としてしか見ない可能性がある。これは、*Johnson v. Unysis Ltd* 事件において、使用者の懲戒手続違反に関してとられた見解である。この事件において、懲戒手続は、使用者に対する契約上の拘束力を有しなかった。

　懲戒規則が雇用契約の明示条項の一部に組み込まれている場合、使用者の権限の範囲は当該契約の解釈によって決まることになる。イギリスの裁判所は、なぜか懲戒権からの保護を与える明示条項を例外的であり、そのような明示条項は限定的に解釈されるべきであるとみる。特に、解雇予告時に、何の理由も付さず契約を終了するという黙示の権限を使用者は放棄しているという被用者の主張を裁判官は懐疑的にみている。これらの限定的解釈は、契約自体に含まれる以下のような明白な矛盾により促進された。すなわち、契約が、使用者は一定の予告期間を置いて解雇することができると定め、また、解雇を含む懲戒権は一定の手続と基準に則って行使されなければならないとも規定している場合である。例えば、*Taylor v. Secretary of State for Scotland* 事件[12]では、雇用契約上、被用者が55歳に達した場合、使用者は3ヶ月の予告期間後解雇することができると規定されていた。他方、年齢を理由として差別してはいけないという規定も契約には含まれていた。使用者が55歳に達したすべての被用者に対して、労働協約に基づく強制退職を実行した際、一人の被用者が年齢差別禁止条項違反であるとして訴えた。貴族院は、被用者の訴えを棄却し、年齢差別禁止条項は、予告期間3ヶ月後の解雇

---

12) ［2001］ICR 595,HL.

を許容する条項に服すると論じた。司法委員会（The judicial Committee）は、年齢差別禁止条項は55歳以上の被用者間における年齢を理由とする差別を禁止したものであると述べて、なんとか同条項に意義を与えた。実際のところ、契約には矛盾があったが、貴族院は解雇を容易にする条項を優先させたのである。

　被用者が契約上の明示条項違反を立証すれば、被用者が効果的な救済を得られるかという点が重要な問題になる。特に、被用者は仕事に復帰することができるだろうか。コモン・ローの裁判所は、解雇のインジャンクションや被用者の復職という特定履行を伝統的に拒否してきた。個人の自由に対する過度の介入になるという理由から、裁判所が被用者に特定の使用者のもとで働くことを命令できないように、使用者もまた労働者を雇うことを強制されないといわれている。しかし、この考え方は必ずしも説得力がない。なぜなら、誰かを雇うよう要求する自由への介入の程度は、特定の使用者のもとで働くよう要求する命令に比べて明らかに少ないからである。被用者を効果的に復職させる命令を拒否するにつき裁判所が与えたより説得的な理由は、命令の実行性が明らかではないというものである。解雇や敵対的な訴訟によって、労使間の信頼関係は低下し、雇用関係において必要な協働関係を築くことは不可能になるであろう。しかし、このような考え方は、あらゆる事件における特定履行の可能性を一切否定するものではない。使用者は契約上の懲戒手続を尽くすべきであり、その結果が明らかになるまで被用者を休職させるというような裁判所命令を被用者が求めるだけであれば、信頼関係の喪失に基づく異議は生じないし、使用者の自由に対する介入もわずかといえる。被用者を休職させている間、使用者に懲戒手続を遵守させるという命令と同様に、懲戒手続の結果がでるまでの間、別の部署に配置転換するというような解決法も、事案によっては実行可能かもしれない[13]。しかし、これらは例外的なケースである。企業から排除したいと思う者を雇い続けることを使用者に強制できないという理由から、一般に裁判所は解雇のインジャンクション

---

13) *Irani v. Southampton and West Hampshire Health Authority* [1985] ICR 590, Ch D.

第8章 懲戒と解雇 191

を拒否している。

　他方、大陸法における裁判では、契約違反の解雇は無効で、法的な効果が生じないと主張することが可能である。解雇が法的に無効なので、使用者が契約条項を正しく修正するまで被用者は正式には雇用され続けることになる。しかし実際のところ、使用者がこの主張に反対すると、被用者が仕事に復職することはやはり難しい。それにもかかわらず、雇用関係を継続させることは、被用者が契約上の権利に基づいて十分な補償を主張する上で役立つ。一般にコモン・ロー上、裁判所は解雇無効という考えを拒否するが、被用者というより、オフィス・フォルダーと認められるような上級官僚の場合には、この主張が成功する場合がある。*Ridge v. Baldwin*事件では、警察長官が「自然的正義（natural justice）」のルールに反するとして、彼の解雇を「取消（quashed）」させた。しかしこの例外的な事件以降、裁判所は、公共部門の労働者の多くは雇用契約に基づいて雇用されており、当該契約の終了を公法（public law）上の問題として取りあげることはできないと判断している。

　解雇された被用者が明示条項違反に対する損害賠償の救済しか得られないとすると、補償の程度が重要な問題になる。この場合、補償額は2つの原則により常にきびしく制限されている。第1として、コモン・ロー上、被解雇者は損害緩和措置を課せられているということである。そのため、合理的な段階でできるだけ早く別の仕事を探さなければならない。第2の制限として、裁判所は使用者に対しては最小限の責任を想定しているということである。解雇が契約違反であったとしても、使用者が適法に契約を終了できる権限を有していれば、その権限を行使して契約上の責任は限定される。例えば、使用者が契約上の懲戒手続に違反しても、損害額は手続が正しく行なわれた期間に支払われる賃金に限定される。使用者の責任範囲がこのように限定的なので、解雇後の長い失業期間に関する補償請求は拒否されている。ま

---

　14)　[1964] AC 40, HL.

　15)　*McClaren v. The Home Office* [1990] IRLR 338, CA.

　16)　*Gunton v. Richmond-upon-Thames London Borough Council* [1980] ICR 755, CA.

た、裁判所は補償額に関するもう一つの考え方、つまり正しく懲戒手続が行なわれていたならば、被用者は無期限に仕事を続けられたという考え方も否定している。

損害額に関するこのような制限は、雇用関係における契約上の懲戒規則の重要性を正しく認識していないとして批判されるかもしれない。使用者には、被用者を納得させるため、懲戒権を公正に行使するような懲戒手続を尽くす義務がある。その結果、被用者は使用者に十分協力をし、義務をはたそうとするのである。懲戒手続を強行的な契約条項にすることで、使用者はこの責任をより説得力のあるものにすることができる。しかし、使用者が少ない費用で懲戒手続を行なえるのであれば、この義務は実質的に弱められる。損害額を左右するこれらのルールによって、使用者は拘束力を有する懲戒ルールを通じて雇用保護をはかるという法的義務を負わずにおり、そのことで被用者側の信頼や責任も失っている。

強行規定

契約モデルに近い規制方法としては、強行規定を含む制定法を雇用契約のなかに組み入れることである。それはあたかもその契約の明示条項のように拘束し得る。この方法はイギリスでは、契約終了前の解雇予告期間に関してとられている。制定法は雇用期間に応じて最小限の解雇予告期間を定めており、それが事実上合理的な解雇予告期間に関する決定的な明示ルールになっている[17]。この制定法の効果としては、何年も雇用継続している週給制の労働者に対して、解雇予告期間を十分に延ばすことができる。もう1つの強行規定は、懲戒や苦情（grievances）に関して使用者と被用者に最低限の手続に従うよう義務づけている[18]。懲戒の場合、使用者には通常以下の三点が義務づけられている。すなわち、解雇その他の懲戒処分にかかる理由書の提示、懲戒処分に先立つ被用者との話し合い、決定に対する不服申立て規定の導入であ

---

17) Employment Rights Act 1996, s. 86.
18) Employment Act 2002, s.30.

る。苦情に関する類似の規定も同様であるが、この強行規定は、使用者もしくは被用者が手続に従わない場合には契約違反とみなし、可能な限り損害額に反映させるという効果をもつ。これらの強行規定が、不公正な懲戒処分に対するコモン・ロー上の被用者の保護をわずかながら強化するものであることは明らかである。しかし、これらの規定も、どんなに恣意的で不公正な理由であっても解雇の実質的な理由を裁判所としては検討しないという基本的なスタンスに影響を及ぼすものではない。

2 集団的自律的規制

　私法上の契約モデルでは不公正な懲戒処分に対する被用者保護が十分に図られないが、これは労働協約を通じて改善され得る。承認された労働組合は使用者に対し、法的拘束力を有する懲戒処分の手続や基準を求めて交渉することができる。労働協約では、解雇予告期間を延ばしたり、懲戒や苦情に関する手続を設けたり、使用者による契約終了の理由を制限したりすることができる。アメリカでは、労働組合が私的な仲裁制度を通じてこのシステムを発展させてきた。その結果、労働者は中立な仲裁人の前で、組合の支持を得て懲戒処分に異議を唱えることができる。このような労働協約は、解雇に関する「正当理由（just cause）」の基準を提供する。仲裁人が懲戒処分を認めるためには、使用者は正当理由を証明しなければならない。事実上、仲裁人には懲戒処分に関する「当該職場の法（law of the shop）」をつくる権限が与えられているのである[19]。

　公正な懲戒手続を決定するこの集団モデルには、常に3つの問題がある。第1に、それは労働協約の効力が及ぶ労働者に対して、公正な懲戒手続を保障するにすぎない。国の労働人口に占める彼らの割合はほんのわずかである。第2に、労働協約に基づく基準は、組合の交渉力に左右される。（組合の交渉力が）弱い期間であれば、不正義な懲戒処分に反対する労働者に十分な保護を与えられないかもしれない。第3に、集団モデルは個人の利益より

---

19) A. Cox, 'Reflections on Labor Arbitration' (1959) 72 *Harvard LR* 1482.

集団の利益を重視しやすい。組合の集団的な利益あるいは組合と使用者との共通の利益のために、組合は一人の労働者が受ける不正義な懲戒処分を厳しくとがめないかもしれない。アメリカの裁判所は、全組合員を公正に代表する法的義務を組合に課すことで、懲戒処分の集団的自律的規制におけるこのような欠点に取り組んできた。[20]

懲戒処分に関する集団的自律的規制が上記のような問題を含んでいるにもかかわらず、この規制方法には独自のメリットがあったので、多くの人々はイギリスにおいて組合がそのような制度を発展できなかったことを残念がった。仲裁制度は、労使関係や使用者の経営上の必要性に敏感な迅速かつ安価な紛争解決手段を提供する可能性を有している。仲裁が職場において速やかに行われるならば、請求が復職という形で実現する可能性も高い。効果的な仲裁制度は、懲戒制度が公正に機能しているという信頼も—法制度では費用と時間がかかり実現することが非常に難しいものである—被用者に与える。イギリス政府も仲裁制度を導入してきたが、これは性質が全く異なる。[21] それは、特定の職場における集団的自律的規制の導入か、雇用審判所における訴訟かの二者択一を迫るものである。この仲裁制度という選択肢が裁判所や審判所より迅速であれば、一部の申立人を引きつけるかもしれない。しかし、多くの被用者にとって、正式な法手続の保障によって与えられる利益は他の考慮に勝るものであり、この代替的紛争解決手段を拒絶する方向に向かわせる。

3　強行的規制

集団的自律的規制が存在せず、あるいはそれによる保障が低いこと、および裁判上の規制としてのデフォルトルールが不公正もしくは不正義な懲戒処

---

20) C.W. Summers, 'The Individual Employee's Rights Under the Collective Agreement: What Constitutes Fair Representation?' (1997) 126 *University of Pennsylvania LR* 251.

21) TULR(C)A 1992, s.212A; The ACAS Arbitration Scheme (England and Wales) Order 2001, SI 2001/1185.

分に対する保護をほとんど与えていないという批判があることに呼応して、各国の議会は、不公正解雇に対する強行法規を制定させるために介入した。このような制定法は、通常労働者に労働裁判所や雇用審判所のような中立の裁判所において解雇の公正性を争う権利を与える。公正という基準は、当事者間の合意ではなく、懲戒手続と実体的な基準という双方に関し、公正が要請する法的視点によって決まることになる。

　解雇に関する強行的規制は、アメリカにおいてはほぼ完全に拒絶されてきた。当事者は契約を通じて効果的な条項を盛り込むことができるので、規制は必要ないと主張されてきた。雇用を自由に終了できる使用者の権限が雇用契約によって制限されることはめったにない。このことは、労働者が不公正な取扱いのリスクを引き受けるからであると説明される。なぜなら、返報として労働者がより高い賃金を得ることができるとともに、いずれにせよ使用者は一般にその信用を傷つけたり、優秀な労働者がやめる原因になったりするような不公正な行動をとらないだろうという理由からである[22]。しかし、強行的規制に反対するこれらの主張には説得力がないように思われる。雇用関係を形成するとき、被用者は、通常使用者の懲戒処分に関する詳細な情報を欠いており、実際、雇用保障と公正な取り扱いというあいまいな約束に騙されるだろう。新しい仕事を開始するとき、被用者は非違行為に関するルールについて質問したり、その内容について交渉したりすることは難しい。使用者の懲戒準則に強制的な情報開示（mandatory disclosure）を義務づけることで、規制はこのような困難に応えることができる。しかし、この情報は交渉態度を変更させないかもしれない。したがって、被用者の構造的な交渉力の不均衡（情報の非対称）が不公正な懲戒処分からの十分な保護を求める被用者の交渉を妨げているとの理由から、より強い規制が使用者に対する一般的公正基準として適用される[23]。こうした理由で、懲戒に対する強行的規制は、

---

[22]　R. Epstein, 'In Defense of the Contract at Will' (1984) 57 *University of Chicago LR* 947.

[23]　G. Mundlak, 'Information-forcing and Cooperation-inducing Rules: Rethinking the Building Blocks of Labour Law', in G. de Geest, J. Siegers, and R. Van den Bergh, *Law and Ecomonics and the Labour Market* (Cheltenham: Elgar, 1999), p.55.

懲戒に関する交渉おける市場の失敗（market failure）に応えるものである。もし、強行的規制に反対する人が正しいとすれば、強行的法規が制定されても解雇には影響しないはずである。しかし統計上、制定法が施行された後、解雇数は減少し、規制の下で解雇は相対的に低い割合となっている。[24]強行的規制を正当化するもう１つの理由は、端的に、次のような主張にある。すなわち、その規制の目的は、被用者個人の諸権利、例えば被用者が配慮と尊敬の念をもって取り扱われる権利、被用者が生計を立てられるような収入と雇用保障を享受する権利、および被用者のプライバシーや自由に関する権利などを尊重することを使用者に義務付けることにあるとの主張である。不公正な懲戒処分は、それが恣意的、抑圧的または偏見的のものになれば、これらの権利を侵害することになる。このような観点からみると、職場における強行的規制はシティズンシップの重要な側面といえる。この見解は、イギリスの雇用の終了に関するILO勧告第119条の受け入れ[25]と、不当な（unjustified）解雇から保護される権利に関する2000年欧州連合基本権憲章の制定[26]との両方によって象徴されている。

　イギリスにおける懲戒の強行的規制は、この２つの正当性を根拠に、情報を開示する義務と実体的な基準に依拠すべき義務を課してきた。制定法は、減給と解雇という２つのもっとも顕著な懲戒権に焦点を合わせてきた。停職や降格などその他の形態の懲戒処分に対しては、かなり不十分ではあるが、被用者は辞職し、みなし不公正解雇を主張して争うことができる。労働組合員としての権利や差別されない権利など、特に重要な雇用上の権利を守るため、被用者は解雇に至らない処分やその他の不利益取り扱いを直接争うことも可能である。この制定法における保障レベルは、以下の重要な３つの要因

---

24)　For an assessment of the empirical evidence in the UK: H. Collins, *Justice in Dismissal* (Oxford: Oxford University Press, 1992), pp.252-4 ; for country comparisons: C.F.Buechtmann, 'Introduction: Employment Security and Labor Markets', in C.F.Buechtmann (ed.), *Employment Security and Labour Market Behavior* (Ithaca, NY: ILR Press, 1993), pp.3, 21.

25)　B. Napier, 'Dismissals: The New ILO Standards' (1983) 12 *Industrial LJ* 17.

26)　Art. 30.

(variables)によって左右されてきたと思われる。それは、不公正の問題を考える上での情報提供義務の適切さに対する捉え方、不公正な懲戒処分に対して労働者が利用し得る非法律的な対抗手段の強度、および法令遵守によって使用者に生じるコストに対する懸念である。

第1の要因の重要性は、賃金からの控除(deduction from pay)に関する規制によって説明し得る。それ以前の制定法を礎として、1896年トラック法(Truck Act)は、一定条件下の減給に関し使用者に対する刑事罰を適用した。同法は、職場内で通知を掲示することを使用者に義務づけ、または、減給や「罰金」の対象となり得る特定の作為と不作為および減給の計算方法を規定した契約書へ被用者に署名させることを使用者に義務づけることによって、ある程度、情報の非対称の問題に取り組もうとしていた。しかし、そうした措置を超えて、制定法は、そのすべての事情において、減給や「罰金」処分が公正かつ合理的なものでなければならず、かりに公正でなければ、使用者は罰金を科され、あるいは労働者へ返金しなければならないという実体的審査基準を確定した。ところが、不公正な減給の実質的禁止は、1986年に廃止になり、修正および簡略化された情報提供義務のみが残った。[27] 使用者は、制定法(例えば税金)、雇用契約の条項、あるいは被用者の書面による合意により許可された減給を行うことが可能である。したがって、減給に関する現行の制定法は、労働者が減額された賃金の返還を求める際、雇用審判所によるより簡易な手続が利用できることを除き、通常の契約法に基づいて得られる権利を上回る保護をほとんど達成していないのである。

刑事罰により担保された公正要件の廃止の理由は、このビクトリア時代の措置はもはや必要ではないというものであった。情報提供義務は適切な保護を与えるだろう。現在は保護の必要はないという主張は、常に社会法(social legislation)に反対する不当な主張である。濫用はもはや生じていないという事実は、実際に、それを抑制している制定法自体を廃止する理由にはならない。いずれにせよ、その主張は、過酷かつ不公正な減給訴訟がちらほら提起されていることからみて明らかに間違っている。そうした訴訟のた

---

27) Employment Rights Acts 1996, s. 13.

め、政府は実際に、小売業に従事する労働者に関する例外を設けなければならなくなった。小売業の使用者は、顧客に盗まれた商品相当額を労働者の賃金から頻繁に控除していたからである。政府が単に経営コストを下げ、懲戒手続を行使する上での柔軟性を使用者に与えることだけに関心を持っていたことが、強行的公正審査基準を放棄した主な理由である。[28]

　第2の要因、すなわち労働者の法律以外の制裁の有効性が、不公正解雇に対する制定法上の保護の由来を説明し得る。イギリスの制定法は、ほとんどの欧州諸国における同様の保護よりかなり遅れて、1971年に制定された。1970年以前、解雇の問題は、労使多元主義に従い集団的自律的規制の問題とみなされていた。しかし、懲戒処分に関する効果的な団体交渉が発展しなかったため、あるいは集団的な手続が存在しない場合、労働者は不公正と思われる懲戒処分に対しては非公認ストライキに訴える傾向があったため、このような考え方はとられなくなった。したがって、制定法の中で、労使紛争を回避し解雇をめぐる紛争を解決するための比較的非公式的な法的制度を設け、また懲戒手続に関する集団交渉を促進しようとした。要するに、不公正解雇に対する非法律な制裁が、非常に強力で破壊的になったと考えられた結果、紛争解決のための手続を定める制定法が必要になったのである。

　第3の要因の重要性、すなわち使用者に生じるコストは、制定法上の不公正解雇に関する適用範囲を限定する役割をたえず果たしている。それは、例えば、被用者は特定の使用者に一定の期間継続的に雇用されなければ保護される権利を与えられないという、資格付与期間の利用によって説明し得る。資格付与期間を満たすまでは（現在は1年と定められている）、ほとんどの場合、使用者は当該処分を正当化するコストを負担することなく、被用者を解雇できる。同様に、制定法では雇用契約を締結している被用者に限定しているため、「必要に応じた臨時労働 (casual work as required)」や独立した契約形態のコンサルタントなどその他の柔軟な就労形態には適用されない。欧州のいくつかの裁判管轄においては、小規模事業所の使用者は制定法の適用を

---

28) Employment Rights Acts 1996, ss. 17–22. T. Gorielly, 'Arbitrary Deductions from Pay and the Proposed Repeal of the Truck Acts' (1983) 12 *Industrial LJ* 236.

完全に除外されている。他のよくある適用除外は、退職年齢を超えた被用者である。もっとも、年齢差別禁止法が施行されれば、そのルールは存続しないであろう。また、使用者コストに対する配慮は、制定法の条項、特に公正という基準に関する裁判所の解釈にも影響を与える。裁判所は、たびたび、使用者は解雇に先立ち必要以上に（disproportionately）経費のかかる手続の実施を義務づけられ、また合理的な企業経営を妨げられるべきではないことを力説している。マドン事件の控訴院判決はこの力説の意味を明らかにした。そのことは、裁判所の解雇における正義あるいは公正という法的基準の解釈と密接に関係している。

4　公正の基準

　各国の法制度は、解雇に関する正義と公正を決定するためのそれぞれ独自の方式を有するが、「社会的に正当な」、「十分に正当化される」、イギリスの場合における「合理的な」などの抽象的な文言はすべて、各裁判所を同じ問題に直面させる。裁判所は、以下にあげる労使間のバランスをとるため、公正という概念を明確にしなければならない。つまり、一方でときどき懲戒権を行使して生産効率を確保するという使用者の利益と、他方で、雇用保障という経済的利益のみならず（おそらくより重要であるが）尊厳をもって取り扱われるという被用者の利益と、の間におけるバランスである。個人の尊厳に対する配慮は、解雇に先立つ公正な手続の必要性を正当化する。またそれは、個人の権利が人種や性別を理由として差別されないように、解雇が個人の基本的権利を侵害する理由であってはならないということを要請する。労働裁判所や雇用審判所における中心的な課題は、両者の利益バランスの確保にある。

　これらの審判所は労使関係における専門知見のため特に創設された機関であるが、あらゆる懲戒処分の決定に対する不服審判所の役割を担うことにはかなりの抵抗がある。イギリスの裁判所は、経営者の決定に対する過度の介入により、使用者に多大な負担をかけることに対しては慎重で、使用者はその懲戒処分の決定にある程度の裁量が認められるべきであると力説してき

た。マドン事件で再表明されたように、その基準は、使用者の解雇決定が、被用者の非違行為または、勤務不良などのその他の落度に対する「合理的な対応の範囲」内にあったか否かということである。被用者を解雇する際、他の合理的な使用者もそうしたかも知れないような仕方でその使用者も処分したのであれば、当該状況において解雇は正当化できないと審判所が確信した事実は不適切（irrelevant）ということになる。審判所からみれば、使用者の判断は誤りであり、あるいは厳しいかもしれない。しかしそれにもかかわらず、その判断が当該状況における使用者の合理的な対応の範囲内であるならば、公正であると判断されなければならない。

　制定法のこのような解釈は、使用者があまりにも軽率に、不合理に（irrationally）、または独断的に行動していたと考えられるのであれば、審判所が介入することを妨げるものではないが、この解釈によって、使用者は解雇が十分な正当性を有することの綿密の調査の要請から解放される。特に、審判所は、合理的な対応の範囲内という基準によって、非違行為に対する制裁として解雇は厳しすぎると考える事案に対しても、合理的な使用者であれば、そのような軽微な違反を理由として被用者を解雇しなかったと認められなければ介入することはできない。制定法の解釈に欠けていると思われるものは、衡量過程の一部としての均衡性（proportionality）の評価である。適切な問いは、おそらく、当該解雇が使用者の正当な経営利益の追求に必要であったか否か、並びにこの必要性は雇用保障および尊厳をもって扱われることに対する被用者の利益の侵害を十分に正当化できるか否かということである。例えば、マドン事件において、確かに銀行は自社の被用者の誠実さを確保するという強い、正当な利益を有することに疑いはなかった。しかし、この必要性は、被用者の落ち度に関するより有力な証拠を発見するための更なる調査を要することなく、被用者にはおそらく横領する機会があったという単なる状況証拠的嫌疑に基づく即時解雇を本当に正当化しただろうか。この事件で、雇用審判所は明らかに、合理的な使用者であれば、デビットカードの窃盗以外の考え得る理由を払拭するために、さらなる調査を行うべきであったと考えた。控訴院判決は、不誠実を理由に解雇される銀行の被用者が将来の雇用機会に深刻なダメージを受けることや、このような個人に対する重

大な摘発には、手続の公正性に細心の注意がはらわれなければならないことに対する認識がほとんどなかったと思われる。

　使用者の懲戒手続は公正ではなければならないというこの要請は、ある程度、被用者を市民として尊重するという義務に基づいている。刑法があらゆる刑罰に先立つ公正な手続を要求しているように、個人から生計手段を奪い、あるいは非違行為や無能というレッテルで名誉を傷つける前に、使用者は被用者に公正な防御の機会を与える手続をふむべきである。しかし、公正な手続は、使用者の観点からみてもよりよい決定につながるという理由で正当化し得る。使用者にとって、有能な被用者を間違って解雇することは不経済であり、公正な手続はそのような間違いの機会を大いに減らす。解雇の公正基準の解釈において、イギリスの審判所は公正な懲戒手続の重要性を認めている。それにもかかわらず、審判所は、被用者の基本的権利の尊重より使用者の効率性を理由として、公正な手続に関するこれまでの判断を支持する傾向にある。結果として、審判所は、使用者が公正な手続をふむことは時間の浪費であると合理的に考える場合、使用者が公正な手続の手間を省くことを容認している。

　しかしながら、欧州の多くの裁判籍では、公正な手続は被用者の基本的権利であると考えられている。それはすべての場合に——たとえ、労働者が重大な犯罪を犯し、現行犯で捕えられたような場合でさえも——認められている。そこまでは行かないものの、イギリスの制定法も以下のように改正された。すなわち、書面による解雇理由書の付与、被用者との話し合い、処分に対する不服申立ての権利付与を含む最低限の手続を使用者が怠った場合には、被用者に支払われる補償額の増額によって制裁されることがあるというものである[29]。加えて、助言斡旋仲裁局が作成する指針的な行為準則（an advisory Code of Practice）に使用者が従っていなかった場合は、当該解雇が不公正に行われていたとの推定をうける[30]。ただし、当該状況ではそのような手続が不

　29）　Employment Act 2002, s. 31.

　30）　*Code of Practice on Disciplinary and Grievance Procedures* (2000), issued under TULR(C)A 1992, s.199.

必要あるいは不経済であると考えることが合理的であるならば、使用者は詳細な手続をふむ必要はないという留保はある[31]。また、使用者は別の手続に従うべきであったが、たとえ適切な手続をふんだとしても解雇という結論に影響を及ぼさなかったと考える場合には、審判所は、解雇は不適切な手続のため不公正であったが、当該事件における実質的なメリットという観点から、被用者は補償を与えられるべきではないと判断してもよい。

合理的な対応の範囲内という基準は、懲戒手続を作成するにあたり使用者にかなり広い裁量を与えるだけでなくて、解雇の正当化理由を判断するにあたっても使用者に幅広い裁量を認めるものである。使用者がハンドブックのなかで一定の行為に対する規則を定め、罰則として解雇があり得る旨規定する場合、審判所は、当該状況でそのような厳しい規則が使用者にとって必要であったかどうかを詳しく審査しないで、当該規則の違反は解雇の公正な理由であると判断する可能性が高い。例えば、*Mathewson v. RB Wilson Dental Laboratory Ltd* 事件において[32]、被用者が、昼休み中、公園で少量の大麻所持を理由に逮捕され、休憩から遅れて戻った後、即時解雇された。使用者は、その被用者の行為がその適格性に対する疑いを生じさせた場合には、刑事犯罪の有罪判決を受けた被用者を解雇するという懲戒処分の方針に依拠した。しかし、その方針は当該被用者には伝えられていなかったのである。使用者は、また、その被用者は他の従業員に対して悪い影響を与える懸念があると述べた。審判所は、当該使用者が全く何の公正な手続も踏まず、当該被用者が業務を妨げるという懸念を裏付ける証拠を提出することもできなかったが、審判所は当該解雇を公正と認めたのである。スコットランドの雇用上訴審判所は、雇用審判所は制定法を正しく解釈したとして、申立人の控訴を棄却した。「雇用審判所の多数意見は、解雇当時、使用者に与えられた情報に基づき、上訴人を即時解雇するという対応は過酷ではあるが、合理的な範囲を超えていたとまではいうことはできないとの結論に達した。」

使用者に過剰な制約とコストを負わせないという配慮からなされた、不公

---

31) *Polkey v. AE Dayton Services Ltd* [1988] ICR 142, HL.
32) [1988] IRLR 512, EAT.

正解雇法における不公正という概念に対する審判所のこの解釈は、被用者の利益に十分な保護を与えるものではない。使用者が合理的に行動したかという制定法上の争点は、使用者が不合理な行動をとったかというよりゆるやかな基準に変質してしまっている。合理的な使用者が、公正な手続をふむことなく重い処分を行うこともあるが、この行為は道理に反し（perverse）あるいは無分別な（irrational）ものでない限り、不合理であるとの判断は免れる。皮肉にも、コモンロー上の契約基準（contractual test）の方が、被用者に厚い保護を与えている。例えば、*Mathewson* 事件においては、昼食後の勤務に遅れるという行為によって、被用者は、雇用契約の履行を拒絶する意思を明らかにしたという、ありそうもない主張を使用者が立証できたのでない限り、被用者は少なくとも解雇予告期間中の賃金を得る権利があったであろう。ここでの根本的な問題は、解雇の合理性判断において、使用者が懲戒処分の実質的な理由を提示すると、審判所はその正当性は十分あると判断してしまうところにある。そこでは、雇用保障や個人の尊厳といった被用者利益の侵害が、使用者の一方的な必要性によるものでないかを検討する均衡性の基準に基づく十分な正当性の検討がなされていない。

5　法令遵守の問題

　雇用法において、懲戒や解雇規制の遵守を確保するという問題はいつも難しいものである。集団的自律的規制における一つの潜在的利点は、さまざまな場面で、使用者が集団的に合意された手続と基準を高いレベルで遵守するようにすることができる点である。コモン・ロー上の違法解雇の申立てや制定法上の不公正解雇の申立てに適用される個別強制の私法モデルは、使用者が被解雇者へ補償金を支払わなければならないというリスクに大きく依存していた。しかし、使用者はほとんどの事案において、被用者は法的手段に訴えるための情報や決断力を有していない、あるいは補償額は小額であると考え、このリスクを合理的に割り引いてみている可能性がある。これは、雇用法に遍く存在する効率的規制違反の問題である。

　補償に関し低廉かつ略式の法手続を導入することは、法令遵守レベルをあ

げる上で重要である。被解雇者が、法的システムと審判所が訴訟を提起することを援助する簡易な手続を利用できるのであれば、請求が認容される可能性が高まり、それに相応して使用者が要求された基準を遵守しようとするインセンティブも生じるであろう。他の欧州諸国同様、イギリスにおいても、規制の私法モデルが解雇の場合においてより効果的に機能するために、労働裁判所または雇用審判所という専門機関が役立ったことは疑いない。しかし、政府は、被用者の司法へのアクセスが容易になることによって、使用者に──特に、使用者が訴権濫用的あるいは不誠実な訴えに対して防御しなければならない場合──過大なコストがかかることを懸念するようになった。このような懸念から、審判所が、勝訴の可能性が低い事件を選別し、勝訴する可能性が極めて低いにもかかわらず、訴訟追行に固執する被用者には付加的費用を負担させることができるようにする手続的措置が導入された。これらの手続的措置の危険性は、訴訟を挫くことによって、制定法の有効性を傷つけてしまうことである。法律家であれば、一見勝訴する可能性が極めて低い事案であっても、ときには、より詳しい調査によって十分な根拠があることが判明するということを知っている。審判所が個々の訴えを適切に審査することは、使用者にとっても司法行政にとっても負担となる。しかし、司法に容易にアクセスできない状況での個別化された補償金請求という規制手法では、解雇における最低レベルの公正を高いレベルで遵守させることは難しい。

　この規制の効果を高めるその他の主な方法は、補償額を増やすことである。それによって、使用者は不公正解雇に関する申し立てのリスクを評価して、もっと慎重になる。イギリスにおける不公正解雇勝訴事件の大多数は、平均的な労働者のおよそ3ヵ月分の賃金相当額の補償金の裁定という結果に終わっている。この裁定額は、雇用期間に基づく固定額（基礎裁定額）と、審判所が当該状況における「正義かつ衡平（just and equitable）」と考える裁量的な額（補償裁定額）からなる。審判所は、被用者にもある程度の有責事由があったと判断するならば、どちらかの補償額を減額し得る。したがって、審判所がすでに被用者の有責事由は当該解雇を十分に正当化しないと判断していたとしても、使用者は、補償額を減らすために、被用者の寄与的有

責事由に関する主張を行うことができる。平均的な補償額が低いことと、使用者には補償額を減額するよう審判所を説得するさまざまな機会があることを勘案すれば、不公正解雇法のコストに対する使用者からの度重なる不平にもかかわらず、実際には、相当な理由がない場合でも、被用者を解雇することを決心している使用者を思いとどまらせることはできないと予想できるのである。

　代替可能な救済として復職がある。それは、解雇にもかかわらず、使用者に対し雇用関係を回復させる命令となる。イギリスを含む多くの法制度は、不公正解雇に対する最も重要な救済として復職をあげる[33]。しかし、実際には、事件が裁判所や審判所に持ち込まれると、雇用関係の両当事者ともこの救済を欲しない。当事者間における信頼という不可欠の要素が、訴訟継続中にとられる敵対的な態度によって完全に失われてしまっているからであろう。そのため、審判所は復職という救済を求められることがほとんどなく、求められたとしても、そのような命令を実現不可能と判断する。仮に審判所が復職を命じても、多くの被用者は、長期的見通しは迅速に別の仕事を探すことによってよりよく保障される可能性があるとの正しい判断をするだろう。復職命令は、企業の評判や権威を下げるかもしれないが、実は、使用者の財政的負担が小さいという意味で、低廉な救済といえる。そのため、制定法の基準遵守に対する財政上のインセンティヴは、補償額によって得られる法令遵守レベルより低く、実際、それは遵守レベルを下げることになるかもしれない。したがって、復職という救済手段は、実現不可能であるばかりか、法令遵守のレベルアップにもつながらない。

　使用者の懲戒処分は解決困難な論争を引き起こすものだが、もう少し入念な規制方法によって、公正という法的基準の遵守レベルを上げることは可能である。1つは、解雇前に要求される手続的ステップに関する強行的ルールを発展させるということである。それは、法規を遵守すれば公正という基準を満たし、そのルール違反であれば不公正であると機械的に判断されるとい

---

33)　Employment Rights Acts 1996,ss. 112, 113, 116.

う必要かつ十分となるものである。この方法は、多くの事件の迅速な解決に資するばかりか、明確かつ拘束力ある指針を使用者に与えることによって、より高いレベルの法令遵守を保障することになろう。解雇理由は多様であるし、個々の職場におけるその意義も多様であるから、実体的な解雇理由を網羅的に列挙する一般規則はおそらく不可能である。ただし、例外として、禁止された理由による差別といった一定の理由は完全に否定され得る。[34] 新しい規制方法は、職場における実体的な基準に関する集団的自律的規制を奨励することである。それを通じて、使用者は比較的重い懲戒処分に対する自らの考えを正しく示すことができ、被用者は明確な境界ラインを知ることができる。このような制度は、職場において集団的な同意を得た懲戒準則に基づく解雇であれば、一般に正当化されるとの推定を認めることによって、集団的自律的規制にインセンティヴを与えることができる。いくつかの欧州諸国で用いられているこのアプローチの変形は、その公正性を確保し、認可された準則の違反を不公正との推定を生ぜしめるものとする目的で、使用者の懲戒準則を事前に調査する労働監督官 (labour inspectors) を利用することである。このような新しい規制方法の利点は、使用者と司法機関の長期的なコストを軽減する方向で、公正という基準の法令遵守レベルをあげる点にある。

　欧州では、経営者の裁量権の行使に対する監督におけるパートナーシップの役割の重視にしばしば関連して、法令を遵守させるための様々な方法がとられているが、専門の労働裁判所や雇用審判所によって強制される懲戒解雇を制限する強行的基準として共有されているモデルが存在する。ECはこの分野における立法権を有するが、手続として全会一致が必要である。しかし、ECはすでに、差別、有期契約、パートタイム労働者、および、次章で検討する経済的解雇の分野における指令を通じて、雇用の終了を制限する制定法の発展に間接的な影響力を及ぼしてきた。職場における公正な懲戒を要求する措置は、競争力に対する貢献という点からも、現代のシティズンシップという側面からも正当化し得るのであるから、この議論は、少なくとも公

---

　　34)　イギリスでは「当然の不公正解雇」の区分は、社会権（第11章参照）および共同体機関の労働者代表（第6章参照）を保護するときにも利用されている。

正な取扱いに関する統一的な基本的権利を保障する程度にまで、EC がまもなく採用する議論となる可能性が高い[35]。

---

35) B.Hepple, 'European Rules on Dismissal Law?' (1977) 18 *Comparative Labor LJ* 204.

第9章　経済的保障

　トッド（Todd）氏が廃業し、ディーピング・セントジョーンズにある彼のガソリンスタンドの事業を新しい所有者に売却する直前、売却相手に何も伝えずに、トッド氏は、28年間にわたり彼の個人的秘書であったウッズ（Woods）婦人の分も含め、従業員の賃金を上げた。新しい所有者は、従前と同じ条件で従業員を引き受けることを約束したが、ウッズ婦人については、「主任秘書兼経理係」の肩書きでは、賃金面で優遇されすぎていると判断した。彼らは、ウッズ婦人に対して、より低額の賃金を受け取るか、異なった職名にするか、またはより長時間労働するかについて、何度か説得しようとしたが、彼女はその申し出を拒絶した。当事者間には、多くの辛辣なやりとりと摩擦が生じ、事業の引継から4カ月後にウッズ婦人は辞職し、不公正なみなし解雇であると提訴した。審判所は、一方的に契約条件の変更を課したのではないとして、当該使用者は、被用者に辞職の権利を与えるような履行拒絶をしたのではないと判示した。デニング卿（Lord Denning MR）は、「両者間ですべての信頼が失われていた。」ことを認めたが、控訴院は（審判所の判断に）干渉することを拒否した。実際、控訴院が、逆説的にではあるが判示したことは、当該被用者は、現行の契約条件に固執することによって、雇用契約に対する根本的な違反をおかしたということであった。

　　「彼女に課そうとして、非常に適切かつ分別あるやり方で要求していた条件を、被用者の彼女が頑固に拒否したことは不合理であった。私の意見では、被用者が変更を受け入れることを違法に拒絶することにより、使用者は、企業を成功に導くような、より良い経営方法の導入を阻害されるような状況におかれてはならない。」[1]

競争力は、労働者にとっての経済的不安を伴うものである。企業は、変化する市況、新たな技術、その他の競争的圧力に応じて、事業組織を絶えず再構築する必要がある。本来的に、この事業再編は、新たな業務が創出されることと、古い業務が取り去られることを要求する。技術的変化および市場の変化の速度は加速しているので、競争力を維持し、時には事業を存続させていくため、使用者は、この種の事業再編に絶えず取り組む必要がある。それにもかかわらず、労働者たちがしばしば要求することは、労働者たちの仕事を守り、事業再編に取り組む使用者の権限を抑制し、そして高いレベルの経済的保障を確保するため、法は労働者を保護しなければならない、というものである。有用であるときに労働者を雇い、もはや必要ではなくなったときに彼らを捨ててしまうことは、労働を商品として取り扱うことに等しい。高いレベルの経済的危険に冒されやすい場合、人々は、自分たちの人生設計をすることができないし、価値ある社会的な役割を果たすこともできない。雇用法は、一方で、競争力を維持するという経済的必要性、労働者にとって経済的危険を余儀なくさせるものを、他方で、雇用の安定と収入の確保における彼らの利益を擁護するという労働者の正当な要求との間の均衡に取り組まなければならない。

　この利害の対立は、見かけほど激しいものではない。労働者側の協力、忠誠、そして関わりというものを促進するために、使用者は、雇用保障の程度を確実なものとすることに利益を有している。パートナーシップに関する制度的取決めを通じて、労働者は（事業の）変化について学び、それについて彼ら自身の考えを事業者に表明することができるのであるが、当該パートナーシップに関する制度的取決めは、予測できない仕事の喪失のおそれを減らすことで、同じ目的に資することができる。効率性を高めるために使用者がなす労働力という人的資本の改善は、他方で労働者のエンプロイアビリティを促進することに寄与することができる。したがって労働者は、同じ使用者の下で新しい業務を遂行するか、または容易に他の仕事を見いだすことができるのである。このように、使用者と労働者の利害は共通する部分を有しう

　1）　Watkins LJ, Woods v. WM Car Services (Peterborough) Ltd. [1982] ICR693, CA

るのであるが、それにもかかわらず、経済的理由から解雇を余儀なくさせる事業再編が必要である、と使用者が考える瞬間は絶えず訪れるのである。

　雇用法においてはしばしばそうであるように、政府は、経済的保障に関する利害の対立について中立的な観察者というわけではない。政府は疑いなく、競争力の改善からもたらされる、富の一般的拡大の促進を望むのであり、そのことは、事業再編のために国が広範囲に助力することを意味する。しかし政府は、経営上の必要性に基づく解雇の社会的コストを考慮しなければならない。政府が失業者およびその扶養家族のための経済的セイフティネットを供給するならば、経営上の必要性に基づく解雇のコストは、種々の社会保障給付を行うことで、その負担を公的資金に負わせることになる。特に、特定の町あるいは地域というものに注目すると、高い失業率はまた、政府にとって追加的なコストと問題を生じさせることになる。なぜなら、大量の解雇は地域経済全体に有害な効果を及ぼすし、そうした解雇は、刑事裁判および健康管理についてより大きなコストを伴うかもしれないからである。長期にわたる失業はまた、社会から隔絶されることの主要な原因の一つである。そこで政府は、競争力ある経済に不可欠の要素である事業再編のための支援と、経営上の必要性に基づく解雇から生じる社会的コストを最小化する必要性の双方を含む、政府自身の政策的ジレンマに取り組まなければならない。

　政府は、雇用法の関心をはるかに超えた広範囲の手段を用いることによって、このジレンマに取り組んでいる。積極的労働力政策は、仕事を探すことや応募することを助力したり、エンプロイアビリティを強化するための訓練・教育を提供することによって、失業者が新しい仕事を見いだすことを助力することを目的としている。「福祉から労働へ（welfare to work）」の標語のもとに創出されている現行の計画は、有給の仕事を探すことに怠慢であることを理由としてなされる経済的援助の剥奪という脅しをもって、社会保障給付を積極的な職探しに結びつけている。政府にとってより困難な課題は、労働市場の供給側を改善することである。急速に変化する経済環境の中で、使用者から要求される技能を労働者が保持することを確かなものとする必要が政府にはある。しかし、この目標に完全に到達するための労働市場におけ

る将来的要請に関する必要な情報を、政府は持っていない。使用者たちは、適切な訓練を組織できる立場に置かれているが、しばしば見てきたように、彼らにはそれをするために必要な動機が欠けている。経済的危険に対するこれらの社会的対応は、ジレンマを解決することに資する重要な要素ではあるが、グローバリゼーションとして知られる経済的力に起因するこの分野においては、政府は相対的に力不足であるということは正しく認識されなければならない。

資本投資が、ある国から他の国に、しばしば多国籍企業の内部的手続を通じて移転されうるような事例は、資本投資に起因する国間の競争を生み出す。多くの事業再編の事例は、これら経済的圧力に対する対応としてなされる。一つの工場がある国で閉鎖され、労働に関するコストと税金が相当に低い他の国で再開されるということがある。おそらく、より一般的なのは、他所の安い労働コストを利用して、ある事業が部品や労働力を外部調達することであろう。欧州の典型的な工場は、しばしば、設計や組み立て工場のみであり、すべての部品は他所で作られる。政府は、労働者たちのために高度の経済的保障を付与することを意図するであろう。しかし世界規模の投資は、職の保護についてのこれらの企てを損ないがちである。さらに、政府が恐れるのは、職を保護する目的で作られる法令が、そもそも資本投資を思いとどまらせる、ということである。資本の移動に関する国際的なコントロールが欠如している中で、政府は、経済的保障を確保する目的を有した強力な法令に慎重となる。

それにもかかわらず、欧州共同体および北米においては、国を超えたレベルでの幾つかの措置がとられており、それは資本移動のスピードにブレーキをかけうるようなものである。ECにおいては、これらの手段は、時々、「社会的ダンピング」を抑制する意図でなされるものと表現される。そして、ここでいう「社会的ダンピング」とは、労働のコストが低く、雇用法上の権利が劣っているEC加盟国に事業が移転されることを意味するのである。この点こそが、雇用に関連したEC規制の最も強力な分野に帰着している。EC加盟国間における資本避難を減速させることが意図されているけれど、この規制は、その構成要素として雇用法上の諸権利の条項を含んでいるので

ある。EC法は、事業再編を規制する包括的体制を定めていないけれど、経営上の必要性に基づく解雇、企業の売却、そして倒産に関連した3つのEC指令は、法的規制のための骨子を定めている。これらの指令に関る研究が明らかにしたことは、労使関係について異なった伝統を有し、雇用契約を規制する異なった法規範を有する加盟国のための統一法を案出することの複雑さ（ある者は、向こう見ずというかもしれない）であるということである。世界的規模の経済的力、規制下における競争の危険性、および社会的ダンピングは、おそらく国際的規制によって初めて対応可能な経済的保障に対して、かなりの脅威を与えるけれども、比較的似通ったEC加盟国間においてさえ、共通の労働基準を創出することは、ほとんど無理なことであろう。

1　契約上の危険配分

　しかし、これらの（EC）指令を検討する前に、雇用契約は経済的危険に関連した危険の分配のための基本的枠組みを設定している、ということに留意することは重要である。契約は、黙示的に、仕事の不存在や要求されている仕事の変更から生じる危険を分配している。例えば、職場において、時間単位で労働者に賃金を支払う契約は、まず第1に使用者に対して、遂行すべき仕事の不足による危険を負わせる。もっとも使用者は、予告付で契約を終了させることにより、または短期の有期契約を利用することにより、危険を再分配することができるのだが。対照的に、出来高払い、または仕事の完了に対して労働者に報酬を支払う契約は、すなわちそれは、しばしば、被用者というよりむしろ請負人の契約形式でなされる合意であるが、仕事の不足の危険を直接に労働者に負わせるのである。臨時労働または「ゼロ時間契約」では、被用者が要求に応じて使用され、働いた時間分だけ支払われるのであるが、当該契約もまた、仕事が無いことからくる危険の全部が労働者に負わされる場合のよい例である。雇用契約は、「柔軟（flexibility）」条項という手段により、ある特別な種類の労働について、使用者の必要性が変化していることからくる危険を、被用者に負わせることを可能とする。すなわち、柔軟条項は、雇用条件として、使用者の指示により職務および勤務場所を変更す

ることに労働者は同意している旨を定めるものである。雇用関係の契約による枠組みは、変化しつつある市況に関連したほとんどの危険を労働者に負わせるという、契約の自由によって与えられる機会を使用者が利用することを認めるのである。

　仕事の場所における異動に先立ち要求される合理的な予告のような、幾つかの黙示の条項による制限を除けば、コモン・ローは、この契約自由に介入することに消極的である[2]。今日の政府もまた、制限は経営の競争力に損害を与えるかもしれないという理由で、この融通性に干渉することにためらいを見せている。にもかかわらず、幾つかの強制的な制限が、危険の分配に関する契約上の原則に制限を加えている。おそらく、これらのうち最も重要なものは、既に検討したものであるが、雇用継続期間に基づく強行的な予告期間である[3]。間接的な制約は、有期契約に適用されている。使用者は期間の定めある職務を申し出ることができるが、更新されることなく当該期間が満了したことは、合意による終了というより、解雇として取り扱われると考えられている[4]。さらに、EC法は、期間の定めのない契約を利用せずに、むしろ連続した有期契約を利用することについて、客観的な経済的理由を提示する責任を使用者に課している[5]。

　これら数少ない制約を除くと、契約上の不利な危険配分に対する唯一の被用者保護は、使用者が契約の明示の条項に拘束され、契約違反に該当することなしに基本的な契約条項を変更できないことである。原則として、そのような契約の基本的違反は、被用者に離職し、解雇に対する補償金を請求する権利を与える。しかし、経済的危険に対する救済として、この失業に向けて自ら飛び込むことは、ほとんど魅力あるものとはいえない。使用者が一方的に、労働時間を減らしたり、なすべき業務量を増加させたり、他の職場に異動を命じたり、あるいは「ユビキタス的柔軟条項（ubiquitous flexibility clauses）」が認めていない雇用契約の重大な変更をなす場合、ほとんどの被

---

[2] Above p. 107.
[3] ERA 1996, s. 86 ; above p.167.
[4] ERA 1996, s. 95 (1)
[5] Directive 99/7.

用者は、辞職して、みなし解雇を理由とする提訴という不確かな保護を求めることよりも、その変更を我慢することを選ぶであろう。使用者による重大な契約違反とはいえないようなものは、ウッド婦人が損失を被りながら学んだように、大したことではないのである。

2　後払い報酬の保護

　被用者が受け取る諸手当の幾つかの重要な要素は、後払いという形をとっている。多くの使用者が提供する最も重要なものは、使用者が定期的に拠出する年金制度である。これらの企業年金制度は、退職に際して、被用者が一括して受け取るか、またはより一般的には、最後の給与との比率で算出される年金として受給する旨を定めている。経済的保障に対して大きく寄与するものであるけれど、この拠出年金制度は、被用者にとって多くの危険を生じさせる。例えば、使用者は、その約束された拠出を怠るかもしれないし、当該制度の給付金を変更することを決定するかもしれないし、あるいはその他の方法で、被用者が退職後の収入のための適切な代わりの備えをするには遅すぎるような時点で、この後払い報酬の価値を減じさせるかもしれない。被用者持株制度もまた、使用者が、被用者の株式取得に補助金を出すという限りで、後払い報酬の要素を含む。

　後払いの報酬に内在する危険に対抗するため、労働者のための信託を創設することが可能である。その場合、受託者は、使用者の財産から分離した年金基金を保持し、その結果、使用者に拠出を維持し、かつ年金受給者が当該基金にエクイティ上の財産権的利益を有する旨を使用者に認めるよう要求できる。法は、被用者を保護するための信託を要求していないが、今日、イギリスの使用者は常にこの法的仕組みを選択している。なぜならそれは、使用者にとって費用を削減させ、被用者にとっては年金の価値を高めるような多くの税制上の恩恵を得るための条件となっているからである。そこで、信託制度は、（窃盗および詐欺に関する一般法と相まって）使用者が年金基金を取り崩したり、契約上の義務を履行しないといった危険に取り組む。しかし、信託の仕組みによって与えられる保護の程度は、信託証書の条件および受託者

に与えられている裁量権に大きく依存している。これらの取り決めは、通常、使用者によってなされ、使用者は受託者も任命するので、年金の保証が期待していたほどに実質的に価値のあるものとはならないという明らかな危険が存在している。この危険は、以下の強行的要件と使用者に対する減税に付された条件により処理されてきた。すなわち、強行的要件は、少なくとも受託者の3分の1は、当該年金制度の受益者達により任命されなければならないというものであり[6]、減税のための条件は、制度上支給される年金額が、企業年金協定が存在しない場合に適用される公的所得比例年金制度（SERPS）に見合っていることを要請する[7]。年金オンブズマンもまた、加入者達に不公正をもたらすような企業年金の誤った運用に関する不服を調査し、その後、正当な不服を是正するために、受託者に対して法的拘束力のある指導を行うという広範な権限を有している[8]。

　同様の留保は、自社株購入制度の形でなされる後払い賃金に与えられる保護に関しても付されなければならない。会社にとどまり続けるための強い動機付けとして、使用者は、労働者に割引価格で株を入手できる機会を与えることがある。しかし、その申出は通常、契約の形式でなされるので、使用者は、細則においてその支払義務を減じるようなやり方で、当該制度を設けることができる。

　これら双方の報酬後払いにおいて生じる問題は、ひとたび信託証書や契約上の制度における正確な条件が慎重に分析されたならば、後払い給付金に対する被用者の期待が、実際に使用者の約束よりもはるかに過大であるということである。これらの複雑な制度における詳細な条項は、標準書式消費者契約における細則と類似したやり方で不公正を創出しかねないのである。消費者契約における細則の悪用と戦うために、法律は、裁判所に不公正な条件を無効にすることを認めるだけでなく、公的機関や消費者団体に、不公正な条件を用いることに対する差止請求を求める権限を与えている。オンブズマン

---

6) Pensions Act 1995, Pt 1.
7) Pensions Schemes Act 1993, ss. 13, 14.
8) Pensions Schemes Act 1993, ss. 145-51A (as amended by Pensions Act 1995).

のような公的機関のみならず、同じような集団的な救済策は、後払い賃金のこれら制度の下における被用者の利益や合理的な期待を保護するために必要となるであろう。しかし、これらの制度をより厳格に規制するについて政府は慎重であるべきである。なぜなら、被用者は通例、多くの経済的保障を得ているし、被用者が老後や労働市場における自己の技能の評価の低下に備えることを助けることへのかかわりを使用者が弱めることによって、使用者が費用のかかる規制的要件に対抗するかもしれないからである。

3　経済的解雇

ほとんどの雇用法システムは、経済的解雇には、個別的な懲戒解雇に適用されるものとは異なったルールが必要であるということを認めている。多数の者を解雇する際の使用者側の理由が、市況、新技術、および事業再編から得られる効率の増大に関するものである場合、申し立てられている被用者の責任を検討することは、見当違いということになる。さらに、経済的解雇の場合、復職の救済は法によって支持されない傾向にある。なぜなら、そのような手段は、事業再編によって使用者が達成しようと欲している競争上の優位性を阻害するからである。それに代わって、経済的解雇に対する規制は、解雇が必要であることの正当性、選別の手続、および職を失う労働者のための退職一時金の提供という3つの問題を取り扱うことができる。

正当性

第一の問題は、使用者の事業計画が、実際に、他の職務への配転、再教育、およびおそらく臨時的な意味での労働時間変更など、その他の事業再編方法とは異なった経営上の必要性に基づく解雇を必要とするのかどうかということである。欧州のいくつかの法制度では、使用者に対して、経済的理由で解雇することの必要性を公的機関で証明することを求める、司法上または行政上の仕組みを定めている。公的機関に属する者にとって、業務上の必要性や取りうる代替策に関して必要な経営判断をすることは少なからぬ困難を伴うので、そうした仕組みは多くの問題を抱えている。例えば、裁判官は、

使用者の財政計画の有効性、製品市場の評価、およびその他の代替手段をとらないことをどのようにして判断できるのであろうか。たとえ、ふさわしい資質を備えた行政機構が設立されたとしても、適切な判断をするために必要な詳細情報を使用者から得ることはないであろうし、使用者は、複雑な行政手続が許容するよりも素早く行動する必要があるかもしれない。これらの理由から、経済的解雇を行う必要性が存在しているという決定の中身に対する法的規制は機能しないと思われる。

　裁判所または審判所ができることは、せいぜい、経済的理由が解雇の動機となったという使用者の申立の真実性を調査することである。ある場合には、経済的理由が被用者を解雇するただの口実であるかもしれない。例えば、使用者が、同じ仕事をしている別の労働者を後で雇用した場合、このごまかしは明らかになる。より難しい事例は、異なった技能とか特質を持った別の労働者を雇用するような場合である。イングランドで起きたある事例では、会社の新しい経営者が、30年にわたって自動車の修理をするために雇用されていたガソリンスタンドの修理工を解雇した。その理由は、当該被用者が、事務仕事や顧客への見積書交付を含む、新しい業務処理を遂行することができなかったからである。これは剰員を理由とする解雇ではなく、明らかに、使用者が労働者に対してもう1つさらに異なった職務の遂行を求めていたという理由に強く影響された解雇である、と裁判所は判示した。しかし、そのような異なった技能や資質を有した労働者に取り替えるという事例の場合、それを経済的解雇ととらえるほうが理解しやすいのであり、そうすることで適切な手続上の要請に適うであろう。

　使用者に課されるこれらの手続きは、経済的解雇が正当化されるかどうかに関する裁判所の判断に係わるものではないが、少なくとも、それに代わる方策の検討を使用者に強いることができるのである。個々の被用者のレベルでは、法は、使用者に対して、労働者との協議の過程を経ること、および配転が可能であるかどうかの検討を求めることができる。イギリスでは、この目的のために不公正解雇法を用いてきた。そこで、使用者が経済的な目的の

---

9) North Riding Garages v. Butterwick [1967] 2QB 56, Div Ct.

ために労働者を解雇する場合、これは通常、公正な解雇理由に該当しうるのであるが、使用者が事前に個々の労働者と協議することを怠るか、または他の代替的な雇用を提供する可能性を検討しなかった場合、使用者には不公正解雇を理由とした補償金を支払う責任が生じる。さらに、使用者には適当な代替雇用を提供する動機付けがなされる。なぜなら、労働者が不合理にもこの申出を拒絶した場合、剰員整理手当または退職一時金を含む解雇を理由とした何らかの補償金の支払い義務を使用者は免除されるからである。もし、賃金は同額ではあるが、新しい技能を必要とする仕事、そしてそのための訓練費用を使用者が支払う旨を申し出るような仕事を使用者が提供した場合にもこの免除が拡大されたなら、それは経済的保障および競争力の双方に資することになるであろう。

　しかし、強制的な集団的手続は、経済的理由による不必要な解雇に対する保護を労働者に与える可能性がより大きいであろう。この点に関する先駆的モデルは、ドイツの労使協議会により提示されてきた。これらの協議会は、経済的解雇に先立ち協議を受けるべき権限を有し、当該解雇が「社会的に正当化」できない場合には、そうした解雇を阻止する権限を有している。実際上、使用者は、事業再編とその結果生じる経済的解雇の必要性に関して、労使協議会の同意を得る努力をしなければならない。そうした同意ないしは「ソーシャルプラン（social plan）」が得られるかどうかは、事業再編に対する使用者の実情の深刻度、解雇された被用者に支払われるべき補償金、および職を失った者に提示される再訓練の機会などに依拠するのである。もし使用者が、労使協議会の同意を得られなかった場合は、強制的仲裁によりソーシャルプランを課されてしまうし、その間、問題とされた解雇が法的に有効ではなくなるという危険を冒すのである。このモデルのいくつかの要素はECレベルで法制化されてきている。集団的剰員整理に関する指令は、経済的理由から20名以上の労働者を解雇しようとしている使用者に対して、以下に関する同意を得る目的で労働者代表に情報提供し、協議するように求めている。すなわち、その同意とは、どのようにして経済的解雇を回避し、または解雇者を減少させるかに関するもの、ならびに解雇される労働者への再訓練と補償の可能性に関するものである。[10]

同意を得ることを目的とした、情報提供と協議に関するこのモデルは、団体交渉に関する取決めや労使協議会のようなパートナーシップ制度を前提としているが、それらの機構はいつも経営計画へ参与している。これらの機構が存在しない場合、そして、イギリスではそれが一般的であるが、EC 指令の考え方は、容易には労使関係システムに適合しない。使用者達は、原則として、経済的解雇をなす旨の決定を経営者の排他的特権事項であるとみなすのであり、彼らの決定の結果について、労働者代表と話し合うことを望むだけなのである。他方、労働組合は、経済的解雇の必要性を認めることに躊躇するかもしれない。そしてその代わり、組合員の雇用を守るものとして、自分たちを決定の枠外に置いておくことを望んだり、または最後の切り札として実質的な退職手当の交渉をすることを望むものである。しかし、EC 指令は、使用者に対して、初期の段階、すなわち経済的解雇が単に将来的な可能性の段階において、労働者代表に対する情報提供および協議を求めている。さらに、協議は、配転や再訓練を通じて、いかにして経済的危険を最小限にするかについてのものであり、単に解雇の結果についてなされるものではないことが意図されている。同指令はさらに、労働組合を認めておらず、パートナーシップ制度が存在しない企業に対しても適用される。そのような機構が存在しない場合、同指令は、労働者の代表選出のための選挙を行うことによって、協議の目的のためにそうした機構を創設することを使用者に求めている。この特別機構の創設は、効果的ないしは使用者が従うようなものとは考えられない。なぜなら、イギリス法における唯一の制裁は、解雇された労働者が訴求できる少額の補充的補償金（保護的裁定）だからである。ドイツのモデルが意味があり効果的であるのは、長期にわたるパートナーシップ制度の文脈においてのみである。そこでは、おそらく労働組合から助言を受ける労働者代表は、経営計画およびその代替案について使用者と議論することができるである。

---

10) Directive 98/59.

選別の過程

　経済的解雇が必要であると仮定すると、問題は、労働者の中の誰が解雇されるべきなのか、そして誰を残すのかということである。労働組合の代表は、しばしば「先任権 (last in, first out)」の原則を提示するが、これは、雇用期間の長さを基礎として経済的保障を守るというものである。この原則は、おおよそではあるが、経済的解雇に伴う潜在的な経済的損失に対応するものである。なぜなら、年配の労働者は、代わりの雇用を見いだしたり、他の種類の仕事のための再訓練を行うことが、より難しいということが分かるからである。しかし使用者は、最高の技能を有していたり、新たな技能を喜んで習得しようとする労働者を留めるために選別を行うことに関心がある。たとえ使用者が、選別の基準について労働者の代表と話し合う用意があるとしても、彼らの異なった利益は合意を妨げるであろう。

　イギリス雇用法における法的想像力の最も傑出した産物といえる一判決において、当時の EAT の長官であったブラウン－ウイルキンソン卿（Lord Browne-Wilkinson）は、経済的解雇のための公正な選別に関する法的枠組みを確立した。EAT は、解雇のための不公正な基準を使用者が用いた場合、使用者は不公正解雇を理由とした補償金支払いの責任を負うことになる、と判示した。この補償金支払を免れるためには、使用者は、適用されるべき基準について、承認された組合との合意を模索することを求められ、そして合意された基準に従うこと、かつ組合にそれら基準の適用を監視することを認めることが求められる。そうした労働協約が存在しない場合、使用者は、選別のための基準を作成しなければならず、その基準は可能な限り、選別を行なう者の意見にのみ頼るのではなく、出勤簿、職務の能力、勤務経験および期間などに照らして、客観的に確認されうるものでなければならない。当該事件、すなわち Williams v. Compare Maxam Ltd. 事件において[11]、顧客からの注文が劇的に減少した後、使用者は、各部門のマネジャー達に、それぞれの部門ごとに「一群の労働者を選別する」ように求めた。それは、その結果それらの被用者達が会社に留まり、残りの者が解雇されるならば、企業が

---

11) [1982] ICR 156, EAT.

存続できるからである。労働組合に相談することなく、部門のマネジャー達が個人的好みによって選別をしたとの疑いがあった。EATは、審判所の判決を覆し、公正な使用者によって一般的に受けいれられている、公正な取り扱い基準に対する露骨な違反としてなされたものであるとの理由で、当該解雇は不公正である、と判示した。

この判決の後、使用者達は、剰員の選別のための客観的な基準を採用してこれに従い、もし可能であれば、承認された組合と合意する気になっている。しかし、これらの基準の存在が、経済的解雇のための選別から生じる深刻な紛争を防止することはない。職を失った労働者達は、基準が正しく適用されていない、または「能力」や「やる気」といった曖昧な基準の評価を使用者がごまかしている、と感じるかもしれない。しかしそのような場合、解雇の正当性を争おうとしている被用者に対して、裁判所は実質的な障壁を設けている。評価基準適用の詳細をすべての労働者に公開するよう、審判所が使用者に命令する前に、使用者が不公正に基準を適用したとの主張を裏付ける特定の事例を、被用者が明らかにできていなければならない。使用者が正当視される一連の基準を採用し、この制度から逸脱したとの明白な証拠がない場合には、審判所は、解雇の公正さをそれ以上に調査することをためらうであろう。選別の過程をそれ以上詳細に調べるのを審判所に許すことは、この選別過程の適法性を損なうし、遅延された訴訟に通じるという理由で、控訴院はこの態度を正当なものとしている。[12] 以下の議論がこれらの点に加えられる。すなわち、パートナーシップ制度が基準を創設して、これを監視する場合には、この過程は長期にわたって、最も協調的な労使関係および競争力ある企業を保証するであろうということである。

救済の選択肢

選別の手続および選別理由において不公正の痕跡が何もない状況で、経済的理由から職を失った労働者にとって問題となるのは、彼らがどんな救済を雇用法によって与えられるかということである。イギリスを含む多くの法制

---

12) British Aerospace Plc v.Green & Others [1995] ICR 1006, CA.

度は、使用者に対して、解雇された労働者に退職一時金の支払いを求めている。イギリスにおける剰員整理手当制度の下では、少なくとも2年以上勤続の被用者は、勤続年数、賃金額、および年齢に照らして算定される手当を受給する権利がある。解雇に際して支払われるこの手当は、失業から生じる経済的危機に対する緩衝材的な効果を労働者に与える。この制度はまた、使用者に対して、経済的解雇が必要かどうかを慎重に考えさせるものとして是認されている。なぜなら、剰員整理手当の費用は、労働力の減少から派生する労働力節約による限界効率よりも大きいからである。

　しかし、この制度を厳格に適用することは、何を以て、経済的解雇または剰員整理解雇とみなすのかという問題を生じさせる。もっとも難しい事例は、以下のような業務の再編成である。すなわち、労働力の規模についての削減は必要としないが、労働に関するコストの削減および生産性の改善という観点から、被用者に対して、労働時間、義務、職名の変更を求めるような業務の再編成である。もし被用者がそうした変更に反対し、柔軟条項に基づいてそれらを強制する権限を使用者が有していない場合、一方的な変更を強要することはみなし解雇と認定される可能性がある。しかし、被用者は補償金を受給すべきなのであろうか。もしそうだとすれば、この補償金は剰員整理手当なのか、それとも、おそらく不公正解雇を理由とするより高いレベルの補償金となるのであろうか。ここでの根本的な疑問は、経済的解雇に対する補償システムの目的は、職の保障（job security）なのか、それとも雇用の保障（employment security）なのかということである。もし前者であるとすれば、使用者が特定の一まとまりの職務を廃止し、それを、異なった労働時間、職責を伴う別の職務に置き換えた場合、当該新職務の受入を望まない被用者は、職の喪失を理由とした補償金を受給すべきである。対照的に、法の目的が単に雇用の保障ということであれば、異なった条件ではあっても、被用者が依然として必要とされているという事実は、使用者が雇用保障を侵害していないことを示すのであり、そこで使用者は、被用者が辞職することがあっても補償金を支払う責任を負うべきではない。上位裁判所の裁判官達は後者の見解を繰り返し支持してきた。「能率を改善するために、労働力、労働時間、および労働条件などを再編成するという使用者の能力を損なうよう

なことは何もすべきではない、ということが重要である」[13]。そしてその結果を実現するために、裁判所が明言してきたことは以下のいずれかであった。すなわち、ウッズ婦人の事例のように、そうした状況で、被用者はみなし解雇されたのではなかったし、またはもし解雇されたとしても、当該解雇は剰員を理由とするものではなく、その他実質的な理由、つまり被用者が不合理にも変更を拒絶したことによるものであった。なぜなら、当該被用者を使用者が解雇することは公正であったからである[14]。そうした判決は、使用者がそれについてそもそも交渉したかどうかにかかわらず、事実上、柔軟条項をすべての雇用契約の中に黙示的に認めるものである。

　長期間の雇用契約においては、正確に同じ雇用条件を維持するという意味での職の保障に対する合理的期待を被用者は持ち得ないということは正しいかもしれないが、提案されている多くの業務の再編成は、被用者の収入を減収させているので、一連の職務に対する変更ということを超えてしまっている。解雇理由が剰員かどうかに関するイギリスの制定法上の基準の下で、そうした業務の再編成において提示される問題は、使用者が特定の種類の仕事を継続して要求しているかどうかということである[15]。そこで、使用者が被用者に対して、同じ種類の職務遂行を依然として要求しているならば、条件の一方的変更は、剰員を理由とした解雇を構成しない[16]。ある種の一方的変更は、賃金その他の諸手当の減少を意味するという理由で、単に業務の再編成に相当するだけではなく、経済的保障に対する挑戦でもある、という観点をこの基準はとらえていない。この法律の目的が、経済的解雇に関連する対策のための金額として使用者に費用を課すことによって、経済的保障を確保するということであるなら、賃金および諸手当の減少を伴う契約変更について使用者が被用者の同意を得られない場合にもそうした費用を課すことには意味がある。なぜなら、これらの労働者の抵抗は、生産協定における変更に対

---

13) Lord Denning MR, Lesney Products & Co v. Nolan [1977] ICR 235, CA.
14) Holliater v. National Farmers' Union [1979] ICR 542, CA.
15) Employment Rights Act 1996, s.81（2）（b）.
16) Safeway Stores Plc v. Burrell [1997] ICR 523, EAT; Murray v.Foyle Meats Ltd [1999] ICR 827, HL.

する反対のみならず、彼らの経済的保障の防衛という点にも動機づけられているからである。

　イギリスにおける強制的な退職一時金の制度とは対照的に、他の欧州諸国の法制度で採られている救済策は、使用者の協力、ならびに解雇された労働者が適当な代替雇用を見いだすことを助力する積極的な措置のための財政援助を重要視している。労働者と公的機関が合意したソーシャルプランは、再訓練、配転、および職探しについて、使用者が助力することを規定している。使用者は、財政的に助力すること、および事業上の関係と被用者に関する情報を用いて、有給の雇用を得るための適切な道筋を見いだすことを助力することの双方を行うことができる。経済的解雇に関するEC指令は、個別的な補償的救済を求めていないが、労働者の代表との協議と情報提供に関する条項の中に、そして差し迫っている集団的解雇に関し、公的機関に事前の通告を与えるという更なる要請の中に、この種のソーシャルプランを構想している。管轄権を有する公的機関に対するこの通告は、経済的解雇に先立つ30日前になされなければならず、この間、公的機関には、予想される集団的剰員整理から発生する問題の解決を模索する義務が課せられる。ソーシャルプランにおいて公的機関が密接に関わるというこのモデルは、私企業に対するかなりの程度の公的な監督を想定しており、それは容易にイギリスの状況には適合しない。使用者が中央政府に通告しなかった場合、イギリス法では、使用者に軽微な刑事罰が科されるが、それ以上に、公的機関に協力する法的義務は使用者には何ら存在しないし、さらには中央政府に対しても何もする必要はない。[17]

　これらの救済上の選択肢を検討すると、既に指摘したように、政府は、資本投下や雇用水準に対する救済策の影響に対して関わりがある。経済的解雇のコストは、資本投下を思いとどまらせ、企業の競争力を減じさせてしまうという危惧がある。経済的解雇に対する様々な規制策の影響を確かめようとする多くの試みがなされてきたが、しかし、その問題は多くの部分で解明されていない。アメリカは、使用者に対して最大の裁量権を与えている法体制

---

17)　TULR(C)A 1992, ss. 193-4.

の国として広く認められている。すなわち、退職一時金またはソーシャルプランのいずれの要請もないし、工場閉鎖や大量のレイオフの事態において、労働者に事前の通告をするという極めて限られた義務があるだけである。それは事実上、賃金支払いのための2ヵ月前の予告期間であり、多くの例外が付されている。[18] この比較的規制の緩い法体制は、例えば、労働者代表との合意を誘導するモデルを有するドイツや、退職一時金の規定を有するイギリスなどの他の法体制と比較されるに違いない。しかし、法体制の違いと、例えば雇用の水準、不況のような変化しつつある経済的状況を調整する速度、および在職期間の平均値などのような計量可能な効果との関連を実際に見つけ出すことは困難である。例えば、経済的理由による契約終了に際して支払われる多額の手当は、需要を減退させ、高レベルの失業を引き起こす付加的コストに相当するとの指摘がなされている。そうした関連は、剰員整理手当に関する計量経済学の研究に見いだすことができるが、それにもかかわらず、同じ統計は、同等のコストに相当する長期間の予告義務については正反対の効果を示していると思われる。北米と比較される、欧州における高レベルの失業は、「欧州動脈硬化症 Eurosclerosis」、すなわち事業の再編に対する行き過ぎた規制によってもたらされたとの主張は、証拠に基づく補強にかけているように思われる。さらに、イギリス法は、他のEC加盟国に見いだされるような職の保障のために与えられているEC諸国と同等の保護を欠いているとの見解は、同様に支持することが難しい。なぜなら、パートナーシップ制度を通じたソーシャルプランを創造する手法をイギリスはゆっくりと学び始めたばかりではあるが、ドイツのような国々に欠けている剰員整理に対する義務的な補償金制度を保持してきたからである。

　経済的解雇のための救済制度について問われるべき重要な問題は、むしろ、そうした解雇の正当性や選別に関する透明性のある基準に従うように、法が使用者を促すかどうかということである。そうした制度は、労働者に以下のような保証を与える。すなわち、経済的保障における彼らの利害は、経済的に危険な状況を明らかに生み出すような競争力の圧力がある状況の中で

---

18)　Worker Adjustment and Retraining Notification Act 1988, 29 USC s. 2101.

も、可能な限り尊重されるであろうという保証である。この保証は、使用者に対して、不必要になったときに処分されるような何らかの生産要素と同じように労働者を扱わせる市場の圧力を和らげるために不可欠であるし、雇用関係の中で、生産性を高めるために必要な協力関係を確立することを助けるためにも不可欠である。

4 事業譲渡

　事業の再編に影響を及ぼす第2の既得権指令は、事業の売却に関するものである。「既得権指令（The Acquired Right Directive」は、一般に知られているように、使用者が事業の全部または一部を売却する場合に適用される。その中核となる規定において、同指令は、そのような譲渡は、被用者の雇用保障に影響を及ぼしてはならない旨を宣言している。事業の買い手または譲受人は、現存するすべての被用者の雇用契約を維持しなければならない。さらに、売り手と買い手の双方は、被用者に影響を及ぼすかもしれない提示された対策について合意を模索することを目的として、当該譲渡によって影響を被る被用者の代表に対して、情報提供および協議の義務を負う。この後者の義務は、パートナーシップ制度が欠けているイギリスにおいては、経済的解雇のための協議条項と同様に、難しい問題であることが分かる。しかし、この場合はほとんど影響がない。なぜなら、この指令は株式譲渡の手法による事業の売却には適用されないからであり、そしてその手法が、イギリスで用いられる最も普通の方法であるからである。それにもかかわらず、事業売却が株式譲渡の手法以外の方法でなされた場合、雇用契約の自動的移転の原則は、イギリス雇用法および他の加盟国の法にとって複雑な問題を提起する。

　既得権指令の解釈にとって最も難しいのは、第4条（1）における中心的な義務である：

　　「企業もしくは事業の譲渡、または企業もしくは事業の一部の譲渡は、それ自体で、譲渡人または譲受人による解雇の理由となってはならない。この条文は、労働者に変化を生じさせる経済的、技術的、または組織的理由によっ

てなされる解雇を妨害してはならない。」

　事業売却という文脈でこの条文を理解することは難しい。売却のため事業価値を最大限にするために、譲渡人は、譲受人が必要とする被用者のみを付けて、景気の良い事業として譲渡することを望むであろう。第4条（1）の最初の文章は、譲渡人または譲受人が、事業譲渡に関連して経営上の必要性に基づく解雇を行うことは違法であるといっているように思われる。それにもかかわらず、次の文章は、経済的解雇は認められるべきであると示すことで、明らかにこの立場と矛盾している。疑いもなく、曖昧さは、すべてのEC加盟国に受け入れられる方策を模索することに原因があるが、不明確な要請を実施する責任は、立法者および裁判官に委ねられている。

　何らかの工夫を要するが、イギリスにおいて適用されている法、すなわち、しばしばTUPEとして知られる「1981年営業譲渡（雇用保護）規則 (Transfer of Undertakings (Protection of Employment) Regulations 1981)」を実施するについて、営業譲渡に関連した解雇に対する首尾一貫した対応ができると考えることは可能である[19]。これらの規則は、現行の国内法に統合されておらず、剰員整理手当を支払う使用者の責任のような、関連する事項に何の言及もしていないので、裁判所はこの首尾一貫した対応を導き出してこなければならなかった。その骨子において、イギリスの裁判所によって明らかにされた当該指令および規則の解釈は、解雇のタイミングを明確に識別している。事業売却の前に、譲渡に関連してなされた解雇は、自動的に不公正解雇となる。規則の下では、不公正解雇のこの訴えは、譲渡人か、またはより重要なことに譲受人のいずれかを相手取ってなすことができるので、事業の買い手は、補償金およびさらには復職を求めた重大かつ曖昧な訴えに対する責任を負うかもしれない。そのような不確実な責任の範囲に対する懸念は、買い手を尻込みさせるかもしれないし、事業の売却価格を減じてしまうかもしれない。しかし、事業売却の後に、買い手によってなされた解雇は、経済的解雇を規律する通常のルールに従って処理されるであろう。労働力の規模を

---

19) SI 1981/1794.

縮小するために、もし使用者が、経済的、技術的、または組織的な理由を有しているならば、新たな企業所有者は、労働者の一部を解雇するに際して剰員整理手当の責任はあるが、解雇に際して不公正な選別過程が取られている場合に限り、不公正解雇に対する責任が生じるだけである。これらのルールの効果として、労働者の全部または一部を事業売却前に解雇するという以前のやり方を強く思いとどまらせるし、売却後には、国内法の通常の適用の中で雇用保障を守るということになる。この考え方は、既得権指令およびTUPEに対する、首尾一貫し、保護的な解釈を含むものであるが、この制度は相当に議論の余地を残す。法が不明瞭でかつ予測困難であるという事実以上に、根本的な不満は、不公正解雇を理由とした補償裁定の曖昧な責任を負うリスクは、企業の買い手が企業の価値に対する明確な判断を下すことを妨げるということである。

これらの条文において、さらに複雑な問題は、譲受された被用者の雇用契約の条件変更を譲受人が強要しているというよくありがちな場合に生じる。譲受人はしばしば、その新たな労働力を組織の中に組み込まなければならないのであり、そのことは労働協約や標準となる雇用条件にも係わることである。われわれは既に、課せられた変更を、被用者がみなし解雇と考えるような事例を取り扱うことの困難さについて検討した。既得権指令およびTUPEは以下のことを意味すると解されてきた。すなわち、たとえ被用者が異なった条件の下で働くことに合意した場合でさえも、その条件が被用者の利益となる場合を除いて、それが事業譲渡に関係ある場合には、当該合意は効果がないということである。[20]この解釈の効果は、企業を利益の上がるものにしておくため、かつ労働者に適用される労働条件から例外を除去するために、雇用条件に変更をもたらす必要があるような企業の買い手のやる気をそぐことになる。裁判所はこの不安に対応してきた。譲渡人が支払っていた高額の賃金を理由として、事業譲渡の数ヶ月後になされた訴えに直面したとき、そこでは、当事者の教師達は彼らの職を保持するために、譲受人の出した新しい条件に明確に同意さえしていたが、裁判所は、条件変更は事業譲渡

---

20) Credit Suisse Ltd v. Lister [1999] ICR 794, CA.

に関連した理由からではなく、むしろ、譲渡人も実施を余儀なくされていた事業再編が理由であったと判示して、既得権指令を回避する方策を見いだした。[21]この抜け道は、譲渡された被用者に対し、買い手が新しい雇用条件を強く要求することを可能にするものである。事業再編を理由とするこの方策がない場合、事業譲渡は、譲渡以前に譲渡人がすべての被用者を解雇することにより、その後になされた労働条件変更を伴う形で生じることになり、売り手も買い手も全被用者に対する不公正解雇の責任を負わされる。

　既得権指令の最も面倒な適用は、別の形式をとった事業再編に関するものである。1980年代、中核的な事業、および周辺的業務の下請けないしはアウトソーシングに対し、使用者は注意を向けるべきであるということが、使用者団体において一般に受け入れられる見解となっていた。公共部門も、競争入札の手続を通じて、公共サービスの部分を民間と契約することによって、このやり方にならった。この「アウトソーシング」は、既得権指令の適用対象下にあったのであろうか。アウトソーシングに対する同指令の適用は、民間企業および公共部門から激しい異議を唱えられた。アウトソーシングを通じて達成されるコストの削減は、おそらく多くの要素に依拠しているであろう。しかし、主な利益は、下請け業者が低い労働コストを享受していることであるというのは疑いがない。関連する労働協約によって労働者が守られていない、または彼らが大企業や公共機関により与えられる良好な賃金や条件の外側に置かれているという理由から、支払われる賃金は、例によって低廉である。実際上、より低い率で賃金を支払う下請け業者への譲渡を余儀なくされた労働者は、組合の支持を得て、既得権指令の効果として、以前の労働条件で雇用され続けるべきであるとの主張を試みた。欧州司法裁判所（ECJ）は、同指令がアウトソーシングにも適用されるという主張に賛同した。ただしそれは、事業の一部が外部委託された場合でも、譲渡の後、「（元の事業の）実体」がその同一性を保持している場合に限るとされた。譲渡の後もその同一性が残っていなければならないというこの曖昧な原則は、現在、修正された指令において確認されているが[22]、その原則の背後にある考え

---

21) Wilson V. St Helens Borough Council [1998] ICR 1141, HL.

は、機械、就労場所、そして労働力といった、生産要素の複合体から事業は成立っているというものである。譲渡の後、これらの生産要素がおおよそ同一であれば、新しい経営者および使用者であったとしても、実体は同じように存続しており、既得権指令は適用される。対照的に、新らしい経営者が、自らの機械、労働力を用い、かつ新たな労働者を雇い入れる場合には、事業の実体の同一性は変更されているのである。アウトソーシング契約の下で遂行される労働が、元の企業内で以前なされていたものと同一であるとの事実は、指令の適用にとって重要なことではない。

既得権指令に対する、この解釈の背景にある一般的な考え方は明白であるが、特定の事例に対するその適用は、予測の範囲をはるかに超えている。新しい使用者が前の従業員のすべて、またはほとんどすべてを引き受けたが、しかし使用者自らの設備や機械を使用するような場合のアウトソーシングの事例に、同指令は適用されるのであろうか。あるいは、下請け業者が、前の使用者の工場と機械を購入したが、前の従業員を一切引き受けなかったような、それとは反対の事例に同指令は適用されるのであろうか。同指令は、そのいずれの事例にも適用されるべきではないが、ECJ が主張するのは、全体を見て、事業の同一性（使用者の変更は無視して）が同じままであるかどうかを評価するために、あらゆる生産要素および事業実体の様相を検討することによって、問題は解決されなければならないということである。この予測不可能な基準は、以下のような第2期のアウトソーシングにも適用されうる。すなわち、外部の下請け業者が、他の下請け業者が原因で仕事を失い、その結果、新たな業者が、現存する労働者を同一の条件で引き受けなければならないか、または不公正解雇を理由とする補償の責めを負うようになるような事例である。

既得権指令の適用をより予測可能にしようとする努力において、ECJ が示したことは、事業実体が工場や機械の使用を必要としている場合、こうした有形資産の譲渡が新しい使用者になされていないということは、当該実体はその同一性を保持していないとの結論に至らなければならないということ

---

22) Art. 1 (b), Directive 77/187 (as amended).

第9章　経済的保障　231

である。バスの運行のためのフランチャイズ契約が、ある下請け業者から新たなフランチャイズ契約者に譲渡されたことに関係する事例において、新らたな運行業者は自ら所有するバスを使用し、そして前の下請け業者から運転手の大多数を雇い入れていたが、ECJは、既得権指令は適用されないと判示した。しかし、クリーニングサービスやケータリングサービスの場合のように、事業実体が有形資産をほとんど、またはほんのわずかしか必要としない場合、当該実体は、ほとんどその従業員からだけ成り立っていると思われる。そのような事例で、新しい下請け業者が譲受人から従業員の大多数を引き受ける場合には、既得権指令は適用される可能性が高く、その結果、職を提供されなかった従業員は、譲渡人および譲受人を相手に不公正解雇を訴えることができるし、引き受け対象の従業員は、彼らの雇用条件に対し、いかなる不利な変更もあり得ないと主張できるであろう。驚きもしないが、既得権指令の適用による潜在的なコストを認識して、これらの労働集約型の産業においては、もし可能であれば、下請け業者は現存している従業員の誰も雇用しないことを選択する。この企みが同指令の適用を回避する簡単な方策であるということを見抜いたので、イギリスの裁判所は一連の斬新な理論を展開した。すなわち、たとえ新しい下請け業者によって従業員が誰も再雇用されないとしても、再雇用を避ける下請け業者の目的が、同指令の適用を回避することにある場合には、同指令は適用されるというものであった。その結果はほとんど超現実的なものである。たとえ新しい使用者が何らの有形財産も購入せず、前の下請け業者から誰一人従業員を引き受けないが、ほとんど同じ請負契約を履行しているだけであっても、実体はその同一性を保持するので、事業譲渡をすることができる。

　既得権指令に対するこれらの歪曲した解釈は、ECにおける国際的規制の複雑性を示すものである。同指令は、フランス、イタリア、およびドイツに

---

　　23)　Case C-172/99 Oy Liikenne AB v.Liskojarvie and Funtunen [2001] IRLR 171, ECJ.
　　24)　Dines v. Initial Health Care Services Ltd and Poll Mall Services Group Ltd [1994] IRLR 336, CA
　　25)　ECM (Vehicle Delivery Service) Ltd v. Cox [1999] ICR 1162, CA.

既に存在していた法律にならったものであり、規制競争を抑制するものとして、国際的レベルにおいて各国のルールを普遍化している。それらの諸国においては、裁判所によって正式に認められるまでは、解雇を無効、すなわち法的効果がないものとすることは可能であるから、同指令は、企業売却に際してなされる解雇は無効であるという意味に理解されうる。しかし、イギリスにおいては、違法な解雇が雇用契約を終了させる効果を有するのであり、企業譲渡に際しての解雇が無効であるという考え方を実行するような明確な解決は何ら存在しない。この目的のために不公正解雇法を用いることは、そしてそれは最も身近で利用できる道具なのであるが、支払われる可能性のある補償金の額についてかなりの不確実性を持ち込むということで、事業にとってそれは損害を及ぼす効果を与えるものであった。これに対して、企業譲渡以外のすべての経済的解雇の事例においては、剰員整理手当として支払われる金額は容易に算定できる。ここに、解雇は無効であるという実現不可能な法的概念の移植の例があり、その結果、国内の法制度は、特定の問題を処理するための首尾一貫した制度を浸食されることを余儀なくされている。

　さらに、アウトソーシングに関連した既得権指令の話は、統一法が、どのようにして単に新たな不一致の創出に帰着したかということを明らかにしている。[27] ドイツとイタリアでは、裁判所が、国内法は労働集約型のサービス部門におけるアウトソーシングに適用されない、と判決してきた。フランスでは、法律はそうした事例に適用されていたが、指令が発効した後にもかかわらず、フランスの裁判所は、EC法に関係なく彼らの見解を破棄した。ECJは、サービス部門におけるアウトソーシングのある事例に指令を適用することにより、こうした各国の法律の法的効力に疑問を投げかけた。そして、各国の裁判所により引用された結果は、いくつかの場合において実体はその同一性を保ちうるという、不明瞭な妥協であった。そうした裁判管轄問題とは対照的に、アウトソーシングを通じてなされる企業のコスト削減に干渉する

---

26) P.Davies, 'Transfers of Undertakings: Preliminary Remarks', in S. Sciarra, Labour Law in the Courts (Oxford: Hart, 2001), p. 131.

27) G. Teubner, 'Legal Irritants: Good Faith in British Law or How Unifying Law Ends Up in New Divergences' (1998) 61 Modern Law Review 11.

ことに、裁判所はおそらくためらいを持っているにもかかわらず、イギリスにおいては、裁判所は、事実上、アウトソーシングを通じた労働に関するコスト削減を妨げる意図があるかのように既得権指令を解釈したのであった。その結果として、同指令の適用に際して他国の裁判所以上にイギリスの裁判所は、何らの資産譲渡がない場合のサービス請負契約に同指令の適用を認める、ということが大いにあり得ることになった。既得権指令は、法的立場を一致させることをせず、単に新たな違いを作り出しただけであった。

5　企業の倒産

　第3のEC指令は、使用者が倒産した場合の被用者の経済的保障に関するものである。[28]当該指令は、多くの制限付きではあるが、その加盟国に対して、未払いの賃金が倒産した使用者の被用者によって受領されることの保証を与えるように要求している。イギリスにおいては、関連の制定法は、当該指令に先立って存在しているが、被用者は、当該指令も認める制限として、8週間分を限度とし、かつ週あたり230ポンドを上限として、未払賃金について社会保障制度に基づく請求ができると規定している。当該指令はまた、加盟国に対して、雇用契約に起因する未払い分の支払い請求を保証するように求めている。そしてそれは、イギリスにおいては、剰員整理手当およびその他の支払われるべき諸手当に適用されてきたが、指令も認めるように、企業年金に対する使用者負担金には適用されないし、不公正解雇を理由とする補償裁定の請求にも適用されない。これら後者の請求は、かなりの額となりうるものであり、雇用契約に起因する請求であるとの文言の範疇に入るように思われるが、保証はなされない。

　これらの保証は、使用者の倒産から生じる経済的危険に関する問題のほとんどを扱うが、それらはもちろん、主要な問題である将来の失業問題までは扱わない。この点について、被用者にとっての最大の望みは企業の救済であり、それはすなわち、企業の全部または一部が買い取られ、営業を継続して

---

28)　Directive 80/987/EC.

いる企業として活動し、それによって職を維持するということである。企業の救済は被用者が経済的保障を得る最良の機会を与えるように思われるが、倒産に対する法的枠組みを通じた援助的救済は、企業再編を規律する法の中に大きな緊張状態を作り出す。倒産した企業の全部または一部の買い手は、本来、未払いの責任を伴わずに事業を引き受けることを望むものであるし、それが不可能であれば、そうした責任を限定的かつ予測可能なものとして引き受けたいのである。さらに、もし買い手が、利益を生じるように企業を運営するものだとすると、経済的解雇を含む企業再編、および残っている労働者の雇用条件変更に着手しなければならないことはほとんど確実であろう。この点において、買い手に自由裁量がなければ、救済を企図することにためらいをおぼえるであろう。しかし、買い手に自由裁量を認めることは、もちろん、われわれが、これまでこの章で検討してきたすべての法、すなわち、被用者の契約上の権利から、営業譲渡における既得権に至る経済的保障を保護する法に対する根本的な脅威を与えることになる。

　政府は常に、企業倒産の結果について大きな関心を有している。第1に、政府はしばしば、税金に関していえば、未払金に対する、しかも無担保の貸し主である。もし社会保障制度から未払賃金を支払うとすれば、政府もまた、倒産した企業に対して当該金銭に対する請求権を有する。企業が救済されないならば、無担保の債権者として、政府がこれらの金額を取り戻す可能性はほとんどないかもしれない。イギリスでは、倒産における請求について、政府は「優先債権者」なのであり、資産に対する固定費用を除いて、他のすべての債権者に優先する。そのことは、有利とはいえるが、支払について何の保証も与えてくれない。

　ある場合には、進んで会社の株式を購入し、労働者を含むあらゆる債権者にすべてを支払うための十分な新たな資金を注入する企業救済者が見つかるかもしれない。しかし、買い手にとってより魅力的に思われるような、もう1つの企業救済の方策がある。救済者は、新たな企業実体として、労働者の全部または一部と一緒に、有形および無形の資産を取得することができる。この道筋に従うことによって、救済者は倒産した企業の債務に責任を負わず、有効に無担保債権者の請求を退けることができる。営業が継続している

企業として、企業の一部を安価で売却するこの方法は、潜在的な救済者にとって最も魅力的なものであるし、それ故に倒産した企業の清算人に対して、企業の資産を売却する最良の選択肢を与える。

しかしながら、注意深い読者は、既得権指令がこの企業救済策にも適用される可能性があることに気がつくであろう。しばらくして、倒産の専門家達は、当該指令が、倒産企業から資産を奪う彼らの方策に大きな損害をもたらすことに気がついた。継続している企業として企業の一部を取得しているので、買い手は、第1に、TUPEにもとづき、再雇用されなかったすべての労働者からなされる不公正解雇の訴えに責任があり、倒産した企業の全被用者の雇用契約に基づくすべての未払金の請求に責任があり、さらに政府によって支払われた賃金について代位請求される責任があるということを知るであろう。第2に、買い手は、不公正なみなし解雇の責任の危険を冒すことなしに、新しい被用者の条件を変更することは、おそらく無理であろうということに気がつく。倒産した企業の元マネジャーたちは、もちろん、当該救済者によって取り替えられているが、彼らでさえ不公正解雇の訴えを提起するであろう。なぜなら、所有者が交代していることを除いて、実体の同一性が保持されている場合には、企業売却に先立つ彼らの解雇は自動的に不公正となるからである。既得権指令は、当初は、おそらく企業の再編を抑制し、資本市場における規制された競争の要素を除去するために制定されたのであろうが、しかしその後、経済的保障に対する労働者の権利を保護するためのEC社会政策の一部であると裁判所に解釈され、倒産という文脈においては、企業の救済にとっての主要な法的障害となってしまった。そして、そのこと自体は、労働者の経済的保障を保護するという観点からは、極めて望ましいものであった。

この難問に対する満足のいく解決を見いだすのは困難である。取りうる1つの手段は、政府が、社会保障基金から支払った費用を倒産企業の譲受人から取り戻すことをやめさせるということである。この禁止は、倒産した会社の被用者の賃金、および解雇を理由とする未払い分の請求に直面する救済者のコストを無くしてしまうことはないが、減少させるであろう。既得権指令は、その他の解決策を創出するために修正された。[29)]同指令は、雇用契約から

生じる債務、および企業譲渡前に支払われているべき債務を理由として生じる倒産会社の譲受人の責任を除外するような国内法を認めている。同指令はまた、企業の全部または一部が存続することを確保するとの観点から、被用者の代表が買い手との間で、雇用条件の変更に合意することを承認するための国内法を認めている。雇用条件を集団的に不利益変更することを認めるという原則は、労働者の損失についての個別的合意とは対照的に、それが倒産企業の買い手に与える融通性の代わりに、労働者に集団的な力という有効な保護策を提供するのだけれども、パートナーシップ制度の不存在は、イギリスにおいてこの第2の選択肢をほとんど機能しないものとしているのかもしれない。譲受人に免責を与えるという前者の選択肢は、実際に多くの場合、社会保障制度に対して未払賃金の負担を負わせることになり、企業譲渡の前に解雇された被用者から自動的な不公正解雇を理由とする補償裁定を得る機会をおそらく奪ってしまうかもしれない。その結果は、勘定を受け持たなければならない納税者には厳しいと思われるし、不公正解雇されたが、補償裁定を得ることができない労働者にとって過酷に思われる。しかし実際には、納税者は、この取り決めから利益を得るかもしれない。なぜなら、企業救済の増加は、倒産から生じる失業の社会的コストを減少させるからである。そして、不公正解雇を理由とする補償裁定を求める被用者の訴えは、外国の法概念をイギリス法に移植するという、かなり人工的な試みとして既に異議を唱えられている。というのも、イギリス法は、剰員整理手当の制度の中に、企業の再編から生じる経済的危険の問題に対するかなり異なった独自の対応を有してきたからであった。

---

29) Art. 4a.

第4部　シティズンシップ

第10章　職場における市民的自由

1　権利についての議論

　ロンドン大学政治経済学院からさほど遠くない、ロンドンの中心にあるレストラン、パラダイソ・アンド・インフェルノに働くウェイターたちは、1980年代に長らく、最低賃金の権利を享受していないと訴えてきた。当時、賃金審議会は、レストラン業界で働く労働者について、最低レートを定めていた。ウェイターの受け取る賃金は、最低レートを上回っていたが、それは、使用者がクレジットカードあるいはチェックによる料金支払時に、料金に加えて顧客によって支払われるチップの配当分を賃金に加えていたがゆえに過ぎなかった。チップを賃金に加えること（使用者によって支払われしたがって最低レートの対象となる）は、実際には賃金を倍に数えたことになる。ウェイターたちは、これらのチップはすでに自分たちのものであり、これはサービスの提供を受けた顧客の意思であり、したがって、チップは使用者による支払いあるいは報酬に算入されるべきではないと、主張していた。しかし、イギリス控訴院の多数意見は、以下のように述べて、ウェイターらの主張を退けた[1]。すなわち、使用者は顧客の代理人とは考えられないし、クレジットカードやチェックによる支払いによって使用者が食事などの料金とともにチップについてウェイターに支払うことを受託したとも考えられない。したがって、クレジットカードやチェックによって支払われたチップは、使用者のものである。その後、使用者は、契約に基づき、スタッフの間の決まりにしたがって、全額をスタッフに配分すると判示した。
　イギリス司法に対する不満や貴族院への上訴が拒否されたことから、ウェ

　1）　*Nerva v. R L & G Ltd* [1996] IRLR 461, CA

イターたちは、本件をストラスブールにある欧州人権裁判所（European Court of Human Rights）に提訴した。ウェイターたちは、イギリス司法のかかる解釈が、個人の所有権の平和的な享受を保護する旨を定める欧州人権規約第1協定第1条（Article 1 of Protocol No.1 of the European Convention on Human Rights）に違反すると主張した。欧州人権裁判所は本件を多数意見でもって却けた。[2] 多数意見は、以下のように判示した。すなわち、クレジットカードやチェックによって支払われたチップを使用者のものと判断したイギリス裁判所は、恣意的あるいは明白に不合理であるとはいえず、使用者がチップをウェイターに対する賃金の一部として取り扱うことによって、ウェイターの所有権を侵害したとはいえない、と判示した。他方、反対意見は、同欧州人権規約上の権利が侵害されたと、以下の理由とともに述べた。すなわち、これらの支払が、最低賃金法上の、ウェイターに対する使用者の債務を満たすとすることによって、使用者はスタッフの持ち出しによって利益を得たことになるからである、と。私的所有権の抗弁に基礎付けられた最低賃金に関するこの主張は、勝訴の道を阻まれたとはいえ、単に多数意見に花を添えたに過ぎないとは決していえない。

　本書で先述した雇用法上の議論はすべて、労働者の権利の側面から論じられてきた。われわれは、法を、差別を受けない権利あるいは不公正に解雇されない権利といった個人の権利に限定して検討してきた。権利のプリズムを通して雇用法を検討することは、有意義な点が多くある。一連の個人の権利の法構成に、正義の道徳的感覚や権原の法的感覚を結びつけることは、権利のレトリックに強力かつ説得力ある議論をもたらしうる。さらに、権利についての議論は、被用者の請求を弱体化させる他の政治的な議論を排除するのに役立つ。たとえば、競争や公正さを促進する議論は、労働市場における整序された規制を目指して法規制と政治的思考とのバランスをとることに控えめである。しかし、権利という言葉は一度発せられると、他の政治的配慮を打ち砕きがちである。雇用法の専門家は、個人権の見地から構成された法的分析に可能性が秘められていることを十分理解している。というのは、その

---

[2] *Nerva v. United Kingdom* [2002] IRLR 815, ECHR

ような分析は、保護立法に関する労働者側の要求と必要性とをとくに強調してそれを手助けするからである。しかし、雇用法の専門家は伝統的には法論理を提示することに慎重であったし、少なくとも本書では、これまで控えてきた。では、なぜ雇用法の専門家が権利をめぐる議論に存在する秘められた可能性と説得性を明らかにするのを控える傾向にあったのであろうか。ここが重要である。

　労使多元主義（industrial pluralism）の伝説は、雇用法の専門家をして、最初から個人権の論理に懐疑的になるようにさせてきたといえよう。労働者の利益が労働組合の組織的力量に大きく依存してきた歴史的伝統にあっては、個人の権利が雇用を規制するのに重要な役割を演じうるとの考えは生じそうにもないように思える。反対に、個人の権利は、2つの場面で労使多元主義システムに脅威を与えると思われた。第1に、財産権や自由権といった自由主義的な憲法に包摂される典型的な権利は、使用者の利益を基本的に保護してきた反面、労働者にはほとんど何ももたらさなかった。多くの事例で、使用者は、生産手段の所有やそれに関連することを擁護しかつ労働組合による経済的圧力に対抗して契約自由を保護するために、憲法上の権利を援用してきた。争議行為のような示威行為が使用者の財産権や自由に対する反憲法的な侵害であると理解されると、適法行為として免責を得ることは著しく困難になる。基本的人権は、当時、苛酷な労働環境下にあった労働者を保護するために企図された立法を違憲無効とする根拠として用いられた。その理由は、強行的な保護立法が結社の自由を侵害するというものであった。結社の自由こそ労働者自身が必要とする自由であったはずであるにもかかわらず、である。個人権に関する分析への労使多元論者による第2の反論は、結局のところ、労働者の力は、集合体として団結し連帯するところにあることを示している。団結の有効性は、当該団体内部のリーダーシップと懲戒による。そうして、集団的力が最大限に引き出される。独占の力が個人の権利の保護に対して及ぼす危険は、指導部によってなされた指令に個々の組合員が抗議を行なう機会を失わせるところにある。ストライキをしないと決めた労働者は「労働権」を援用しようとする。そして、当該組合の政策になじまない労働者は、労働組合を脱退することにつき結社の自由を主張して、おそらく競

争関係にたつ組合を結成する。これらの個人権が法によって厳格に保護されるとなれば、労働組合組織の団結力は弱体化させられてしまうことになろう。単一の法的実体としての使用者は、自らの利益を擁護するために個人の権利を活用できることからすれば、労働者組織は、個人の利益を普遍的利益のためにある程度犠牲にしてはじめて、有効なものとなりうるのである。労使多元主義者は、権利というレトリックを用いる場合には、それによって得られる利益と引き換えに、団結活動を掘り崩してしまう危険性があるとしばしば考えてきた。

　これらの権利についての議論（rights talk）に関する以上の留保は、権利の適用範囲の拡大によって、かなりの程度解消されるであろう。言論の自由や公正な裁判を受ける権利といった、市民的自由を市民に認めて国家権力の誤った行使に対抗するという伝統的な観念に加えて、法は、使用者に対抗して労働者を保護する社会的経済的権利を労働者に容認する。これらの権利には、労働組合を結成し、団体交渉を行い、ストライキを実施し、不公正解雇に対して労働者を保護する権利が含まれる。かかる社会的経済的権利が増えたのに、雇用法の専門家は、個別的に権利についての議論を分析することにとどまってしまった。問題は、権利が対立し、制限や調整が必要となる場合に生じる。不明確な文言で表現された権利の適用範囲に関する解釈は、通常、裁判所の役割である。その難しさは、衝突する権利間の調整やそれらの権利の範囲を解釈する際、裁判所が財産権や契約自由を侵害する団結体への理解を欠く場合に現れる。法律家が何かの拍子で使用者の利益を擁護する基本的権利に遭遇すると、概して、経済的社会的権利は、張子の虎に変貌する。雇用法を歴史的に見ると多くの場合、これが杞憂にすぎないというのとは逆で、まさに真実であることは明らかである。この点は是非とも、指摘しておかねばならない。

　権利論（rights talk）が3つの'D'－すなわち'脈絡のないこと（discontex-

　3）　C. Offe, 'Two Logics of Collective Action', in C. Offe, Disorganised Capitalism (J. Keane ed.) (Cambridge: Polity, 1985), p.170.

　4）　M. Koskenniemi, 'The Effect of Rights on Political Culture', in P. Alston (ed.), *The EU and Human Rights* (Oxford University Press, 1999), p. 99

tualization)、政治的でないこと (depoliticization)、集団的でないこと (decollectivization)'—これらの D の方向に法律論議の舵を切るという批判は、当たっている。にもかかわらず、これらの欠点の程度については、前出のレストラン (Paradiso and Inferno) でのウェイターの例でみられたような、有益な権利行使の可能性と比較して、判断されるべきである。チップに相当する額を受け取るウェイターの衡平法上の財産権に関する分析というこの事件で主張された法論理の複雑さは、必然的に権利についての議論を手段として用いることが雇用法を現実の政策問題に向けさせるよりもむしろ、法形式上の精緻さの追求に向かわせる結果となってしまったことを例証している。現実政策とは、レストランのオーナーは、スタッフが顧客からの任意のチップによって生活がかろうじて支えられているというほどに、余りにも少ない賃金しか支払っていないのかどうか、といった議論である。本章および次章において、われわれは、雇用法に関する権利の議論 (rights talk) の現実的かつ潜在的な影響を検討する。以下、本章で検討される伝統的な市民的自由に関する権利は、次章で検討される経済的社会的権利とは多少区別して検討する。

2 欧州人権規約

1998 年人権法 (the Human Rights Act 1998) は、欧州人権規約 (the European Convention on Human Rights) を国内法化したものである。同法は、イギリス裁判所に対して、欧州人権裁判所による同規約の解釈を配慮するように求める。今日では、前述のウェイターのように個人が、ストラスブールに行くまでもなく国内の裁判所において政府に対して同人権規約上の権利を主張できる。しかし、1998 年人権法は、公共部門の被用者が使用者たる国家に対して、同人権規約に定める諸権利が国家によって侵害されたと訴えることができると定めており、したがって、形式的には公共部門の被用者に便宜を与えるだけである。また、同法は不明確でさえある。というのは、欧州人権裁判所は、同人権規約に基づき政府の行為を訴えることに、何の制限もないのに対して、イギリス法では、公の当局 (public authority) が雇用契約を締結する際は、私人としての立場で行為を行うとの立場をとっている。と

はいえ、1998年人権法は、イギリス法に対する「間接的効果」によって民間および公共部門の労働者双方にとって、かなりの可能性を与えてくれる[6]。すなわち、国内法を解釈する際、裁判所はできる限り人権規約上の権利を尊重しなければならないとの定めは、裁判所が人権規約上の権利と矛盾することなく国内法を解釈できない場合、裁判所は優先する立法を無効にはできないが、'不一致宣言（declaration of incompatibility）'をしなければならないからである。すなわち、このことは、政府に対して法改正を強いることになろう。裁判官によって形成されたコモンローについて、公の当局としての裁判所は、制定法に服する義務（a legal duty）があるのであって、人権規約上の権利と矛盾しない法的義務がある。この要請は、法的見解を人権規約上の権利に合致させるために、先例を見直すことによって、達成される。

　人権規約上の権利は、主に、国家による干渉に対して、市民の有する自由を保護することに向けられている。しかし、これらの権利の多くは雇用法にも適用可能である。たとえば、公正な審理を受ける権利を規定する人権規約第6条は、民事法上の権利義務や刑事法上の訴えについて、いかなる者も、独立しかつ公平な裁判（tribunal）による、公正かつ公開の審理を、合理的期間内に受ける権利を有する、と定める。もっとも、この権利は、政府・自治体による以下の行為に対してのみ適用されると制限されよう。すなわち、行政が労働者の雇用法上の権利を侵害したり、同権利の侵害を雇用審判所（employment tribunal）に申立てる行為を制限する場合に限って本条の適用が認められることになる。また、プライバシー権に関する人権規約第8条は、いかなる者も私生活および家族生活、家庭生活や交友関係を尊重する権利を有する、と定める。この権利は、簡潔明瞭に国のみだりに立入った監視やプライバシーの侵害に向けられているが、使用者の保持する被用者情報について、情報の機密が保たれることで被用者の利益が保護されるとか、労働現場

　5）　G. Morris, 'The Human Rights Act and the Public/Private Divide in Employment Law' (1998) 27 *Industrial L J* 293

　6）　K. D. Ewing, 'The Human Rights Act and Labour Law' (1998) 27 *Industrial L J* 275 ; K. D. Ewing (ed.), Human Rights at Work (London: Institute of Employment Rights, 2000).

における監視に限定するとか、懲戒事由を限定するといった、被用者のために有用となる根拠を与えることにもなりうる。第9条は、信条、良心および信教の自由を定める。本条は、就業規則や慣行について、それらが信条における少数者に対する間接差別であるとして争うことを、可能にする。第10条は、いかなる者にも表現の自由権があることを、第11条は、平穏な集会や結社の自由権を定める。

　しかしながら、これらの権利は、一定の場合たとえば国家安全保障、公衆の安全、道徳上の保護といった民主的社会に必要な範囲に限って、法に基づき行政によって制限されることを、容認する。人権規約上の権利侵害を訴える訴訟は、典型的に二つの論点を提起する。すなわち、第1に権利の実体が侵害されたのかどうか、第2に、侵害されたとしてその侵害は、民主社会において必要であるとして正当化されるかどうか、である。労働者は、解雇の当否を検討する裁判において、プライバシーや表現の自由を尊重すべきであると主張するが、それが受け入れられたとしても、その保護される範囲は、裁判所が以下のことを受け入れる程度いかんである。すなわち、使用者の有するプライバシーや表現の自由の制限が民主的社会における'国家の経済的な安寧'（第8条）といった目的とか、他の権利（第8、9、10、11条）を尊重するといったことである。たとえば、欧州人権裁判所は、典型的には、権利の制限が正当性を有するか否かを判断するにあたって、均衡のテスト（a test of proportionality）を用いる。また、同裁判所は、人権規約締結国に、この種の問題を検討する際に'評価の余地（a margin of appreciation）'を保障する。たとえば、猥褻に関して出版の自由を制限する程度は、国によって違いのあることを容認されることになる。

　これらの権利が雇用法に影響を与える限り、繰り返される問題がある。雇用契約条件によって人権規約上の権利を損じることができるかである。被用者は事前の許可なしに会社の情報を報道機関に漏らしてはならないと雇用契約に定めることを、使用者が求めることを想定して欲しい。表現の自由のこの種の制限は尊重されるべきであろうか。また、道徳に高い立場を与えて、労働者については人権規約上の権利を適用除外とする特約は基本的に認められないと主張することも考えられる。しかし、この見解は、興味深いとは

いえ、過度に問題を単純化している。かかる雇用契約を締結する際、労働者は、組織への加入の自由を行使しているし、その限りにおいて人権規約上の権利の衝突問題に直面する。それには、バランスある処理が求められよう。さらにいえば、明示した条項による保障が全く認められないとなれば、使用者のなかには、職を申込むことができなくなる者もでてこよう。そのため、人権規約上の権利の強調は長期的には労働者の利益を擁護しないであろう。雇用契約による制限に対する人権規約の権利の保護には含みのある方が、結局のところ賢明だと思われる。

たとえば、均衡のテストにあっては、制限することに向けられる使用者の適切な業務上の必要性と拘束を受けずに権利を享受して得られる労働者の利益との調整をおこなうことは可能であろう。たとえば、*Ahmed v. Inner London Education Authority* 事件で提起された問題を考えてみよう。事件は、フルタイムの教員がイスラム教徒の義務である近くのイスラム寺院での礼拝をおこなおうと使用者に毎週金曜日の午後に45分間の離席を求めたが許されず、離職を余儀なくされた、というものであった。原告は、不公正なみなし解雇（constructive unfair dismissal）を主張する中で、使用者が原告の信教の自由を実践することができるように彼の時間割を調整するべきであったと主張した。本件が人権法制定前に起きたにもかかわらず、控訴裁判所はその適用可能性を検討した。当該裁判所の多数意見は、離席の拒否が以下の理由で、第9条とは矛盾しないと判示した。すなわち、アーメド氏は、雇用契約で金曜日の午後を勤務時間とすることに合意しているからというものであった。反対意見で、スカーマン判事は、以下のように述べて多数意見に異を唱えた。すなわち、教育機関は人権規約第9条に依拠するから、敬虔なイスラム教徒を社会の一員として受け入れることを考慮して時間割を調整しなければならず、それはたとえ追加的な経費がかかろうとも、教員の宗教上の礼拝を妨げないように解釈されるべきである、と述べた。

---

7) G. Morris, 'Fundamental Rights: Exclusion by Agreement?' (2001) 30 *Industrial LJ* 49.

8) [1978] QB 36, CA

アーメド氏が欧州人権裁判所に提訴した際、かれは、第1段階で躓いた。当時、委員会 (a Commission) が事件の受理可能性や勝訴可能性について綿密に調査していた。当該委員会は、使用者が信教の自由を侵害したことを受け入れたが、本件が裁判所の聴取に進むべきでないとする限りで、当該制限が正当化されると決定した。すなわち、当該制限は、当該被用者が宗教上の儀式と両立できる時間で働ける異なる仕事に就く機会も有していたのであり、事実、アーメド氏はその後、減額された賃金で週4日と半日の仕事を得たことを理由に正当化される。さらに、使用者は離席を恣意的に拒否したのではなく、フルタイムの労働であることを強調して運営の効率や経済的理由によるものであることを証明したことを理由に正当化される、と。労働者が人権規約上の権利を制限する契約条項でもって職を得る場合労働者は採用の後人権規約上の権利の制限の当否を争えないという、この簡潔な見解は、きわめて強力である。すなわち、使用者が人権規約上の権利を排除するために労働契約のひな形 (a standard-form) として使用することに道をつけ、被用者はその経済的必要性からかかる条項を受け入れざるをえなくなるように思われる。さらに、契約条項が人権規約上の権利に制限を課すことが正当化される場合がある。秘密情報の秘密性を厳格に守ることを同意する諜報部職員 (government intelligence officer) のような場合である。人権規約上の権利と雇用契約条項との間のより好ましい調整は、使用者に対して、均衡のテストに照らして契約上制限を課すことにつき正当性を明らかにするよう要求することである。その限りで、使用者は、人権規約上の権利を制限しない限り、職務を十分達成できない業務上の必要のあることを挙証するように求められる。かかるテストがアーメド事件に適用されていたなら、アーメド氏の主張、すなわち、勤務時間割の変更あるいは無給の離席によって、人権規約上の権利が侵害されることなく適切に使用者の必要を満たしたであろうという主張は、認められたであろう。宗教差別の場合、間接差別ルールへのかかる均衡のテストは、今日では、雇用平等に関するEC一般指令に基づいて求められている。[9] アメリカ合衆国では、公共部門の雇用が共産党に属していない

---

9) EC Directive 2000/78

ことおよびその趣旨の宣誓を条件としていたマッカーシー旋風期の教訓ゆえに、裁判所は、公共部門の被用者について、憲法上の権利の享受に対する制限に、均衡テストを課している。[10]

　雇用法における人権規約上の権利の適用可能性に関する包括的な探求を試みなくても、いくつかの特に論争の的になる論点を研究することは意味がある。たとえば、人権規約上の権利が被用者の法的地位を有意義かつ妥当なものにする場合である。これらの議論は、プライバシー権と表現の自由権という2つの人権規約上の権利の雇用法への影響可能性に関係している。

3　プライバシー

　プライバシーの概念は精確な定義を欠いている。趣旨に関する1つの要素は、たとえば、家庭での生活の監視や友人間の個人的なやりとりの監視といった、人間の家庭や個人的生活に土足で立ち入ることに対して、向けられるものである。関連する要素は、人間の生活の個人的な部分あるいは少なくとも同意をとらないで他者との交流を公衆にさらすことに関係する。プライバシーの憲法上の保護が、市民に向けた国家による濫用的監視に対して向けられるとはいえ、その保護は、また、好ましくない報道による侵害に対しても、与えられよう。雇用に関して、プライバシーは、職場（workplace）の監視について限界を画しうる。また、プライバシーは、使用者が企業外行為について労働者を懲戒処分する際に、その処分の正当化に用いうる範囲をコントロールしうる。

監　視

　工場制の登場により、使用者は、労務遂行過程を徹底的に監視することを通して、生産効率を上げることができるようになった。工場の作業長は機械工を監視し、怠けたり話したりして怠惰な者は懲戒処分される。現代のテク

---

10)　Pickering v. Board of Education 391 US 563 (1968)

ノロジーは、業務が不断の監視のもとになされることを可能にした。被用者の知る知らないに関わりなく、カメラを通して遠隔地から、電話による通信のモニタリングであるいはコンピューターに保存されているEメールその他の記録を読むことによって、監視できるのである。使用者は、勤務の監視について適法な業務上の利益を有しているとか、安全対策や法令順守について関与することは適法でありうるとはいえ、法的問題は、職場のいきすぎた監視に対して限界が引かれうるかどうかである。使用者が被用者の時間を買っているのであるから、被用者は職務を遂行する間はいかなる監視にも同意していると主張されうる。かかる見解に対して、労働者は人間であり商品ではないので、職場での個人的な関係にある程度のプライバシーが配慮されるはずであるとの理由から、許容される監視には暗黙の限界を設けるべきであると主張することも可能である。使用者は、労働者が仮病を使って休んでいないかどうかをチェックするためにトイレにおける会話を記録する必要があるという見解をとることもありうるが、上司の前では言わないことをトイレで気軽に交わす被用者は、いき過ぎた監視行為が職場における人間関係あるいは信頼関係を破壊すると感じうる。職場において、現代のテクノロジー全てを使って密かに探索する業務上の利益があるかどうかは、疑問であるといわねばならない。いき過ぎた監視のもとで働く被用者は、使用者が必要とする協働関係に応えられないであろう。職場における冷淡な関係は、協働を萎えさせ、被用者を離職させる方向に向かわせるであろう。

　イギリスにおいて、最近の1つの例外があるものの、職場の監視に特別な法律上の規制はない。法的検討においてまず指摘されるポイントは、結局、使用者が望むある種の監視をおこないうるとするものである。欧州人権規約におけるプライバシー権の保護は当該権利がある種の職場の監視行為に対する訴えの根拠として有効であるか否かの問題を提起した。この論点は、*Halford v. UK* 事件において検討された。[11] 上級女性警察官が性差別を理由に昇格を拒まれていると訴えた。争いは厳しいものとなった。というのは、彼女は、上級職員が報道を通じて中傷記事を載せるキャンペーンをおこなった

---

11)　(1977) 24 EHRR 523, ECHR.

第10章　職場における市民的自由　249

り不当な懲戒手続を進めるなどハラスメントをおこなったりしていることを確信していたからである。本件性差別の訴えは結局は解決し、彼女は警察を辞めた。しかし、彼女は、電話の盗聴を理由にプライバシーが侵害されたと警察を提訴した。すなわち、職場の専用電話と家庭の電話が、性を理由とする昇格差別に必要な情報を得るために、盗聴されていたと主張した。彼女は、自宅電話の盗聴を証明できなかったが、職場の専用電話に関しては、盗聴の事実が認められた。欧州人権裁判所は、第8条にもとづく私的生活を享受する彼女の権利が侵害されたと判示した。イギリス政府は、盗聴が法に従っていることを理由に盗聴の正当性を主張したが、その主張は認められなかった。公衆電話サービス規制は、公の当局によって運用される内部の専用通信システムにおける電話の傍受を適用範囲としていなかったからである。

　この判決は明らかに職場における監視を行う使用者の権限に制限を課したとはいえ、判決によって労働者のプライバシーがどの程度保護されたかについては、実際には、陳腐である。裁判所の強調した点は、彼女が訴訟をするということは警察当局が専用電話による彼女の会話を私用であると確信しているからということである。誤った印象を与えることのない言外の意味は使用者は承諾あるいは通知なしにいかなる会話も盗聴（monitoring）できる権限を有しているということである。さらに、裁判所は、法に従ったものであれば、監視することが正当化されることを示唆したといえる。イギリス政府は、2000年監視権限規制法（the Regulation of Investigatory Powers Act 2000）を制定することによってその可能性に応えた。同法は、電話通信その他の通信システムたとえば公共電話通信に間接的に接続して行われる私的ネットワーク上でのEメールについて、適法な権限を有しないで、傍受することを不法（civil wrong）とする。しかし、プライバシーの保護は著しく減少する。というのは、通信の送り手が監視している場合あるいは使用者が許容される理由を有している場合であれば、使用者は適法な権限を享受するからである。許される理由にはたとえば、業務に関連する事実を挙げる、法令順守や質のコントロールを確立する、犯罪現場を捉える、そして、システムの不正使用を見張るといった広い範疇が含まれるのである。使用者がこれらに結び付けられないものなどありそうにもないように思われる。そして、使用者

は、いかなる場合でも雇用契約のひな形で被用者の同意をもって、監視することの白紙委任を得ることができる。結局、ハルフォード事件を受けた立法的対応は、職場のコミュニケーションでの被用者のプライバシー権を粉砕する試みであった。

この結論は、ビデオカメラのような他の監視手段がプライバシー権を侵害することにもつながるが、プライバシー権で監視を規制できるというのは厳しいように思える。ハルフォード事件の考え方すなわち被用者による同意がプライバシー権の侵害を否定する考え方が続く限り、使用者は、監視する権限を有するにふさわしい契約条項を設けるために交渉力を行使し続けうる。他方、プライバシー権に関するこの見解が再考されることはありうる。というのは、欧州人権裁判所は、プライバシー権の内容に、労働過程における他者との関係を確保したり友人を作ったりすることが含まれると解しているからである[12]。しかし、かかる行為を職場における形式的な同意によって監視したからといって、当該権利が侵害されたといいうるかどうか疑問である。また、イギリス制定法によって保障されるコミュニケーションの傍受に関する広範な適法性が使用者の適法な利益追求のためにプライバシー権の不当な侵害を招くということを理由に、訴えられる可能性が出てくるということもありうる。とはいえ、さしあたっては、プライバシー権が職場における監視の制限に有効でないことは、はっきりした。

機密の記録

雇用過程のすべてにおいて、使用者は重要な被用者情報を、入手しようとする。給与、既往歴や人事考課表といった、この情報の多くは、被用者にとって許可なくして誰にも開示されるべきでない機密とみなされうる。許可なくして開示することはプライバシーの侵害とみなされよう。他方、使用者は業務上の目的のために情報を得たり記録したりする。そして、それらの目的

---

12) Niemittz v. Germany (1992) 16 EHHR 7, ECHR; M. Ford, 'Two Conceptions of Worker Privacy' (2002) 31 *Industrial LJ* 135

には、推薦文を書くことを理由とした開示もある。かかる目的による秘密の情報の開示が無効ではないとはいえ、被用者は当該記録が正確であることや必要以上の情報が開示されないことに関してなお、利害に関係する。

ECデータ保護指令[13]は、個人のプライバシー保護を目的に、2つのキーとなる防衛手段に全力を注いでいる。第1には、個人情報は、限定され明白かつ適法な目的をもって収集されなければならず、他の目的のために用いてはならないとの原則である。第2には、個人は、自分に関して保有されたデータにアクセスする権利を有しており、誤りのあるあるいは不完全な情報を訂正あるいは削除する権利を有しているとの原則である。データを集める方式は問題ではない。情報は、コンピューターの記録、テープあるいは文書いずれでも保有されうる。当該保護は、特定個人に関する特別の情報が受け入れられる限りデータが収集されればいつでも、適用される。Eメールの記録といった職場の監視の所産もこれらの保護の対象とされる。

プライバシー権の可能性からの鍵となる論点は、法が使用者にある種の情報をどんなことがあっても集めてはならないと禁止できるかどうかである。イギリスにおいて施行されている立法は、出身民族、政治的信条、所属宗派、労働組合加入、健康記録、性行動や犯罪歴を含む'微妙な個人データ'[14]を対象とする。ただし、この情報は、(概略)以下の場合に限り、収集できるとされている。すなわち、個人の明快な同意がある場合、法的手続きに関して必要である場合または使用者の法的権利あるいは義務を行使する目的で行われる場合である。もっとも、機会の平等を確保する目的で'民族の監視 (ethnic monitoring)'をすることが認められる特別な例外もある。これらのルールの実際上の効果は定かではない。たとえば、使用者が被用者の関与なしに情報を得ることができることを考えれば、使用者はかかる情報を保持し利用することができるか。この問いに対する回答は、使用者の責任に関する例外の範囲にかかっている。使用者は、差別禁止法、健康安全法規、あるいは労働組合員への保護であるかどうかにかかわりなく、微妙なデータの保管が

---

13) EC Directive 95/46

14) Data Protection Act 1998, s. 4 (3), and Sched. 3.

使用者にとってこれらの法令順守のために必要であると主張するのに、これらの雇用法上の義務を当てにすることができるのである。使用者が保有する被用者に関する他の個人データも同じ理由で収集されうるが、使用者は、加えて雇用契約の履行にとって必要であることを含めて記録を保持する他の理由を掲げることができる。データを集めそれを第三者に開示するさらなる一般的理由がある。すなわち、データ収集が'被用者の権利や自由あるいは適法な利益への侵害を理由にして'正当化できない場合は例外であるが、使用者にとっての'適法な利益'によるというものである。この漠然とした調整テストは、結果的に、被用者の関与なしに被用者情報を収集することを適法とする。データ保護法について明白なことは、個人情報のプライバシーが被用者の不可侵の権利とされるのではなく、被用者の同意によって権利放棄が認められることであり、また、被用者の関与がなくとも、使用者は、被用者の機密の情報の保持や使用を正当化するために、業務上の目的や適法な義務に依拠しうることである。

　精緻なデータ保護制度が効果的かつ適切にプライバシー保護の機能を果たしているかは、疑問である。救済制度は、法令違反を理由とする厳格な責任を慎重に回避しているとはいえ、雇用法にとっては強力な制度である。被用者個人は、使用者に対して、保持するデータにアクセスすることを求め、それが精神的苦痛や金銭的損害を発生させる場合にかかる情報の使用を差し止めることを請求でき、さらに、情報を削除あるいは訂正を求める訴訟を提起することができるからである。また、被用者は、使用者がデータ保護を法令に従って合理的な注意を払っておこなっていたと抗弁しても、当該法令違反を理由に損害賠償を請求することができる。さらに、独立のデータ保護委員会（independent Data Protection Commissioner）もまた存在する。同委員会の任務には法の執行も含まれ、それには履行報告義務に課されている精勤義務を果たさない使用者に対する刑事罰を得る見通しを伴う。しかし、同法の効果は、結局のところ、個人が本人の関与なしに秘密情報が保持されていることあるいは違法な目的のために使用されているとの個人の発見に依存している。これを証明することはほとんど不可能である。

　キーボードのキーを少したたくことによって莫大な数の情報を動かすこと

ができるコンピューター・ネットワークの世界において、被用者の個人情報の拡散を防ぐことはほとんど不可能であるように思われる。欧州が国境を越える制度を創り出したとはいえ、電算化された情報の流れは何の物理的な障害をも認めず、だからこそ個人データは、規制の及ばない地域に流れ、集められうる。この問題に対処するため、ECは、アメリカ合衆国と以下の協定を結んでいる。すなわち、欧州の使用者は、アメリカ合衆国の会社がEC指令の準則（standards）に従う場合に限り、アメリカ合衆国に個人情報を送ることができるとの協定である。この制度は、アメリカ合衆国の会社が当該データ保護準則を遵守することを自己保証することにあるが、この保証がどの程度、有効であるかを検証することは困難である。新テクノロジーは、データ保護法を潜り抜けて、不こころえ者の前にさらされている労働者のプライバシーを保護する仕組みを、提供しているのであるから。

検　　査

　アメリカ合衆国では、使用者は、普段から、被用者になろうとする者の潜在的能力を測るためにさまざまな検査を行っている。ポリグラフなどの嘘発見器が、応募者の技能や資格に関する経歴の正誤を調べるためばかりではなく、労働者の私的生活の詳細を精査するために用いられる。医療上の診断は、単に現段階における労働に適した健康状態にあるかどうかに関する情報を得るばかりではなく、遺伝子検査などの一部の医学的検査は、求職者の中長期的な健康状態の予想も提供できる。もちろん、応募者は、かかる検査の受診を拒否することができるが、それらが多くの使用者によって広く利用されている場合、拒否する応募者は結果的に、労働市場から排除されるであろう。使用者は、応募者の見込みのある職務遂行能力に関する情報を得る、正当な利益を有している。使用者は、個人の私生活を、この問題に関連すると

　15）　www.exports.gov/safeharbor; Q. Bargate and M. Shah, 'The EC/US Safe Harbar Data Protection Agreement-A Shotgun Marriage' (2000) 15 (8) Journal of International Banking Law 177.

考え、ポリグラフ検査において次のような質問をすることもある。'幸せな結婚生活ですか'とか'酔っ払うことがありますか'といった質問である。かかる質問に、うその回答をすれば、求職者は雇用機会を失うであろう。しかし、正直に答えることもまた、就職への期待を下げることにもなろう。人権規約上のプライバシーに関する権利を尊重することは、検査が職務遂行能力に重大な影響を与える個人的事項についてなされる限りにおいてのみ適法であるといった形で制限されるべきであろう。

このプライバシーに対する関心に対応して、アメリカ合衆国においては、連邦法、州法双方とも、ポリグラフ検査の使用を規制している。連邦法は、国家安全や使用制限物質の運搬といった特定の職を除きポリグラフの使用を禁止する[16]。しかし、別の重要な例外がある。業務への経済的損失に関する内部調査の一部としての使用者の検査にかかわる場合である。その検査は、使用者が被用者のぬきさしならない関与に合理的な疑いを有する場合にのみ認められる。もっとも、検査が認められるといっても、被用者は、あらかじめ質問項目を見る機会が保障されるといった、一定の手続的な保護規定がある。さらに、性的行動、信条や結社（association）に関する質問は、禁じられる。特定の州のレベルでは、検査に関する特定の形式についての規則があるばかりではなく、州憲法がプライバシー権を時々保障している。プライバシーの権利は、たとえば、被用者が一定の質問に答えることを拒否したことを理由に解雇された際当該解雇が公共の福祉（public policy）に反すると主張して損害賠償の訴えを提起するといった場合に用いられうる。しかし、その場合は、使用者がその質問について職務遂行に関係することを証明できない場合のみである。検査それ自体は、被用者のモチベーションに関係するであろう私的生活を含む広範囲の出来事を、認めているのである[17]。欧州でも、検査が一般的に実施されるようにでもなれば、被用者のプライバシーに関する同様の基本的な保護規定が制定されなければならなくなるであろう。

---

16) Employee Polygraph protection Act 1988, 29 USC s.2001.
17) Cort v. Bristol-Myers Co. 385 Mass 300, 431 NE 2d 908 S Ct of Mass. (1982)

企業外活動

　労働者が私的時間に何をしようと、使用者の知ったことではないはずである。企業外での性的、文化的そして政治的実践は、私的事柄と考えられ、雇用契約とは何の関係もない。同様に、私的時間を労働に費やそうとも、その労働が競合他社を助けるものでない限り、私的事柄である。にもかかわらず、使用者はかかるプライバシーを常に尊重するとは限らない。使用者は、事業の評判に関して適法な関係がある。使用者は、被用者の企業外行為とくに社会的に支持されない行為が企業に損害を与えないかと恐れている。宗教上や政治上の活動は、それらが人権規約上の権利として特別な保護を受けるがゆえに別であるとしても、プライバシーの権利は、被用者の企業外行為を制御しようとする使用者の試みに、どの程度、影響を与えるのであろうか。
　今日、より寛容になっているとはいえ、労働者の性的志向は差別する理由としてしばしば、使用者に利用されてきた。雇用機会平等における EC 基本指令（The EC framework Directive）が施行されれば、性的志向を理由にした好ましくない処遇について、被害を受けた被用者が法的手続をとることができるようになる。しかし、人権規約上のプライバシー権はほかにどうしようもなくなったときの追加的保護法規として残りつづけるであろう。たとえば、使用者が被用者のゲイ行為を解雇理由とした場合、その解雇が公正であるか否かについて、審判所は、人権規約上のプライバシー権に従って、解雇の合理性という制定法上のテストをしなければならない。その際、審判所は当該人権規約上の権利を尊重して、合理性の概念を解釈する。その合理性とは、かかる差別を許さないとする観念のことであろうし、あるいは、均衡のテストを適用して、業務に深刻な打撃を受けるとか解雇以外に選択の余地がないとかを使用者に証明させるということであろう。
　プライバシーに関してのより議論のありそうな問題は、企業外での不法な行為や犯罪行為にかかわるものである。禁じられた薬物の所持あるいは万引き行為といった企業外での犯罪行為で被用者が逮捕されたとか有罪判決を受けたとかを使用者が知った場合を想像してみてほしい。かかる理由の解雇

は、個人のプライバシーの侵害として許されないのであろうか。使用者は、当該犯罪行為が会社の信用や信頼を毀損したと主張するであろうし、いかなる場合でも公の当局との関わり合いは保護される私的領域からは切り離されると主張するであろう。かかる議論は、イギリス裁判所では、一般的に優勢である。*Mathewson v. RB Wilson Dental Laboratory Ltd* 事件では、昼食時間中に少量のインド大麻を所持していて逮捕されたことが、当該被用者を解雇する合理的理由となると判示されたが、この事件判決を想起して欲しい。[18] このような企業外非行への使用者の懲戒権の拡大に反対して、被用者は私的時間でのことであると主張しうる。すなわち、当該行為が職務遂行を害していないことあるいは実質的には会社の社会的評価に損害を与えていないことを証明して使用者とかかわりがないと主張できる。また、プライバシー権がこの企業外活動の監視によって侵害されたと主張できる。使用者は当然ながら被用者の違法行為を大目に見ることを好まないが、個人の自由や権利に敬意を表して、職場外での被用者の生活をコントロールする懲戒権行使から守ることは重要である。特定の職務を得ようとするという個々人の選択が一般的に自身の他の生活に関する選択をコントロールする、そのような間接的な権力を使用者に与えることになるべきではないからである。

服装規程

プライバシー権に関する最後の論点は、職場での服装や頭髪に関する社内規程（employers' rules）に関するものである。使用者は、顧客を満足させるとか安全であるとかを根拠に容易に被用者を説得できるとして、これらの命令を正当化する。男性に対して短髪を要求するといった勤務時間以外での労働者に影響を及ぼす社内規程は、確実に私的生活に影響を及ぼし、プライバシーを侵害する。それは、職場外での個人のライフスタイルや好みに干渉するからである。制服を着ることを義務付けることやある種の服装を禁止する職場での服装規程は、労働者が自分自身を同僚に表現したい気持ちを制限す

---

18) [1988] IRLR 512, EAT; above p. 175.

る。

　服装規程への間接的な非難は、性差別禁止法を適用して成果を上げてきた。使用者は、女性のズボン着用を禁止することができなかった。というのは、裁判所が、使用者による女性のズボン着用禁止を、男性と対比して女性への不当な不均衡な影響があると判断したからである。しかし、かかる主張がいつも成功するとは限らない。たとえば、スーパーの男性に対する長髪禁止は男性に対する性差別とはみなされなかった。控訴院は、服装規程に関して、服装の社会的慣習による基準を設けたとしても、そのことが必然的にひとつの性に関する好ましくない取扱に当たるわけではないと判示した[19]。かかる見解が人権規約上のプライバシー権の観点から維持されるかは疑わしい。というのは、欧州人権委員会は、男性の服装倒錯者に対する職場での女装の禁止が使用者の適法な目的に基づく均衡ある干渉として正当化されるとはいえ、私生活の権利を侵害すると判断している[20]。服装規程が人権規約上の権利を侵害しているのであるから、女性被用者とは別に短髪にするように要求された男性被用者は、確実に、権利の侵害が損害をもたらす好ましくない取扱いを受けたとされるはずである。

　服装規程がプライバシー権あるいは（少し見方を変えれば）表現の自由に基づく権利の侵害を理由に直接的あるいは間接的に訴えることになるであろう。とはいえ、被用者の主張は最後には不成功に終わるであろう。長い目で見れば、差別やプライバシーでもって理論構成されるかどうかは、当該議論が服装規程の正当化に関する均衡テスト（proportionality test）にかかっていると思われる。アメリカ合衆国の事例で、制服警官が短髪を義務付けられ口ひげやあごひげを禁止する規程を訴えた事例において、合衆国最高裁は、自由やプライバシーの権利を侵害する余地のあることを認めつつも、それらは恣意的ではなかったとして当該規程を支持した[21]。他方、反対の少数意見は極度に批判的であった。すなわち、マーシャル判事は、'個人の私的容姿は、

---

19) *Smith v. Safeway plc* [1996] ICR 868, CA
20) *Kara v. United Kingdom*, No.36528/97, 22 Oct. 1998.
21) *Kelley v. Johnson*, 425 US 238 (1976).

個性を映し養いそして育成するものであり、人生への姿勢やライフスタイルを表現する手段としてしばしば用いられる'と述べている。同判事は、また、制服警官への短髪要求に関して、警官であることを公衆に対して知らせるあるいは警察権力の団結心（esprit de corps）の一助となるとの理由づけに、疑問を呈している。裁判所は、服装規程に関する経営上の判断にあれこれいうのを嫌がっているようである。しかし、これらのルールが人権規約上の権利を侵害することがある場合、裁判所は少なくとも、使用者に対して、当該規程と明白な業務上の目的との間に合理的関係のあることを証明するよう求めるべきである。

4 表現の自由

'表現の自由は民主社会の根幹のひとつであるとともに、民主社会の発展や個人の自己実現にとって、もっとも基本的な条件のひとつでもある'[22]。この表現の自由に関する解釈が明らかにしているように、市民的自由は、政治的議論の自由や公共の利益に関わる報道出版の自由に、特に向けられる。たとえば、フランス人ジャーナリストに関する有罪判決が破棄された判決がある。事件は、当該ジャーナリストがプジョー自動車の会長（the chief executive）の税金の還付申告のコピーを違法に入手したことに関してであった。当該ジャーナリストは、新聞紙上で、会長が労働者の賃上げ要求に対して痛烈に反対しているにもかかわらず、会長自身は最近、40％の報酬アップをしたと批判した。しかし、表現の自由はどの程度職場に適用されるのであろうか。

　表現の自由が職場において自由にされるべきであるとは、誰もいわない。使用者は、あまりのゴシップの多さによる生産の不効率や減少を回避することに適法な利益を明らかに有している。人権規約第10条（2）は、他の基本的人権を保護するために民主社会に必要かつ均衡な制限である場合に、表現の自由を制限することを正当とするいくつかの種類を認めている。たとえ

---

22) *Lingens v. Austria A.* 103（1986）8 EHRR 407, ECHR.

ば、職場における人種に関する口汚い話しは、人権規約上の権利に基づく保護をいっさい受けない。職場で働きもせずにおしゃべりすることを禁止するために雇用契約に基づく権限を行使する使用者は、正当化される侵害として、かかる制限を正しいと主張することができるであろう。しかし、使用者は、明示あるいは黙示の条項に依拠して、被用者のいかなる種類の発言も自己の裁量で封じることができるとの雇用上の権力関係を構築できるであろうか。使用者のかかる権限には、その範囲が不明確であるとはいえ、限界がある。

政治活動

　使用者は職場内で労働者が彼らの時間をどう使うかを制限できるにもかかわらず、企業外でかつ労働時間外の被用者の行為を制御しようと試みる。多くは共産主義あるいはファシスト団体への参加に関してであるが、使用者が労働の外である被用者の政治活動に異を唱える場合、使用者は、表現の自由に関する人権規約上の権利、それはおそらく宗教上のあるいは政治上の信条の自由にも連なるように思われるが、これらの権利に対するある種の侵害を正当化できるのであろうか。民間使用者がこの制限を正当化するのは難しい。政治活動が制限されるべきではないのは、これが民主社会の基本だからである。しかし、イギリスでは、北アイルランドは別にして、政治的差別を明確に禁止する法律はない[23]。被用者の労働の外での政治活動を抑制しようとする使用者の姿勢に異を唱える被用者は、別の法解釈を裁判所に求めなければならなくなるであろう。たとえば、人権規約上の権利と矛盾しないところで、不公正解雇禁止法といった法を用いることである。公共部門の労働者は、より直截に1998年人権法を用いて、人権規約に依拠しうる。しかしこれには、特別の考慮がなされる。同法は、公共部門の労働者の政治活動の制限を正当化しうるからである。

---

23) Fair Employment and Treatment (Northern Ireland) Order 1998, SI 1998/3162 (N.I.21).

公務員、裁判官、警察官や軍関係者といった、公共部門の職員は、政治活動に参加することが通常、禁止されている。不偏不党あるいは少なくとも見かけ上は中立的であることが、かれらの職務の基本として民主社会にふさわしいとみなされている。人民から選出された代表者は政治的な強制から一方に偏らない履行において重きをなすことができるであろう。しかし、そもそも政治活動の制限はすべての公共部門の労働者に均等に適用されるべきであろうか。ドイツの学校の女性教員が共産党の活動家であることを理由に、解雇された。当該女性は、表現の自由や信条の自由が侵害されたと訴えた[24]。欧州人権裁判所で、ドイツ政府は次のように主張した。すなわち、法によって定められた公共部門の労働者への制約が民主社会の保護にとって必要であるから、教員への表現の自由の制約は正当化されるべきであると主張した。表現の自由に対する制約が政府の民主的システムを保護する上での必要と釣り合うかを検討して、裁判所は、教員の人権規約上の権利が侵害されていると結論した。いくつかの公務員の政治活動の制約が正当化されるとはいえ、中学・高校の教員職はかかる範疇には入らない。もっとも、教員が生徒に反民主的見解を吹き込んだり、憲法秩序への反抗を内包あるいは促進する立場を公けの場で明らかにしたりした場合は別である。この判決の示唆するところは、公共部門の労働者すべてへの政治活動全面一律禁止は、人権規約上の権利に反するということである。上級公務員、裁判官、警察官や軍関係者への制限がおそらく正当化されるとはいえ[25]、それ以外の公共部門の労働者の政治活動禁止は、欧州人権裁判所によって注意深くふるいにかけられるであろう。たとえば、イギリスの規則は、不偏不党を維持するためとして、地方公務員の政治活動を制限しているが[26]、当該規則が行政サービスの不偏不党を確保するうえでの必要と均衡するかどうかの検討は慎重になされるべきである。これらの規則は、公務員から、自ら選挙に立候補することを奪い、あるいは、候補者を支援する活動を行うことを奪っている。当該規則を支持し

---

24) *Vogt v. Germany* (1996) 21 EHRR 205, ECHR.

25) *Rekvenyi v. Hungary* (1999) 30 EHRR 519, ECHR (police officer).

26) Local Government Officers (Political Restrictions) Regulations 1990, SI 1990/851.

て、欧州人権裁判所は、以下の理由を挙げて、政治活動の制約は均衡がとれていると強調した。すなわち、かかる制約は地方公務員の約2％に適用されるに過ぎず、かかる公務員の職務は選任された地方議会の議員あるいはメディアをあつかう委員会の委員に助言をするというものだからである。[27]

内部告発

　犯罪、汚職あるいは危険な行為が職場で行われている疑いがある場合、被用者はどのような態度をとるべきか。とるべき明白な態度とは、この疑念を経営者に報告することである。しかし、被用者は、報復を恐れる。経営者がそれに関係していると思われる場合は特に、そうである。目を瞑るのがもうひとつの選択肢である。しかし、被用者は、違法行為に巻き込まれたりあるいは危険な行為（procedure）によるリスクを負わされたりするのを恐れる。被用者は、事業外の誰かに、思いきっていったり話すべきであろうか。かかる状態に陥っている被用者を救済することは、公共の利益にかなう。というのは、それらは、犯罪の発見に資するし、経営判断の誤りあるいは事業の荒廃（corruption）を減少させ、職場や公衆の安全に対する脅威に警鐘を鳴らすからである。しかし、使用者は、常にこの種の公共の利益と自分自身とを一致させるとは限らない。

　しばしば経営者は、安全について苦情をたびたび訴えるあるいは経営の無能力あるいは荒廃を言いつのる労働者を、規律や協調関係の衝突や破壊を引き起こす元凶とみなす。解雇は、'トラブルを引き起こした'あるいはこれらの問題に関して報道を含む外部に話した者に対するよくある対応である。使用者は、かかる解雇を正当化するよい機会を有する。それは、被用者が雇用契約上明示された誠実義務に反したとか、訴えを提起することを差し控えるようにとの命令に従わなかったとかを理由とする、あるいは、生産の減少や事業の社会的評価を害したと主張しうるからである。しかし、かかる労働者を解雇する際、経営者は、最大の利益が得られるように行動できるとはい

---

27) *Ahmed v. United Kingdom* (1998) 29 EHRR 29, ECHR

え、株主の利益になるとかいうまでもないことであるが広く公共の利益にかなうかとかは、明らかではない。職場における良好なコミュニケーションは、われわれもすでに見てきたように、しばしば、生産効率を高める鍵である。それゆえ、懲戒処分に対する特別な保護は、たとえば、労働組合役員、安全委員、労使協議会委員や年金基金の労働者側受託者といった労働者代表の言動について、与えられる。というのは、かかる保護なしには、これらの機関は十分に機能を果たせないからである。[28]

公共の利益を促進するためや忠実でない経営者から株主を保護するために、使用者の懲戒権に対する可能なさむからしめる効果を与えるために多くの国では、'内部告発'法と呼ばれる報復行為から被用者を保護するための法律が制定されている。これらの法律の多くは、公共部門に限るとか、関係する公の当局に犯罪行為を通報することに限るといった、いくつかの制限がある。しかし、イギリス法は、全産業や広範な問題を適用対象にすることによって、内部告発の包括的な規整モデルとなっている。[29] 告発の後、不当に苦しめられたり解雇されると、'保護される告発'をする被用者は、使用者に対して金銭賠償を請求する権利を有する。しかし、被用者は、いかなることについても、誰にでも、いつでも、話す権利があるわけではない。話すことのできる内容は、犯罪行為、法的義務違反、誤審、個人の健康や安全そして環境破壊に関するものでなくてはならない。当該列挙事項には、使用者の経営政策に関することや事業運営の範囲内の事項は含まれない。ただし、被用者がそれをしなければ雇用契約違反となるような法律違反を指摘しうる場合は別である。[30]

この限定列挙された事項に関する告発のみが、適切な者に対して行われた場合に保護される。概して、法律は、適切な者とは、犯罪の告発を受ける権限を使用者から付与された者あるいは関係法の執行責任を負っている公務員のいずれかであると定める。使用者は結局、上級経営陣に適切な報告をする

---

28) Employment Rights Act 1996, ss. 100, 102, 103.

29) Employment Rights Act 1996, ss. 43A-L, 47B, 103A; D. Lewis, 'The Public Interest Disclosure Act 1998' (1998) 27 *Industrial L J* 325.

30) *Parkins v. Sodexho Ltd* [2002] IRLR 109, EAT

手続規定を定めて、内部告発者を懲戒する権限を保持し続ける。被用者は、報道機関のような第三者に、次に掲げる高度に制限された条件の下で告発するほかない。それは、すなわち、誠実で、私的利益をともなわず、関係事項が真実であると合理的に確信する被用者が、当該事項の重大さの観点からすべての状況において合理的である場合に開示をする場合である。特に、以下のことが必要である。すなわち、被用者が会社上級経営陣への開示による報復を恐れていることに合理性があるか、内部告発を受理し処理する公務員がいなかったか、被用者が以前、受理すべき適切な者に告発をおこなったことがあるがその者が適切な措置をすることを怠ったかのいずれかである。

　この立法を詳細に検討しなくても、以下は明白である。すなわち、使用者に当該事項について話すことが報復行為あるいはもみ消しを引きおこすことを恐れる被用者は、できるなら、隠匿されている事実を明らかにするような行政内部で勤務する知識をもった適切な公務員あるいは監視人を見つけなければならないということである。たとえば、看護師が高齢の老人ホーム在住者の虐待や悪口に関して経営者に提起したが、何の返事も返ってこなかったので、当該看護師は、地方社会サービス検査官（the local Social Services Inspectorate）にこれらのことを報告した。当該看護師は、'会社の基本的な利益を念頭において労働をしなかった' ことを理由に解雇された。さらに、当該看護師が定められていない公の当局に告発したことが後にわかった。幸いにも、裁判所は、被用者の関係事項は重大であり、実質的に真実でありそして、使用者が何も対処しない状況下において、当該開示は合理的であるとして、不公正解雇の訴えを認容した。[31]

　保護される開示を理由になされる解雇について高額の損害賠償を課す法律の下でのリスク、つまり、制限のない損害賠償額や感情の毀損に対する一層重くなった慰謝料を含むリスクは、長い間には内部告発者に関する使用者の行動を変えるであろう。しかし、内部告発者に対する上級管理職のもっとも

---

31) *Bladon v. ALM Medical Services Ltd*, unreported tribunal decision, discussed in C. Hobby, *Whistleblowing and the Public Interest Disclosure Act 1998* (London: Institute of Employment Rights, 2001), p.22.

共通した反応がもみ消しや迫害であろうことは、留意されなければならない。被用者は、いまでも、沈黙を守るか職を失うかのいずれかを選ぶことに直面している。職場の表現の自由を確保することは、時に重要な公共の利益が破壊されることがあっても、法の規制可能な範囲を超えているように思われる。表現の自由という人権規約上の権利を尊重することは、内部告発者の告発の合理性判断に好意的な事例においては衡平の先鞭をつける一助となるであろうが、裁判所は、言論の自由を享受する被用者の利益と被用者の言いうる言論を制限して業務を守る使用者の利益との間に衡平かつ均衡な利益調整を設定するとして、開示法に公益の利益を見ていると思われる。同様に、解雇をしようとする使用者の動機が贈賄あるいは犯罪をもみ消すためではないかとの疑念は、被用者による不公正解雇あるいは契約違反を理由とする損害賠償請求を認容する一助となりうる。しかし、それは、裁判所が実質的損害の可能性を肯定しなければ、不公正解雇への救済や損害賠償といった救済がかかる犠牲者を出すことを思いとどまらせることはないであろう。[32]

アメリカ合衆国では、公共部門の労働者が直接、言論の自由の保障を定める憲法上の人権規定に依拠できるが、最高裁は、言論の基本的人権の行使を'公的関係'の事柄に限定し、それ以上に公的関係に処分の誤りや不適切な施策に対する訴えを含めるべきとの主張を却けた。時によって、被用者の行為が事務所を混乱させたり職場の人間関係に支障をきたすことがある。このような場合には、発言の方法や時間や場所を理由に、言論が公的関係に当たるとされても、公の当局によって制限される。[33] この見解は、職場における言論の自由を制限する必要性についての使用者の判断への強力な弁護となるが、かかる立場は、人権規約上の権利から保護を求める試みと重なり合うように思われる。しかし、それは、ギリシャ陸軍が'犯罪集団でありテロリストの組織である'と訴える手紙を指揮官にあてて書いた兵士の事案で、当該兵士は3ヶ月の禁固刑に処せられたように、[34] 単に自分の事柄を非公開で上級官吏

---

32) E.g. *Foley v. Interactive Data Corporation* 47 Cal. 3d 654, 765 P.2d 373, S. Ct. Cal. (1988)

33) *Connick v. Myers* 461 US 138, 103 S. Ct. 1684 (SCUS, 1983)

34) *Grigoriades v. Greece* (1997) 27 EHRR 464, 1997-Ⅶ 2575.

に意見を述べる公共部門の労働者を保護することに限られる。

ピケッティング

　ピケッティングを取扱う法には、当該行為が言論の自由に関する議論を生むという暗黙の了解がある。すなわち、'労働争議 (trade dispute) の企図あるいは促進について、ある者が平和裏に情報収集または情報交換のみを目的として、あるいは、すべての者に労働あるいは勤務を差控えるよう平和的に説得することを目的として…労働現場あるいはその付近に滞留することは、合法である'[35]。他の目的があっても、ピケットの目的は職場で公式の争議行為があるということをみんなに知らせたいとの希望を含み、また、使用者と取引をしないようあるいは使用者のために仕事をしないようにと平和裏に説得することが含まれるのは疑いないところである。これらの目的が言論の自由に含まれる以上、ピケッティングに対する規制は、欧州人権規約の均衡テストに照らして正当化される必要があろう。

　アメリカ合衆国での議論の推移との比較が有用である。1940年、アメリカ合衆国最高裁は、すべてのピケッティングを禁止する州法に対して、合衆国憲法第1条修正（言論の自由）に反すると、重大な判断を下した。'今日の状況において、労働争議 (labor dispute) の事実に関する情報を広げることは、合衆国憲法によって保障された自由な討論の範囲内であるとみなすべきである'[36]。しかし、裁判所は徐々にかかる見解の立場から身を引こうとしている。それは、ピケッティングがたとえ平和的であっても、言論のコミュニケーションとしては正しくないというのである。その判断テストは、ピケッティングに対する規制が、経済的不法行為に対する使用者の保護とか治安を守るといった正当な州の政策 (a valid state policy) に適っているかどうかであり、そうであるならば、その規制は有効であるとするのである[37]。しばらく

---

35) TULR(C)A 1992, s.220(1)
36) *Thornhill v. Alabama* 310 US 88 (1940)
37) *Teamsters Local 695 v. Vogt. Inc* 354 US 284 (1957).

の間、裁判所は、私的財産権に関する州の保護が、常にピケッティングやビラの配布を私有地から排除する正当化理由となるかどうかを検討した。特に、私有地がショッピングモールであるような場合が顕著である。[38] しかし、裁判所は、結局、直接的な州の行為がある場合を除き言論の自由に関する憲法上の問題は生じないと結論した。もっとも、その結論は、所有権者がモールからピケット員を排除することを求めた事件の判決ではなかったが。[39]

　このモデルは、ピケッティングの制限を正当化するためには、人権規約下の欧州では、より厳格な均衡テストに適合しなければならないとはいえ、理解されうる。ピケッティングその他の示威行為は人権規約上の言論の自由権の保護を受けるに値すると理解されてきたからである。[40] そして、この保護が第11条における集会の自由権によって拡がりうる。イギリス警察は、以下のことを根拠にしてピケッティングを規制する際の重大な自由裁量権を有している。その根拠は、治安の破壊や高速道路の通行妨害に対してそれを防止するために行使する権限である。これら公の当局の権限は、人権規約上の権利に従って行使されなければならない。このことは、権限行使の必要性や均衡性が今まで以上に精緻な精査に服するであろう。そうではあるが、欧州は、アメリカ合衆国のパターンに従うであろう。そのパターンとは、ピケットを制限することが民主社会における他の権利や自由を擁護する上で必要であることを理由にしてピケットに関する全ての法的に強行される制限を事実上認めるという方式である。

　労働者がピケット権を享受できる範囲に関するこの結論は、市民的自由の保護が労働者集団の利益よりも使用者の利益をしばしば擁護すると当初述べた、雇用法学者の疑念を確認することになりやすい。使用者は、労働組合による雇用法上の権利の行使の範囲を定めるために、財産権や自由の保護に依拠することができる。われわれが今一度振り返るべき問題は、社会権を含む

---

38) *Amalgamated Food Employee Union v. Logan Valley Plaza* 391 US 308 (1968).
39) *Hudgens v. NLRB* 424 US 507 (1976).
40) *Steel v. UK* (1998) 28 EHRR 603, 1998-VII; *Middlebrook Mushrooms Ltd v. TGWU* [1993] ICR 612, CA.

権利についての議論の展開が被用者の利益を保護する機会を増やすかどうかである。

第11章 社会権

　欧州では20世紀中葉に、様々な憲法や権利章典が、前章で検討した伝統的な市民的自由よりも広範な権利を包含するようになった。たとえば、フランスでは、1946年憲法において、福祉国家の諸原則のみならず労働組合を結成する権利やストライキを行う権利等の労働者にとって必要な保護を市民の基本的権利として表明することが企図された。欧州評議会（Council of Europe）は、1950年に人権条約（Convention on Human Rights）に合意しただけでなく、1961年には社会憲章（Social Charter）を付加した。この社会憲章（現行規定は、1996年に改正されたもの）[1]は、雇用法に関係する多くの事柄、とりわけ公正な労働条件を享受する権利、健康で安全な労働条件を享受する権利、差別されない権利、労働組合の組合員、団体交渉および争議行為に関する諸権利を宣言することによって、福祉国家における社会的・経済的保護を拡大させるものである。要するに、われわれが検討してきた雇用法のあらゆる側面が、欧州においては労働者の基本的権利として抽象的な文言において表明されているのである。これらの権利のほとんどは、ILOの国際条約や2000年欧州連合基本権憲章（Charter of Fundamental Rights of the European Union 2000）にも見出すことができる。

　これらの国家間・国家横断的な社会権の宣言が前章で検討した市民的自由の保護と異なる重要な点は、社会権の宣言が個人によっては直接、法的に強行されえないということである。ILO条約の場合には、独立専門家委員会が特定の条約について各国の遵守状況に関する報告書を作成するが、この報告は条約の締約国に対しては政治的ないしは道徳的な強制力をもつにすぎない。同様の報告メカニズムは、欧州社会憲章にも当てはまる。欧州社会憲章

1）　イギリスは、欧州社会憲章に署名したが、未だ批准していない。

の場合には、欧州社会権委員会（European Committee of Social Rights）が一般的な基準を遵守しているかどうかを評価する。欧州社会権委員会の報告書は、一般的な基準を具体化させている。たとえば、条約4条4項は、雇用の終了について合理的な予告期間が与えられる権利を付与しているが、委員会は、特定の使用者との間の1年の雇用期間経過後は1か月未満の予告による解雇を不合理であるとしている[2]。しかしながら、イギリス法は、1週間の最低予告期間を定めているに過ぎない[3]。（さらに、）最近の欧州社会憲章に対する追加議定書は、斬新な権利の実行方法を創設している。代表的な使用者および労働組合の全国組織は、憲章を遵守していないことについて、自国政府を相手方とする申立てを行うことができ、委員会が当該申立てを支持した場合、加盟国閣僚委員会（Committee of Ministers of the Member States）は、申し立てられた政府がその立場を是正し、当該政府の採った措置について、報告書の提出を求める勧告を行うことができる[4]。こうした手続は、これらの国際条約が個人に対して直接強行することのできる法的権利を付与するものではないという基本的立場を変更するものではないが、憲章の遵守を監視する労働組合の努力を支えているのである。

　しかし、社会権に関するこれらの宣言は、雇用法に対して重要な影響を及ぼすことができる。これらの権利は、雇用法のための指針を定立し、立法あるいはそれに代わる規制手法を導入すべきであるとの要求を勇気づけるものである。たとえば、イギリスへの最低予告期間の導入や不公正解雇に関する法の制定を求める主張が、雇用の終了に関するILO条約や欧州社会憲章を遵守すべきであるという政治的圧力によって支えられていたことは間違いない。法律家が、国内法は可能なかぎり国際条約と合致するような方法で解釈されるべきであるとして、裁判所を説得することも可能となる。国内裁判所がそうしたアプローチをとることは稀であるが、少なくともEC法の目的のために、欧州司法裁判所（ECJ）は、広範な社会権を含む2000年欧州連合

2）　Conclusions XIV-2, Vol. 1, p. 397.

3）　Employment Rights Act 1996, s. 86.

4）　H. Cullen, 'The Collective Complaints Mechanism of the European Social Charter' (2000) 25 European Law Review, Supp (Human Rights Survey).

基本権憲章の原則を尊重することが求められる。こうした様々なルートを通じて、一群の「ソフトロー」(the tissue of 'soft law') は、やがては新しい立法や社会権に理解のある裁判所による現行法の解釈へと具体化していくのである。

たとえば、労働者の組合加入の権利のための法的保護について考えてみよう。イギリスの立法において、被用者（employee）は、労働組合に加入しもしくはその活動に参加することを妨害しもしくは参加することを思いとどまらせようとする使用者によって処分されない法的権利を有している[5]。この法は、事実上、労働組合の組合員となることおよびその活動に参加する権利を謳ったものである。Associated Newspapers Ltd v. Wilson 事件[6]では、労働組合が集団的に交渉することを承認しないことを条件として、使用者が被用者に対してより高い賃金を支払うことを申し入れることが、この権利を侵害したことになるのかどうかという問題が発生した。数名の被用者は、使用者の申入れを拒否し、自らの法的権利が侵害されたとして申し立てた。しかし、貴族院は、彼らの請求を斥けた。その理由の1つとされたのが、使用者は当該被用者に対して「作為」(action) をなしたのではなく、賃金増額を申し入れなかったにすぎない、というものであった。こうした詭弁が誰を納得させられるだろうか。使用者が労働組合の組合員になろうと考えている被用者以外の者に対して賃上げを申し入れる行為は、組合に加入しようと考えている被用者にとっては、あたかも使用者が賃金カットを課すのとまったく同様の不利益を課す作為とみなされなければならない。貴族院が示した2つめの理由については、さらに注意が必要である。貴族院は、被用者に対する作為が労働組合の組合員であることそれ自体に対する攻撃ではなく、団体交渉のために組合に代表してもらいたいという彼らの意思に対する攻撃であると判示した。換言すれば、被用者は、使用者の干渉を受けずに組合員の地位を維持し、団体交渉に関するサービスを除く組合の提供するサービスを受けることができたはずであるというのである。

---

5) TULR(C)A 1992, s. 146.
6) [1995] 2 AC 454, HL.

こうした議論は、労働組合の組合員資格と活動についてのみ言及する制定法に関する1つのありうべき解釈に依拠したものであるが、労使多元主義の観点からはほとんど意味をなしえない。労使多元主義の見地からすれば、人々が労働組合に加入し、そうした権利が保護される必要があるとされる主たる理由は、彼らが団体交渉によって与えられる保護とより大きな交渉力を必要としているからという点にある。貴族院の判事たちは、そうしたロジックを受け容れないことを選択したのであり、そのような立場は、明らかに使用者の契約自由の権利を尊重するものであり、個人に対して自らが選択した雇用条件を申し入れることを認めることにほかならない。この判決は、裁判官が労働組合に対して根強い反感を顕わにした古き昔の事案ではなく、1990年代半ばに下されたものである。この判決は、市民的自由という伝統的な考え方に基づく雇用法上の権利が、効果的な組合組織のために被用者が必要としている団体行動に対する不可欠な保障を提供するものではないことを示す一例なのである。

　しかし、社会権というソフトロー（soft law of social rights）のもつ意味を議論するという文脈において興味を惹かれるのは、この貴族院判決が欧州人権裁判所（European Court of Human Rights）において覆されたという事実である[7]。すでに検討したとおり、ストラスブールの裁判所によって強行される欧州人権条約は、社会的・経済的権利を具体化するというよりはむしろ、伝統的な市民的自由に関する短いカタログを具体化したものである。しかし、Wilson事件では、申立人は、結社の自由の権利に依拠することができた。というのも、結社の自由の権利には、「自己の利益の保護のために労働組合を結成しおよびこれに加入する」個人の「権利」の明示的な承認という、通常であれば含まれない社会権の要素が含まれていたからである。そして、欧州人権裁判所は、結社の自由の権利には団結権という社会権の要素が含まれると解釈した。すなわち、

---

　7) Wilson and National Union of Journalists v. United Kingdom [2002] IRLR 568, ECHR.

被用者が自らの使用者に対して自らを代表すること、もしくは、自らに代わって自らの利益を支持するために行動することを労働組合に自由に指示しもしくは認めることは、自らの利益を保護するために組合に加入する権利の本質である…。国家の役割は、労働組合の組合員が自らの使用者との関係を規制する際に自らを代表するために労働組合を活用することを妨害もしくは禁止されないことを保障するのである。

申立人は、精神的損害に関する補償の裁定を受けるとともに、「自己の利益の保護のために労働組合を結成しおよびこれに加入する」個人の「権利」が明示的に承認されたことによって、異例なことに社会権の要素を含む結社の自由の権利に依拠することができた。貴族院によって解釈されたイギリス法は、結社の自由に関する市民的自由を侵害していると宣言された。欧州人権裁判所は、その決定に至る過程において、欧州社会憲章で保障される団結権の意義やILOの同種の、そしてより詳細な条約に周到な注意を払ったのである。欧州人権裁判所は、欧州社会憲章の専門家委員会のみならずILOの専門家委員会の双方が、イギリス法は団結権と両立しないという見解を表明したことに注目した。このように、欧州人権裁判所の判決は、社会権——本件においては欧州人権条約の下で保障される権利——が法的に強行することのできる権利の解釈に影響を及ぼすことによって、間接的な法的効果をもちうることを示している。

本章では、雇用法への関心を喚起するとともに、予想される将来の発展に向けた道筋を示すという観点から、雇用法のためにこれらの社会権に関する国際的な宣言によって設定される方向性を検討する。法による社会権の保護は、シティズンシップ（citizenship）の概念を発展させる重要な要素を提供しうるものといえよう。

1　健康・安全

われわれは、これまでのいくつかの章において、工業化を発展させた分業のための賃労働システムによって引き起こされた対立と抗争（conflicts and struggles）をみてきた。しかし、そうした抗争における最も過激な一団であるラッダイト（Luddites）でさえも、おそらくは工場生産技術が自らの生命にもたらす潜在的な危険を十分には認識していなかったように思われる。紡績工場の労働者たちは、「剥離具（ストリッパー）や研磨機が原因とされる喘息（'strippers' and grinders' asthma'）」や統計的に高い死亡率を引き起こす綿肺症（ビシノーシス）に苛まれた。この職業上の危険は、早くも1831年には医師等によって認知されていたが、被災者とその被扶養者等が制定法上の制度に基づく貧弱な給付を受給する権利を獲得した1939年まで、何らの保護的な措置も講じられなかった。当該疾病が、職業（業務）に起因することを証明し、それを一般的な汚染や喫煙への暴露と区別することが困難であったため、補償が認められたのは請求のごく一部についてでしかなかった。1980年代には、労働者たちは、会社が綿から出る埃を吸塵する塵埃除去機を使用していないことを明らかにした健康安全監督官（Health and Safety inspectors）の報告書を活用し、労働組合の支援を受けながら、コモン・ロー不法行為法（private law of tort）に基づく実質的な補償を求める請求において勝訴するようになった[8]。要するに、使用者が適切な予防措置を講じ、実際的な水準の補償を支払うようになるのは、国際競争の圧力を受けてランカシャーの綿業が急激に衰退し、多くの企業が閉鎖される時期であった。そうしたタイミングは、単なる偶然の一致だったのだろうか。

　労働者の健康・安全の保護は、古くから法によって保護されるべき基本的な社会権の一つとして承認されてきた。ECにおいては、枠組み指令（framework Directive）によって、労働者の安全・健康を確保し、職場における安全・健康に関するあらゆる問題について労働者またはその代表に情報を提供し、彼らと協議する使用者の義務が創設されている[9]。使用者は、さらに詳細な指令とこれを履行する国内法を通じて、取引および事業活動を規律する特定の規則を遵守することが要求される。これらの規則は、これを遵守し

　8）　S. Bowden and G. Teedate, 'Poisoned by the Fluff: Compensation and Litigation for Byssinosis in the Lancashire Cotton Industry（2002）29 Journal of Law and Society 560.

　9）　EC Directive 98/391.

ないことを理由として使用者を訴追することができる監督官によって通常は強行される。さらに、使用者は、たとえばイギリスの健康安全委員会 (health and safety committees) のように、従業員代表が健康・安全に関する問題を提起し、その解決を討議するパートナーシップ制度を創設することが求められるのが通常である。EC の法的枠組みにおける最後の要件 (final strand) は、使用者に対してあらゆる事業活動について公式なリスク評価を行い、その結果について従業員と話し合うよう要求するというものであり、このプロセスは、使用者および被用者に対して身体の安全に対するリスクを知らせ、予防措置を講じさせるためのものである。これらの要件は、公的な基準とパートナーシップに基づく自律的規制 (self-regulation) が結合されたものとして、雇用法におけるもっとも洗練された規制手法 (regulatory strategy) となっている。

　死亡、傷害および職業上の疾病に至らしめる健康・安全基準の違反を理由として個人を補償するために、あらゆる国の法制度は、労働者とその被扶養者が保障を受けるための特別な制度 (specialized systems) を用意している。こうした制度のあるものは、19世紀にまでその起源を遡る。当時、産業化に伴って増大した職場における事故発生件数は、社会は自らに過失がないにもかかわらず災厄を被った者たちに手を差し伸べるべきであるという考え方と相俟って、特別な規制の必要性を承認させることになったのである。その当時は、私法制度において、負傷した労働者が補償を受けられるかどうか不明確であった。というのも、法は、被用者に対して使用者の側における過失を証明することを要求するとともに、傷害を惹起させた他の労働者の行為に対する使用者の代位責任 (vicarious liability) を否定または制限し、危険に対する労働者の同意によって代位責任は否定されるという考え方を利用するなどのからくりによって、補償請求を制限していたからである。ドイツ・モデルへの移行は、使用者と被用者による拠出を基礎とする強制保険制度を意味するものであり、身体に障害をもたらす事故の場合において、労働者または

---

　10) B. Hepple, 'Welfare Legislation and Wage-Labour', in B. Hepple (ed.), The Making of Labour Law in Europe (London: Mansell, 1986), ch.3.

その被扶養者が保険制度から所得を得ることを可能とした。アメリカにおいては、使用者は、労働者補償法の下で、迅速かつ無過失の限定補償責任制度を受け入れ、ネグリジェンスに基礎を置く私法上の請求を排除することと引き換えに、保険加入を義務付けられた。イギリスでは、立法政策上の紆余曲折を経た後、これら双方のアプローチの要素が取り入れられることとなったが、それによって、補償制度は異常なまでに複雑化した。社会保障制度は、国家を通して、雇用において傷害を負った者に労災補償や傷害給付を含む様々な給付を提供する。さらに、法定疾病給付制度は、身体障害による就労不能によって仕事に就いていないほとんどの被用者に対して、28週を限度として低額ではあるが週手当（a low weekly amount）——1996年段階では54〜55ポンド——を使用者に支払うよう求めている。しかし、この立法は、社会保障制度のコストの一部を使用者に転嫁させることを目的としているため、疾病時の賃金の一部の継続支給（continuation of a proportion of pay during sickness）を保障する基本的な雇用上の権利を定めるものではない。その結果、被用者が国家に対して何らかの種類の所得援助を請求できる場合にのみ賃金の継続支給の申請が可能となるにすぎないなど、法定疾病給付に関する受給要件はきわめて複雑化している。

しかしながら、こうした国家補償制度は不適当なものになりかねないことから、私法上の補償制度が廃止されることは決してないし、被用者はネグリジェンスを理由として使用者を不法行為で訴えることができる。被用者が、使用者に事故を惹起させた特定の制定法上の安全義務違反があったことを立証できる場合には、これらの不法行為に基づく請求はときには有効な無過失責任請求となる。そして、裁判所は、この特定の制定法上の義務違反が私法上の請求の根拠となることを承認している。たとえば、使用者におけるリス

---

11) A. Larson, 'The Nature and Origins of Workmen's Compensation' (1952) 37 Cornell LQ 206.

12) P. W. J. Bartrip and S. B. Burman, The Wounded Solders of Industry (Oxford: Oxford University Press, 1983).

13) Statutory Sick Pay (general) Regulations 1982, SI 1982/894 によって補足される Social Security Contributions and Benefits Act 1992, Pt XI.

ク評価の懈怠が事故の寄与原因である場合には、この規制要件違反は、傷害に対する使用者の損害賠償責任を成立させるに十分なのである[14]。私法に基礎を置くこうした請求制度は、使用者が民間の責任保険に加入しなければならないという義務的要件によって一層強化された。

　私法上の請求は、義務的な補償制度の補償対象から外れる傷害や疾病に対する補償の制度においては、あるいはまた、イギリスのように代替的な請求が認められている場合においては、依然として重要な要素である。アメリカでは、労働者は、ネグリジェンスによって引き起こされた傷害を理由として使用者に請求をなすことができないが、たとえばアスベストによる健康被害を理由とする請求のような多くの場合において、強制的な補償制度から外れる職場の条件に関連する疾病、あるいは、ネグリジェンスにおける請求に代わるものとしての製造物責任を理由として、訴えを提起することができる[15]。イギリスでは、とりわけ綿肺症（ビシノーシス）のような職業病については、制定法上の補償制度に限界があるので、病気や職業病に対する保護の範囲を拡大するために私法が活用されてきた。たとえば、職場における被用者に対する圧力は、ストレスおよび継続的な精神疾患となりうる。そうした疾病は制定法上の補償制度の対象外ではあるが、ネグリジェンスに関する私法の下では、使用者は、雇用から生ずるストレスによって惹起された精神疾患に対して、補償金を支払う責任がある。被用者の傷害が合理的に予見することが可能かどうか、使用者はそうした傷害を回避する合理的な注意を払わなかったかどうか、そして、使用者のとった措置が疾病を防止するものであったかどうかがテストされる。職場におけるストレスは日常的なものであり、使用者にはたとえば休憩や休日を認めるなどといった通常の予防措置を講ずべき義務があるとしても、ストレスに起因する精神障害に対する責任は、使用者が原告（請求者）についてリスクが増大していることを知らされていたかどうかにかかっている。たとえば、学校教師がストレスによって惹起された精

14）　Swain v. Denso Marston Ltd [2000] ICR 1079, CA.

15）　E.G. Mandolidis v. Elkin Industries, Inc. 246 SE, 2d 907 (1978) ; Porter v. American Optical Corp, 641 F. 2d 1128, 5th Circ (1981).

神疾患を理由に補償の支払いを求めた請求は、当該教師がストレスを受けたことは明らかであったが、通常の仕事量を負担していただけであるから使用者は精神疾患を合理的に予見できず、また、教師は過重労働の結果として被ったストレスについて誰にも訴えていなかったという理由から、斥けられた。被用者が、不屈の精神をもって押し黙り、ストレスのたまる労働条件に耐えていくことは明らかに間違っているのである。

　労働における健康・安全を規律する法を概観しただけでも、それが1世紀以上に渡っていかに雇用法の関心事であり続けてきたかが明らかになる。しかし、もっぱら社会権という観点からのみそのことを考察するだけでは不十分であることもまた明らかである。安全な労働場所で働く権利（right to a safe place of work）は、傷害に対する補償を請求することによって保護されるが、法は、事故や疾病が発生しない安全な作業場の創設をますます最優先させようと考えるようになっているからである。そのために、雇用法は、よく知られているあらゆる規制手法を駆使する。（しかし、）たとえそうであるとしても、法は、安全が絶対的な権利ではありえないこともまた認めている。消防士や警察官の仕事のように、予期し難い不測の事態の前では絶対的な安全などありえない仕事も数多く存在する。雇用法は、その代わりに、使用者が、リスク評価手続を通じて、可能な限り危険を予知するとともに危険を減少させあるいはこれを排除するために考案された措置を講ずる管理システムの構築を要求している。補償制度は、使用者の厳格責任を既知の危険であることが明らかな規則違反に限定することによって、また、ネグリジェンスの基準をそれ以外の職業上の傷病の原因に適用することによって、安全な労働の場で働く権利が絶対的な権利ではありえないということを認めている。

　しかし、健康・安全に関する法の歴史からは、シティズンシップという広範な概念とのつながりもまた明らかとなる。職業上の傷病に対する補償が強制的な社会保険あるいは民間保険にリンクされた厳格責任のいずれかを通じて確保されるべきであるという考え方は、労働の危険からその構成員を保護

16）　Hatton v. Sutherland [2002] ICR 613, CA.

するために社会は集団的な責任を負っているということを承認するものなのである。

2　団　結　権

　Wilson事件が物語っているように、労働組合に加入する権利は、結社の自由という基本的な市民的自由の側面と社会権の双方を含んでいる。しかしながら、この権利は、社会権としては、労働者が雇用条件や職場の条件について使用者と交渉するために団結を結成する権利という、より広い意味を有するものである。団結権は、さまざまなパートナーシップ制度を通じて、企業の管理に参加する権利を包含している。したがって、社会権は、労働におけるシティズンシップという理想を表現するものであり、そこにおいて被用者は、契約によって使用者と結ばれているというだけでなく、当該事業の計画や目標について情報を与えられ、そのことについて協議する権利をもった組織の一員とみなされる。

　労働組合は、そのような役割を果たすために、使用者から独立していることが必要であり、また、民主的な参加のプロセスを通じた運営によって、組合員の利害と意思に敏感であることが必要である。労働組合は組合員による自由な組織として、このような要求を満たしていると思われるが、法は、使用者が労働組合を操ること、組合役員に支配された独裁的な内部構造、さらには個々の組合員に対する労働組合の不公正な取扱いに対する安全装置を用意することができる。しかし、国家は、過度に労働組合を規制しないよう慎重でなければならない。というのも、強制的な規則や構造は、組合の自主性を損ない、組合にとって必要な効率的な行動を妨げることになりかねないからである。

　多くの場合、コモン・ロー裁判所は、労働組合の内部規約を組合員契約の条項として取り扱うことによって、組合がそれに従うようその規制に制限を課してきた。しかし、裁判所は、これとは異なる方法によって、これらの規約にアプローチすることも可能だろう。裁判所は、組合の内部紛争に対する不介入を正当化するために、組合規約に基づいて利用することのできる内部

の救済が図られるべきであり、組合の何らかの機関が申立てのあった規約違反を宥恕することを許している場合には、少なくとも裁判所は介入すべきでない、と主張することができよう[17]。これとは対照的に、裁判所は、組合が組合員契約の黙示の条項に違反したと宣言するとともに[18]、組合規約の適正な解釈は[19]、究極的には裁判所の法律問題であると主張することにより[20]、組合とその組合員との間の特定の紛争に介入することもできよう。このようにイギリスでは、労働組合の内部問題について、相当場当たり的で予期し難い規制方法が裁判所によってとられる余地が残されてはいるが、今ではそうした規制方法の多くは、部分的にはアメリカのそれを模した強行的規制モデル（a model of mandatory regulation）によって取って代えられた。

アメリカの規制は、広く知られているように、なかんずく多くの組合が組織犯罪に支配されているという嫌疑に由来するものであった。しかしながら、イギリスには、そのような問題はどこにも存在してこなかった。ところが、戦闘的な労働組合の指導者たちが政治目的のために、そして組合員の意思に反して、その権限を利用して争議行為を呼びかけているということが根拠もないままに主張された。通常、組合の指導者たちは、当該組合のある部門ほどには戦闘的でないことが実証的研究によって示されている[21]。しかし、労働組合の指導者たちが、ときに組合員や組合のある部門の意思から疎遠になりかねないということもまた明らかである。指導者たちがラディカルであるとされてきた炭鉱夫組合においてさえ、争議行為を強行しようとした場合のみならず[22]、組合のある部門の意思に反して使用者と解決について同意したという逆の場合においても[23]、指導者たちのそうした行動を禁止しようとし

---

17) Brown v. Amalgamated Union of Engineering Workers [1976] ICR 147, Ch D.
18) Hodgeson v. NALGO [1972] 1 All ER 5 Ch D.
19) Radford v. NATSOPA [1972] ICR 484, Ch D.
20) Edwards v. Halliwell [1950] 2 All ER 1064, CA
21) R. Undy and R. Martin, Ballots and Trade Union Democracy (Oxford: Blackwell, 1984).
22) Taylor v. National Union Mineworkers (Derbyshire Area) (No.3) [1985] IRLR 99.
23) National Union Mineworkers v. Gormley (1977) The Times, 21 October.

て、組合員から訴訟が提起された例がある。組合は「組合員の声に耳を傾ける ('given back to their members')」べきであるという主張を裏付ける証拠は乏しいにもかかわらず、今やイギリスには、組合の内部問題および組合と組合員との関係を規律する極度に詳細な強行的立法が存在しているのである。

組合財産の財政面での適正さは、会計および開示の要件によって担保される。独裁の危険性に対しては、組合の執行委員会および通常は書記長として知られる主たる執行役員（principal executive officer）について、独立検査人（independent scrutinizer）が定期的な秘密投票を実施する制度を強行的な要件（mandatory requirement）とすることによって対処されている。いかなる組合員も、候補者として立候補することを不合理に排除されえないし、一般的にすべての組合員には、選挙において投票資格が与えられるべきである。個々の組合員が不公正に取り扱われる危険性に対しては、不当な制裁を受けずもしくは除名されない権利を組合員に付与することによって対処される。この不当な制裁（unjustified discipline）という概念は、組合員が争議行為を支持しないことを理由とする制裁の場合をも含むと定義されている。組合からの除名は、組合規約に基づく組合費の不払いのような一定の理由による場合にのみ許され、争議行為への参加を拒否したり、他の組合の組合員であったことあるいは組合員となることを理由とすることは許されない。こうした規制は、認証官のように組合規約が遵守されているかどうかに関する紛争の調査および調整を職責とする公務員が存在することによって、一層効果的なものとなる。イギリスの立法の全体枠組みは、実際にはほとんどありもしない不当な組合の内部運営という問題を解決しようとするものであり、組合にとっては強力な一撃となっている。立法、とりわけ組合規約に基づいて組合員を制裁にかける組合の権限に対する制約は、組合の内部問題に対する公的機関による過度の介入となるとILOの専門家委員会が結論付けたこ

---

24) Green Paper, Democracy in Trade Unions, Cmnd. 8778, January 1983.
25) TULR(C)A 1992, ss. 24-45D.
26) TULR(C)A 1992, ss. 46-61.
27) TULR(C)A 1992, ss. 64-7.
28) TULR(C)A 1992, ss. 174-7.

とは、当然のことといえよう。[29]

　労働組合の内部問題に対するイギリスのこのような規制は、表面的には労働者の団結権に対する直接的な介入とはいえないまでも、それが労働組合の効率性を狡猾に損なうものであることは認識しておく必要がある。このような立法は、とくに役員選挙の場合において、そしてすでに検討した争議行為[30]の場合においても、秘密郵便投票の実施を求めることにより、労働組合にかなりの犠牲を強いるものとなっている。組合の効率性は、その団結力を確保するために組合員に対して制裁を課することを不可能とすることによって、さらに一層損なわれているのである。組合の指導者たちがストライキの実施を提案し、それが秘密投票において圧倒的多数によって是認された場合においても、組合少数派はストライキの呼びかけを無視することができるし、対立組合を設立し、組合を相手方としてその行為の正当性に疑義を挟む訴訟を提起することができる。そして、その場合、組合の目的からみて由々しき事態であったとしても、組合役員は少数派に対して何らの対応もとることができないのである。イギリス法は、社会権としての団結権（social right to organize）と、それとは正反対の団結しない権利（an opposed right to disorganize）をあたかも同列に置いてきたように思われる。

　団結権が、組合とその組合員に対して、他の労働者を特定の組合に加入させまたは特定の組合の組合員であることを強制する権利を付与するものでないことはいうまでもない。労働者が特定の組合の組合員であることを要求されるかどうかの問題は、労働者が特定の使用者または特定の職業（craft）に雇用されたいと望んでいる場合には、「クローズドショップ」の正当性に関する問題を生ぜしめることになる。使用者が、特定の組合の組合員だけを特定の仕事に雇用することに合意している場合、組合の組織上の地位や団体交渉における地位は強化される。アメリカを含む多くの国では、そうしたクローズドショップ協定が社会権としての団結権を促進し、ときには組合間競争

---

[29] ILO, International Labour Conference, 87th Session, 1999, Report of the Committee of Experts on the Application of Conventions and Recommendations, Report III (Part 1A).

[30] 第7章参照。

から生ずる労使関係における混乱や組合員とその指導者たちとの間の抗争を防止することから、その拘束力を承認している。法は、指導者たちが一定の組合員の利害を公正に代表しない危険性に対処するため、アメリカ法のように、組合役員に対して組合員を公正に代表すべき義務を課すことができる。しかし、裁判所の介入は、組合の各部門の利害の対立を調整することが困難であることに鑑み、恣意的、差別的または不誠実に組合員を代表した場合に限定される[31]。結社の自由という市民的自由の観点からみると、仕事の機会を組合員に限定するクローズドショップは、特定の組合に加入しない自由あるいはいかなる組合にも加入しない自由に干渉するものである。結社の自由という市民的自由に対するこうした干渉は、欧州人権裁判所が、クローズドショップは、通常、条約上の権利——団結しない自由を含む条約11条の結社の自由の権利——に反すると宣言する際の根拠とされた[32]。イギリス法は、今やこの市民的自由の基準に合致するものとなっている。クローズドショップ協定は、それ自体では不法ではないが、使用者が組合員であることを強制するいかなる行為も、特定の組合の組合員でないことを理由として、仕事を否定され、不利益を課され、あるいは解雇された労働者に対して実質的な水準の補償を行う責任を生ぜしめる不法な差別とみなされる[33]。組合は、使用者に対してクローズドショップ協定を強行しようとした場合には、事件の当事者とされ、補償に際して公正かつ衡平な分担金を支払う——補償の全額を負担させられることもありうる——ことが要求される。かくして、イギリスの組合は、クローズドショップ協定に関する交渉を行わなくなったのである。

　以上、労働組合とその組合員との関係を規律する法を概観してきた。それによれば、厳格な強行的規制のパターン（pattern of intensive mandatory regulation）のもつ意味が明らかとなる。労働者団結に対してどの程度の国家の介入が妥当であるかどうかは、社会権としての団結権の基準に照らして絶え

---

31) Vaca v. Sipes 386 US. 171 (1967).

32) Young, James and Webster v. United Kingdom (1982) 4 EHRR 38, [1981] IRLR 408.

33) TULR(C)A 1992, ss. 137, 146, 152.

ず吟味されなければならない。国家の介入を危惧することは、もちろん正しい。というのも、全体主義国家は、労働運動を規制し、労働組合が代表制度として様々な政治的議論に関わる可能性を抑圧するために、こうしたテクニックを利用するからである。このような歴史的な見通しからは、国家による労働組合規制についての懸念を説明することができる一方で、労働者の団体がシティズンシップという新しい概念においてきわめて重要な構成要素として承認されようと思うのであれば、このような組織は、公的な説明責任、透明性、そして民主制という規律（discipline）を受け入れなければならないことが示唆されるのである。組合自治が神聖であるというのではなく、労働者の組織は、自らの権威が高度に優れた内部運営に基づいていること、そしてその結果として、様々なレベルのガバナンスにおける労働基準設定のための様々な仕組みにおいて、正統な代表であることを主張できることがより重要なのである。言い換えれば、シティズンシップという拡張された概念は、関係するより広範な問題に関与する代表制度が公的な基準（public standards）に合致しなければならないことを意味する。強行的な規制は、こうした基準を保障する限りでは、労働組合に対する国家の介入であるからという理由だけで批判されるべきではない。他方、国家の介入が組合に相当な犠牲を課するものであること、言い換えれば、効率的な組織を発展させようとする試みを妨げとなる場合には、このような立法が、自発的な組合員による自治的な労働組合（voluntary membership of self-governing trade unions）という考えに基づくウエッブ夫妻の産業民主制の理想を包含したシティズンシップというより広範な概念を精査することによって導かれるものなのかどうか、を問うてみなければならない。[34]

3　争　議　権

労働者の争議行為を行う権利も、欧州社会憲章およびILO87号条約（1944年）によって保護されている。ストライキ権は、この権利がなければ

---

34) S. and B. Webb, Industrial Democracy (London: Longman, 1897).

労働者は自らの労働条件を改善するために集団的な力を行使することができないことから、基本的社会権とみなされる。ストライキ権は、職場の共同規制という労使多元主義者の理想にとって中心をなすものである。ストライキ権が職業におけるシティズンシップという現代的な考え方（modern notions of occupational citizenship）の不可欠な構成要素をなすものであるかどうかはそれほど明確ではないが、使用者がパートナーシップ制度に完全に参加しない場合には、この制度にかかわりのある労働者は、協力の撤回というもっともな脅しをかけることができなければならないことは間違いない。ストライキ権は、欧州人権条約では明示的に保護されていない。しかし、ウィルソン事件において、ストラスブールの裁判所は、労働組合がその組合員を代表することに関連して、争議行為をするぞという脅しをかけることができないのであれば、労働組合が効果的に代表する能力は著しく弱体化され、それによって組合員の権利である結社の自由が侵害されることを認めた。

　ストライキ権の保護は、第一段階として、ストライキの組織化を理由とした民事および刑事訴訟に対する労働組合およびその役員の免責を必要とする。この法的側面についてはすでに検討したとおり、イギリスでは、選挙に関する手続要件と結びついた法的免責の複雑さが、労働組合による争議行為の組織化にとって、重大な障害となりがちであった。組合が争議行為の承認のために投票を実施すべきであるという要件は、労働組合が高度な内部運営に関する基準を遵守しなければならないという考え方には合致するものであるが、たとえば、組合は争議行為の7日前に、その開始時期、参加者および争議行為が連続のものであるか断続的なものであるかを使用者に通告しなければならないという要件のような詳細な手続要件のいくつかは、度を越しているように思われる。

　しかし、イギリス法において、ストライキ権に関する労働組合およびその役員の保護が適切であるかどうかということに関する根本問題は、裁判官によって創設された暫定的手続（interim proceedings）における経済的不法行為

---

35)　第7章参照。
36)　TULR (C) A 1992, ss. 234A.

の流動性・不確定性によって引き起こされるあいまいさである。すでに検討したように、公務員組合（UNISON）が新しい病院のための民間財源投入計画（a private finance initiative）に反対するキャンペーンをはったという事案において、労働組合側は、争議行為に対するイギリス法の複雑な制限は結社の自由の権利に反するという宣言を求めた。（これに対して、）欧州人権裁判所は、結社の自由の権利には労働組合が争議行為を通して組合員の職業上の利益を保護する権利を含まれるということを承認した。それにもかかわらず、国家は、他人の権利――それには、使用者が効率的に機能を営む権利や契約の自由を享受する権利も含まれる――を保護するために、他人の権利の保護と均衡のとれた方法で、自らが認める範囲内にストライキ権を制限することができるとされた。要するに、欧州人権裁判所は、民主主義社会においては他人の権利を保護するために適法な争議行為に対する「労働争議」上の制限（'trade disputes' limitation on lawful industrial action）が必要であるということを事実上是認したのである。[37]

　ストライキ権の保護は、ストライキの呼びかけに従った個々の労働者に対する免責をも含んでいる。コモン・ロー契約法（the private law of contract）の下では、争議行為が被用者による契約違反となることは、ほぼ間違いない。就労拒否も、通常は解雇を正当化するに十分であろう。したがって、ストライキ権が保障される場合には、個々の労働者が解雇または契約違反の訴えから保護される必要がある。ほとんどの先進工業国では、ストライキ行動に対してなされる解雇から被用者を保護することによって、こうしたストライキ権に関する要請が認められてきた。大陸法系の私法制度においては、ストライキ行動の間は契約が停止されるが、それが終了すると契約は再開されるという法的な取扱いが一般的である。コモン・ローシステムにおいては、停止という類似概念がないため、使用者によるスト参加者の解雇は雇用関係を有効に終了せしめるものと考えられている。したがって、ストライキ権の保護は、スト終了時に労働者に復職する権利を付与することによってはじめて実現することができるのである。組合は、通常、ストライキを解決するた

---

37)　UNISON v. United Kingdom [2002] IRLR 407, ECHR.

めの一環として、こうした協定の締結を求めて交渉を行うが、使用者がストライキに参加した労働者の再雇用を断固として拒否した場合には、解雇されたスト参加者に対して実質的な補償を裁定することが法律上残された唯一の選択肢となる。イギリス法は、長年に渡ってILOおよび欧州社会権委員会から好ましからざる批判を浴びてきたが、近年、ストライキへの参加を理由として解雇された個々の労働者に対して、限定的ではあるが重要な法的保護を導入した。(それによると、)被用者が公認ストライキ——投票により労働組合によって承認され、制定法上の組合の免責の範囲内で行われるストライキ——の最初の8週間の間に解雇された場合、解雇は自動的に不公正となる。[38] しかし、ストライキ行動が、非公認ストライキであるとか8週間以上継続するとかすることにより、こうした保護の対象外となった場合には、解雇された被用者はいかなる補償も請求することができない。[39] したがって、組合がストライキの投票や予告に関する強行的手続を遵守しない場合、すべてのスト参加者が補償を受けられずに解雇される危険にさらされることになる。組合は、非公認スト参加者の解雇に抗議してストライキを組織した場合、免責を受けることができない。このため、自らの誤りから組合員を保護する術がまったくないのである。[40] 使用者がすべてのスト参加者を永久に解雇するという究極的な経済的武器の使用を選んだ場合に、社会権としてのストライキ権 (social right to strike) を適切に保護していくためには、使用者に対して経済的な解雇または剰員整理に対する通常の補償を支払うことを求めるべきであろう。

　ストライキ権の法的保護を完全なものとするためには、さらにもう1つの免責が必要であるとこれまで指摘されてきた。ほとんどの社会保障制度において、労働者は、自発的に離職しまたは非行を理由として解雇された場合、失業に関連する給付を一定期間受給することができない。こうした給付制限はストライキにも当てはまるのだろうか。イギリスでは、19世紀の救貧法

---

38) TULR(C)A 1992, s. 238A.
39) Subject to an exception for selective dismissals: TULR(C)A 1992, s. 238.
40) TULR(C)A 1992, s. 223.

の時代から、ストライキ行動のために就労せず、当該争議に直接利害関係を有する者は、受給資格がないとされてきた。この給付制限がスト参加者に限定されるものではなく、争議行為の結果としてレイオフされた者および当該ストライキによって得られた成果の恩恵に預かる者（benefit from the result of the strikers' claim）にも適用されることには、注意が必要である。給付制限においては、ストライキと使用者によるロックアウトは区別されない。スト参加者を社会保障給付から完全に排除することは、労働争議（industrial disputes）において国家は中立の立場に立つべきであるという理由によってもっぱら正当化される。スト参加者への給付は、使用者と対立している者に対して資金援助を行うものであるとみなされる。ただし、困窮状態にある場合にかぎり、国家は、組合からのストライキ手当を含む家族のあらゆる収入源を考慮した後に、スト参加者の被扶養者に対する所得補助を行うことになるが、この給付はスト参加者自身に対して行われる訳では決してない。これらの受給資格制限は、重大な非行を理由として解雇された被用者に適用される給付制限よりも厳格である。社会保障給付に関するこうした立場は、純粋に中立的なものといえるのかどうか、あるいは、スト参加者の家族の所得を可能な限り減少させることによって、結果的に使用者に与することになってしまうのではないかということは、問うてみる価値のある問題であるといえよう。他の国の法制度は、たとえば、ストライキ行動の最初の8週間については失業給付請求を制限する——これは、事実上、スト参加者と非行を理由として解雇された者とを同視するものである——といったように、より公平なアプローチを採用している。

　ほとんどの国の法制度は、ストライキ権について何らかの例外を設けている。社会権を定式化するにあたっては、通常、次の2つの例外が認められている。第1の例外は、労働協約に関するものであり、多くの国では、組合が拘束力のある労働協約に反してストライキを呼びかけた場合、当該ストライキは不法と評価されるということである。たとえばアメリカでは、裁判所

---

41) Jobseekers Act 1995, s. 14.
42) Social Security Contributions and Benefits Act 1992, s. 126.

は、組合に対して労働協約に基づいて合意された拘束力のある仲裁に争点の判断を委ねるよう命ずるインジャンクションを発することになろう。非常に珍しいことであるが、イギリス法にはそのような例外は存在しない。というのも、労働協約は、通常は法的に拘束力があるとは考えられていないからである。労働協約中の特定の条項（appropriate terms）は、個々の雇用契約に編入されるものとされ、それによって被用者は、使用者に対して協約条件を強行することが可能となる。しかし、使用者は、労働協約に違反してはならないという裁判所の命令を得ることによって、組合に対して当該協約を強行することはできないのである。

社会権としてのストライキ権に対する第2の例外は、たとえば法によってストライキ行動を行うことが禁止される軍隊や警察のように、一定の種類の労働者に関係するものである。[43] しかし、このような適用除外は、どこまで拡張されるべきなのだろうか？「不可欠な公共サービス（'essential public services'）」に従事するすべての労働者は、ストライキ権（の保障）から排除されるべきであると、ときに主張される。さらに、この定式化は、公共部門——刑務所の看守、消防、医療部門、運輸、電力、水道、そしておそらくは通信労働者さえも——で働くすべての労働者に適用される余地がある。これらの部門の労働者を説得して争議行為を抑止することは可能であるかもしれないが、そうしたことは、独立の手続によって彼らの賃金その他の労働条件が、使用者の支配的な影響を受けずに設定されるという確実な保障がある場合に限られよう。（しかし、）国家がこうした保障を付与することは、経済的な理由から、おそらくは戦時を除いて不可能だろう。ストライキ権は、ほとんどの不可欠な公共サービスで働く労働者にも認められなければならないし、国家としては、両当事者の信頼を得られるような独立の調停・仲裁サービスを提供することが最善の解決策といえよう。

公共部門で働くこれらの労働者のほとんどは、ストライキ権を有しているが、彼らのストライキ行動は、彼らが行う行為に対する民事上および刑事上の規制によってさらに制限されることがある。イギリス法では、結果的に人

---

43) Incitement to Disaffection Act 1934 ; Police Act 1996, s. 91.

の生命を危険に陥れ、あるいは高価な財産を破壊すると信じるに足りる合理的な理由がある場合に、被用者が雇用契約を破棄することは刑事上の犯罪とされている。すでに検討したとおり、他の者の自宅または職場を「監視もしくは包囲する ('watching and besetting')」ことに関する古きビクトリア期の犯罪のように、その他にも数多くのささいな刑事上の犯罪が、ピケッティングを伴う争議行為の過程において実行されることがある。これら刑事上の犯罪は、公認のストライキ行動にも何らの例外なしに適用される。その結果、警察当局は、政府によって指示された場合、こうした曖昧な犯罪に基づいてスト参加者を逮捕することができるし、争議行為を直ちに、効果的に阻止することができる。フランスでも同様に、「重大な過失 ('faute lourde')」――「重大な過失 ('heavy fault')」の意味は、裁判所の決定に委ねられている――が存する場合、ストライキ権はストライキの例外によって制限されている。

　これらの、そしてこれと同様の法的措置からは、これまで社会権としてのストライキ権という考え方を真摯に受け容れず、そのために、政府が望んだ場合には、ストライキを打ち負かそうとする力を通して断固たる対応に出る権限を放棄しようとしない現代国家の姿勢を読み取ることができる。ストライキ権は、国家による究極的な力の独占に常に依存しているのである。

4　権利とシティズンシップ

　雇用法が権利をめぐる議論（rights talk）に巻き込まれることの不都合については、上述したような懸念があるものの、雇用に関連する市民的自由や社会権の発展に関する本書の簡単な検討からは、権利をめぐる法（law about rights）が法規制のほとんどすべての側面に大きな影響を及ぼしうることもまた明らかである。社会権というソフト・ローが法的に強行することのできる市民的自由の伝統と重なり合うかぎりにおいて、個人の利益を労働者集団に不可欠な集団的権利（the necessarily collective rights of groups of workers）に優先させようとする権利をめぐる議論の傾向は、緩和されるかもしれない。

　EU では、2002 年欧州連合基本権憲章という野心に溢れた宣言が、市民的自由を広範な社会権に融合させようしている＊　この宣言は、欧州の 25 の加盟

国にとって、将来の憲法的解決の一部をなすものではないとしても、欧州司法裁判所を通じた EC 雇用法の諸原則の発展の仕方に大きな影響を及ぼすことになろう。憲章は、市民的自由と平等を保護するにとどまらず、公正かつ正当な労働条件、労働を通じての社会的包摂 (social inclusion)、そして使用者の計画について協議する権利を享受する基本的な資格を有する者として労働者を捉えるシティズンシップの概念を包含している。そのような権利は、職場のなかに天国を保障するものではないが、地獄の炎を湿らせることは間違いなかろう。

* (訳者註) 原文 (240頁) では、the Charter of Fundamental Rights of the European Union 2002 と誤って表記されているが、2000 年に訂正した。

第12章　賞味期限

　頁数の少ない本は、読書欲をそそるはずである。H.L.A.ハート（H.L.A. Hart）が国家の法システムに関する普遍的概念を提示した本シリーズ刊行の第一作である『法の概念』とは異なり、私は、雇用法に関する同様の概念について最終的な結論を得たという自信はまったくない。本書の第1章で述べたように、雇用法は、社会的統合の構築と富と権力の配分を目指す市場経済社会という基軸的なメカニズムに焦点を合わせて、常にそのあり方が議論を呼び、暫定的なものでありつづける必要がある。というのは、雇用法は、労働の分業における変化や政治的価値の変遷に応対し適応しているからである。それでも、21世紀初めの特定の歴史上の危急的な状況について示した1つの解釈は、雇用法という概念についてのこの簡単な解説が前菜の賞味期限というよりはむしろ洗練された食前酒のそれを持つかもしれない、との私の思いを強めるものである。

　雇用法において一定の不変性に到達したかもしれないということを示唆する歴史的事実は、欧州共同体という経済的、政治的ブロックの統合である。25の構成国をより緊密な統一体に引き寄せるこの政治的プロジェクトは、巨大な労働市場の樹立だけでなく、雇用関係を規律する一連の共通の政治的、法的諸原則をも含んでいる。この欧州モデルの諸原則は、私はこう説いたのだが、3つの主要なテーマを含んでおり、私の解説はこのテーマから構成されている。すなわち、社会的包摂と競争力とシティズンシップである。これらのテーマは、欧州モデルの核心になりつつある。なんとなれば、これらは、この超国家的政府というシステムを正当化するのに資するからである。社会的包摂は、欧州共同体のすべての市民が、物質的かつ非物質的な両面で、経済的、政治的統治領域の拡大によって利益を享受するであろうことを約束するものであり、その拡大は社会的結束を確立し保護するために必要

なのである。経済システムにおける競争力は、国家横断的な協力と規制から想定できる成果として、すべての市民に約束された進んだ生活水準を分け与えるために不可欠である。シティズンシップは、市民的自由と社会的権利の保護を保障、すなわち、国家権力の濫用が非常に多くの国民国家の歴史を覆っていた欧州における1世紀の後に必要不可欠のものとなっている確信を表明するものである。

　もちろん、欧州におけるこれらのテーマ上の優先性が、雇用法の詳細を決定づけるわけではない。それらは、採択されるべき諸原則を示唆するものであり、また、解決されるべき諸権利の間の根本的緊張関係を明らかにする。そしてまた、これらのテーマ上の優先性は、統治機構のどのレベルで、その諸原則が実施されるべきかを決するものでもない。欧州共同体は広範に渡るこれらの諸原則を明確化する際に重要な役割を担うものであるが、それらの具体的な実施は多様な統治方法や統治レベルを通じて達成されうる。雇用関係については、規制的方法は、標準的な形態である強行的立法措置に加えて、特定の企業から超国家的な社会的対話に至る様々なレベルで採択されうる集団的な自律的規制という特別なやり方を含んでいる。欧州における雇用法システムは、どれもそれぞれの国々における政治的衝突、時には労使関係上の衝突の結果としてもたらされた一連の政治的妥協を示すものであるので、統一的な国家横断的な法律を押し付けることは、正確な基準を明確に表明する一方で、同時に過去の政治的決着に敬意を払い、また各地域の労働市場や産業構造の状況を考慮した規制的手法によって各国がその基準を実施することを許容するとき、大きな困難に直面する。応答的（reflexive）であって、かつそれによって高いレベルの基準遵守に達するためには、国家横断的な雇用規制は資本主義の多様性を尊重しなければならない[1]。欧州の雇用法は、共通の超国家的諸原則のもとに調和されうるものである。もっとも、少なくとも2～3週間でたやすく統一されたり、脱国家的なものになりうるわけではないが[2]。共通の欧州モデルの成就如何は、むしろ、手順や対話

---

1) P.A. Hall and D.Soskice (eds) *Varieties of Capitalism : The Institutional Foundations of Comparative Advantage* (Oxford: Oxford University Press, 2001).

(processes and dialogue)、パートナーシップ的な制度（partnership institutions)、ソフトロー（soft law）という技術や、欧州共同体構成国間に開かれた政策協調手法（Open Method of Co-ordination）の相互遵守にかかっている。雇用法の幾つかの領域、特に 20 世紀初めの労使多元主義モデルの強固さを示す微妙な政治的妥協に関わる領域については、なお曖昧なまま EC の権限外に置かれており、わずかに各国に広範な裁量の余地が認められている基本的社会的諸権利という幅の広い媒介変数に従っているにすぎない。その権利については、各国には幅広い裁量の余地が認められているのである。しかし、雇用法の残りの部分は、特に社会的包摂、競争力及びシティズンシップというテーマの本質的要素を構成すると理解されている部分は、共通の最低基準を創り出すために、欧州レベルでの手順と対話を必要とするように運命づけられているように思われる。

　雇用法の歩みについてのこの幅広い歴史的解釈は、今日の連合王国（United Kingdom）の特殊な立場を位置づけるのに役立つ。20 世紀のほとんどの間、イギリス雇用法（British employment law）の物語は、露骨に言えば、契約の自由を説く自由主義的見解と、労使間の権力分かち合いを説く労使多元主義観との間の絶え間ない抗争として要約できる。この抗争という要素は、すべての工業先進国の歴史に見出しうるものであるが、その問題およびその解決方法についてのイギリスの理解は、おそらく北アメリカにおいて見られた解決策ともっとも明白に類似していた。コモン・ローによって提供された雇用関係の法的基礎は、とりわけ個人的で個別化された契約関係であり、それは、長期に渡って広がっていく公正な処遇や相互扶助という義務についての

---

　2) C. Kilpatrick, 'Emancipation through Law or the Emasculation of Law? The Nation-State, the EU, and Gender Equality at Work', in J. Conaghan, R. M. Fischl, and K. Klare, *Labour Law in an Era of Globalization* (Oxford: Oxford University Oress, 2002), p.489.

　3) S. Sciarra (ed.), *Labour Law in the Courts* (Oxford: Hart, 2001) ; C. Barnard, 'The Social Partners and the Governance Agenda'(2002) 8 *European LJ* 80.

　4) D. C. Bok, 'Reflections on the Distinctive Character of American Labor Laws' (1971) 84 *Harvard L R* 1394.

期待をほとんど生み出さないものであった。組織化された労働者たちからの圧力を受けて、この法的制度は労働条件について労働組合が集団的に使用者と交渉する狭義の労使多元主義を許容し、限定的ではあったが、これを促進するように整備された。その詳細な組立ては、連合王国とアメリカでは異なるけれども、集団的な自律的規制のための余地を認めるこの法的枠組は、両国において裁判所によって執拗に監視されたため、自由市場による競争の例外は限定され、労使間における広義の権力分かち合いという課題にまで波及することは決して許容されなかった。ある時期に自由主義的な契約自由が優先したのか、あるいは労使多元主義的政策が優先したのかどうかにかかわらず、雇用関係は本質的には私的関係に係る活動とみなされたのであり、ただ労働市場の運営に関する基底的な基本ルールが国家によって規制されていただけであった。

　アメリカ法の歴史的影響とアメリカと共有するコモン・ローの伝統はイギリス雇用法において大きな存在感を保持しているが、本書で論じた連合王国雇用法（UK empleyment law）の現在の状態を考えてみれば、イギリスと大陸欧州を結びつける地殻プレートが、現在では、これまでよりははるかに大きな力を及ぼしていることがわかる。フランスとドイツによって先導される欧州の伝統は、雇用法を広義の社会政策の一部と理解し、それを通じて国家はその国民の福祉を確保するのである。雇用関係がどのように展開するのか、また企業（business）がどのように管理、運営されるのかは、単に個別的な合意の問題ではなく公益に係る問題なのである。雇用法がその重要な部分を占める社会法の課題は、「労働は商品ではない」という本書の冒頭で検討したパラドックスについてのきわめて奥深く、より包含的な解決策を提供することなのである。雇用法は、国家横断的な労働市場規制や雇用政策だけでなく、欧州社会政策（European Social Policy）に適合している。労働者と使用者は、労働市場における私的な関係当事者であるばかりでなく、社会的

---

5) Lord Wedderburn, *The Worker and the Law*, 3rd edn (London: Sweet & Maxwell, 1986), ch.1 ; K. Klare, 'Judicial Deradicalization of the Wagner Act and the Origins of Modern Legal Consciousness, 1937-1941' (1978) 62 *Minnesota L R* 265.

結束の要請と広範なシティズンシップという観念を生産関係の競争力を向上させるために直ちに対応を要する事柄と絶えず調和をさせていく、統治プロセスへの参加当事者なのでもある。

　私は、経済的な命令あるいは運命といった何か目に見えない手が、イギリス雇用法を欧州モデルに結び付けるであろうと言っているわけではない。その欧州モデルの発展に基づく解釈や合意は、依然として政治的課題であり続けるが、かつての雇用法におけるように現実的な妥協と発想の転換が必要になる。私は、世界の経済システムにおけるアメリカの影響力や、特に雇用法へのその独特のアプローチが、イギリスや欧州の法の発展の仕方に作用することがなくなると言っているわけでもない。アメリカの伝統と大陸欧州の伝統は相対的にみて影響力をもつ可能性があり、そのことが、両国を比較法の素材として選択することにつながっているのである。それにもかかわらず、21世紀初め、欧州はある種の分岐点に差しかかっているように思われる。すなわち、我々は、2000年欧州連合基本権憲章 (Charter of Fundamental Rights of the European Union 2000) のような文書によって、明確かつ独自の雇用法モデルに向かって歩みだしているのである。もちろん、このモデルの詳細はなお定かでない。また、多くのバリエーションが考えられるし、提案されている。「第三の道」、あるいは「ニュー・レーバー・ロー」のような魅力的なラベルは、しばしば誤解を招く。しかし、それらは、欧州共同体中に驚くほど広範なコンセンサスとして出現しつつある新たな雇用法認識の幾つかの特性を把握するのに役立つと私は考えている。私がこの作品で達成しようとしたのは、雇用法という概念の主要な要素と、それらがどのように相互に関連しているのかについての概説である。確かに、この大雑把な草稿は不正確で不完全であるが、誰かが、雇用法が絶えず進展するのに応じて、欧州

---

6) E. g. B. Bercusson, S. Deakin, P. Koistinen, Y. Kravaritou, U. Muckenberger, A. Supiot, and B Veneziana, ' A Manifesto for Social Europe', (1997) 3 *European LJ* 189 : K Ewing (ed.), *Working Life: A New Perspective on Labour Law* (London: Institute of Employment Rights, 1996).

7) A. Giddens, *The Third Way* (Cambridge: Polity, 1998) ; A. Giddens (ed.), *The Global Third Way Debate* (Cambridge: Polity, 2001).

における雇用法という建築物のより明確な構造を探求することによってこの作品の不足を補ってくれるだろう。この仕事は社会科学であると同時に、創造的営為（art）でもある。しかし、社会的包摂、競争力、そしてシティズンシップというテーマがどのような形で現れようとも、イギリス雇用法の将来の生命力は、イギリスの島々が欧州大陸の岩棚にあるという、その位置に規定される運命にあるように思われるのである。

解　題

　コリンズの著作『イギリス雇用法』の内容は、第1部「雇用法の目的と規制手法」(1.「労働は商品ではない」、2. 職場を規制する)、第2部「社会的包摂(social inclusion)」(3. 機会と差別、4. 労働と生活)、第3部「競争力(competitiveness)」(5. 協力、6. パートナーシップ、7. 競争と争議行為、8. 懲戒と解雇、9. 経済的保障)、第4部「シティズンシップ (citizenship)」(10. 職場における市民的自由、11. 社会権、12. 賞味期限)から構成されている。本書は、「社会的包摂」、「競争力」、そして「シティズンシップ」の三本柱が労働関係を分析するためのキイ・コンセプトとされているが、これは21世紀初頭における雇用法の欧州モデルにならったものとされている。

　それにしても、これまでイギリス労働法に接したことのある者にとってはもとより、特に1970年代にイギリス労働法を学び始めた私たちの世代にとって、こうしたコリンズ『イギリス雇用法』の内容構成は、一見これが「イギリス」労働法かと思えるほどの大きな驚きであるということができよう。コリンズは、本書において、「雇用法は、多くの場合、『対抗力』というよりもむしろ効率的な生産関係を保護し、構築していく必須の要素である」(原文13頁、本訳書15頁)と述べているが、労働関係を経営者と労働者・労働組合の対抗の図式として捉えたオットー・カーン＝フロイントなどに代表される伝統的なイギリス労働法(＝集団的レッセ・フェール)の教科書のイメージをもって本書を読もうとすると、ほぼ理解不能に陥ることになるはずである。とはいえ、「労働は商品ではない」という、ある意味では当たり前の、そしてコリンズのいうパラドックスに満ちたスローガンから書き下ろされた本書は、労働者の人間としての尊厳の確保と市場の効率性との調整を志向する著作であることは疑いなかろう。

　労働(力)を商品として捉えることは、たしかに労働(力)をめぐる取引をその他の物やサービスの取引のように、労働(力)取引を法的には契約として構成することを可能とする。しかし、労働(力)取引を雇用契約として

法的に捉えるとき、労働（力）の担い手が生身の人間であり、その人間は働くことに人生の意味を見出し、その収入でもって家族を養い、家族と愛情ある生活を過ごし、そしてコミュニティの一員として社会生活を送っていることなどの側面は、「契約」のなかにどのように取り込まれることになるのか判然としないし、むしろ商品化し得ない部分として切り捨てることが可能であったといえよう。近年、わが国の労働契約法おいて付随義務論による法律構成が多用されるようになったのは、まさに労働（力）を商品としてのみ捉えることでは捉えきれない部分、すなわち労働（力）商品の担い手が労働者であることから出てくる商品化し得ない側面を契約法的に理論構成せざるをえなくなったことの1つの現れとして考えることもできなくはない。

　コリンズが、雇用法への法的アプローチとして、契約の自由を最大化する自由主義的構成（liberal paradigm）はもちろん、公正と労働者の尊厳を強調する労使多元主義的構成（industrial pluralism）にもよらず、「第三の道（the third way）」を選択したのは、労働者の人間としての尊厳の確保と市場の効率性との調整を図りつつ、労働関係における人間の回復を雇用法のなかで実現することの模索の試みではなかったか、と考えられる。

　「第三の道」というときに思い起こされるのは、1998年にブレア労働党政権の下で労働政策・労働法のグランド・デザインを示した白書である『職場における公正』と『知識誘導経済の構築』である。この白書では、グローバル経済化が進行するなかでイギリスの国民経済と企業の繁栄をもたらす「競争力の強化」と「効率性の改善」を目的として労使間のパートナーシップ（partnership）を育成するための労働法規制の必要が明言されていたが、コリンズのいう「第三の道」は、この白書で示された政策的提言を労働法的に理論化する試みであったということができる。換言すれば、コリンズのいう「第三の道」は、従来の労働法が労働関係の規制目的と手法を団体交渉による経営者の権利の規制と労働保護立法による労働者保護に置いていたのに対して、労働法的規制は企業の競争力強化と改善に向けてなされるべきであるとして、労働関係の規制目的と手法を大きく転換するところにある。労働関係の労働法的規制の目的が企業の競争力の強化におかれている点が注目されることはいうまでもないが、規制手法として「デフォルトルール」（default rule）が採用され、随所にその考えが展開されることとなる。その意味において、コリンズのいう労働法の「第三の道」は、まさに労使の交渉力の不均衡と経営者の裁量権濫用の是正を労働法的規制の正当化事由としてきた労使多元主義的アプローチに対する大胆な挑戦として位置付けられるものであり、工場労働型労働法的規制から知識基盤経済対応型労働法的規制への転換を志向したものということができる。

　以上、本書の一つの柱となる「競争力」を中心に述べてきたが、「社会的包摂」と「シティズンシップ」も新たな切り口からのアプローチとなっている。従来の平等問題は、「第三の道」では、平等から、排除（exclusion）と包摂（inclusion）に置き換えられ、労働市場における社会的排除を是正するためのキイ・コンセプトとなるのが機会の平等である。機会の平等は、仕事遂行能力に基づいて仕事が配分されるべきであるという社会正義を実現するものであり、そのための規制手法は、①平等な雇用機会の実現を妨げている障害物を取り除くことと、②仕事に就く機会をアシストすること、にある。また、シチズンシップは、市民の基本的人権は国家の干渉から保護されるというものであり、市場領域、特に雇用契約には適用されないとする伝統的な公法・私法二分論の見直しを迫るものである。

　本書の三本柱となっている「社会的包摂」、「競争力」、そして「シティズンシップ」というキイ・コンセプトからの労働関係の分析は、いずれも論争的なアジェンダであり、労使多元主義的アプローチによるイギリス労働法に親しんでいた日本の労働法学者などにとって、大きな驚きをもって迎え入れられるは当然といえば当然である。そして、本書が、多くの読者にとっても、一種の違和感と戸惑いをもって読まれることになるであろうとはいえ、わが国における労働法改革の動向と重ね合わせるとき、既成概念を打ち破る本書は大きな興味と関心を惹きつけることになるであろうことも想像に難くない。

イギリス労働法研究会
石橋　洋

あ と が き

　本書の著者H. コリンズ（Hugh Collins）は、1991年、ロンドン大学政治経済学院（London School of Economics and Political Science［LSE］）のイギリス法（English Law）教授に着任し、2007年現在、法学部長（Head of the Law Department）の職に就いている。彼は、オックスフォード（Oxford）大学とハーバード（Harvard）大学に学び、LSE着任の前は、オックスフォード大学のブレーズノーズ・カレッジ（Brasenose College）のフェロー（Fellow）の職に在った。彼は、主に、雇用法、契約法・商法および法哲学の3分野で研究業績を重ねており、雇用法の分野では、本書の外に、『解雇における正義：雇用終了に関する法（Justice in Dismissal: The Law of Termination of Employment）』（1992年、オックスフォード大学出版）、『労働法：テキストと資料（Labour Law: Text and Materials）』（K. D. Ewing, A. McColganとの共編著、第2版、2005年、ハート出版）を、契約法の分野では、『契約の規制（Regulating Contracts）』（1999年、オックスフォード大学出版）、『契約法（The Law of Contract）』（第4版、2003年、バターワース）を刊行している。また、彼は、Modern Law Review、European Review of Contract Lawの編集等に携わるだけでなく、(旧)イギリス貿易産業省の雇用政策諮問会議（DTI Advisory Forum on the impact of Employment Policies）の中心メンバー（Core Member）として現労働党政権の労働政策にも関与する等、法学者としての活動はきわめて幅広い。

　イギリス労働研究会は、1997年のブレアー労働党政権の登場以降、新たな展開を示すイギリス労働法の理論動向を分析、検討し、わが国における新たな理論枠組みの可能性を探ることを目的として、2005年度から3年間の文部科学省科学研究費補助金の交付を受けた共同研究（研究テーマ「イギリス労働法の新展開に関する理論的・比較法的研究」）を進めてきたが、本書の訳出は、この共同研究の一環として行ったものである。翻訳については、この共同研究に参加したメンバーを中心に訳出分担を決め、提出された訳文につ

いて研究会で検討を加えて、訳語の統一、補正等を図った。

　H. コリンズは、前掲書だけでなく、労働法の基礎理論に関わる多くの論文を発表し、その議論はきわめて知的刺激に満ちており（そのアウトラインについては、唐津博「イギリスにおける新たな労働法パラダイム論―H. Collins の労働法規制の目的・根拠・手法論―」季刊労働法 216 号（2007 年）146 頁以下参照）、本書にはその議論のエッセンスが凝縮されている。本書では、イギリス労働法論を正確に理解するために必要な多様な分析視点（法史的、法理論的、労使関係論的、経済学的な視点）が提示されており、イギリス労働法の研究者だけでなく、広く労働法の比較法的研究に関心を抱くものにとっても、きわめて示唆的な議論が展開されている。本研究会が、本書の訳出作業に至った所以である。

　最後に、本書の刊行にあたっては、古川陽二を研究代表として 2007（平成 19）年度大東文化大学研究成果刊行助成の支給を受けたことを明記しておかなければならない。翻訳書の出版については特に困難な状況のなか、本書に対し出版助成いただいたことについて、大東文化大学ならびに関係各位に対して心からの深い感謝の意を表したい。

2007 年 9 月

イギリス労働法研究会

唐津　博

古川　陽二

訳 語 一 覧

ACAS (Advisory, Conciliation and Arbitration Service)	助言斡旋仲裁局
agency worker	派遣労働者
casual worker	臨時労働者
child labour	児童労働
citizenship	シティズンシップ
civil liberty	市民的自由
civil rights	市民権
Codes of Practice	行為準則
collective agreement	労働協約
collective bargaining	団体交渉
common law	コモンロー
competition law	競争法
compensation	補償金
compliance	法令遵守
constructive dismissal	みなし解雇
contract of employment	雇用契約
corporate governance	コーポレートガバナンス
default rule	デフォルトルール
dimissal	解雇
disability discrimination	障害者差別
discipline	懲戒
economic dismissal	経済的解雇
employee	被用者
employer	使用者
employment law	雇用法
employment relations	雇用関係

304　訳語一覧

Equal Opponities Commission	機会均等委員会
equal pay	平等賃金
European Community	欧州共同体
European Convention on Human Rights	欧州人権条約
express terms	明示条項
flexibility	フレキシビリティ
freedom of association	結社の自由
freedom of contract	契約自由
freedom of expression	表現の自由
homeworker	在宅就労者
implied terms	黙示条項
industrial action	争議行為
industrial democracy	産業民主主義
industrial pluralism	労使多元主義
inspector	監督官
International Labour Orgatnization	国際労働機関
labour standards	労働基準
maternity leave	出産休暇
maternity pay	出産手当
minimum wage	最低賃金
mutual trust and confidence	相互信頼
paternity leave	親休暇
picketing	ピケッティング
positive discrimination	差別是正のための積極的措置
privacy	プライバシー
public policy	パブリックポリシー
race discrimination	人種差別
redundancy	剰員整理
reflexivity	応答性
regulation	規則
restraint of trade	営業制限
right to organize	団結権

rule(s)	ルール
self-employment	自営業
self-regulation	自律的規制
sex discrimination	性差別
social inclusion	社会的包摂
social rights	社会権
soft law	ソフトロー
statute	制定法
statutory sick pay	法定疾病給付
strike	ストライキ
temporary workers	一時的労働者
time off	タイムオフ
trade union	労働組合
trage union recognition	組合承認
transfer of business	営業譲渡
unfair dismissal	不公正解雇
wage	賃金
whistleblowing	内部告発
work council	労使協議会
worker	労働者
workforce	従業員
working time	労働時間
wrongful dismissal	違法解雇

翻訳・執筆担当一覧

日本語版への序文　有田　謙司（専修大学教授）
序　　文　　　　唐津　　博（南山大学教授）
第 1 章　　　　　石橋　　洋（熊本大学教授）
　　　　　　　　國武　英生（北九州市立大学専任講師）
第 2 章　　　　　岩永　昌晃（京都産業大学専任講師）
第 3 章　　　　　長谷川　聡（中央学院大学専任講師）
第 4 章　　　　　神吉知郁子（東京大学大学院）
第 5 章　　　　　有田　謙司（専修大学教授）
第 6 章　　　　　清水　　敏（早稲田大学教授）
第 7 章　　　　　小宮　文人（北海学園大学教授）
第 8 章　　　　　阿部　未央（東北大学大学院）
　　　　　　　　小宮　文人（北海学園大学教授）
　　　　　　　　髙木龍一郎（東北学院大学教授）
第 9 章　　　　　髙木龍一郎（東北学院大学教授）
第 10 章　　　　　藤本　　茂（駒澤大学教授）
第 11 章　　　　　古川　陽二（大東文化大学教授）
第 12 章　　　　　唐津　　博（南山大学教授）
解　　題　　　　石橋　　洋（熊本大学教授）
あとがき　　　　唐津　　博（南山大学教授）
　　　　　　　　古川　陽二（大東文化大学教授）

HUGH COLLINS
Employment Law

　本書は、平成19年度大東文化大学研究成果刊行助成の支給にかかる出版物である。

　本書は、平成17年～19年度科学研究費補助金（基盤研究（C））の支給に係る研究課題「イギリス労働法の新展開に関する理論的・比較法的研究」の研究成果の一部である。

ヒュー・コリンズ
イギリス雇用法
2008年2月29日　初版第1刷発行

訳　者　イギリス労働法研究会
発行者　阿 部 耕 一
〒162-0041　東京都新宿区早稲田鶴巻町514番地
発行所　株式会社　成 文 堂
電話 03(3203)9201(代)　03(3203)9224(編集)
Fax 03(3203)9206　振替 00190-3-66099

製版・印刷　シナノ印刷　製本　佐抜製本　　検印省略
☆乱丁・落丁本はおとりかえいたします☆
©2008 イギリス労働法研究会　Printed in Japan

ISBN978-4-7923-3245-7 C3032

定価（本体3800円＋税）